本书系国家社科基金重大项目“藏羌彝文化走廊建设研究（项目批准号：16ZDA155）”子课题“现代公共文化服务体系建设研究”成果之一

公共图书馆的法定职责与创新服务

谭发祥 著

中国纺织出版社有限公司

内容提要

本书以《公共图书馆法》所赋予公共图书馆和公共图书馆人的法律责任为主线，以法律条目为顺序，以阐述公共图书馆建设、公共图书馆管理、公共图书馆服务的专业知识为内容，以帮助图书馆员在履行法律义务的过程中增强责任意识、提升专业素养、拓宽工作视野、提高服务效能为目标而特别撰写。全书包含了许多规范、标准、细则，列举了大量成功与失败的案例，以期能对各级文化和旅游工作者、各级各类图书馆人、农家书屋管理员和阅读推广人有所帮助，能成为大家进行图书馆建设、业务学习和能力提升的培训教材。

图书在版编目（CIP）数据

公共图书馆的法定职责与创新服务 / 谭发祥著 .--北京：中国纺织出版社有限公司，2020.10

ISBN 978-7-5180-8115-8

Ⅰ . ①公… Ⅱ . ①谭… Ⅲ . ①公共图书馆—图书馆服务—研究 Ⅳ . ① G258.2

中国版本图书馆 CIP 数据核字（2020）第 210534 号

责任编辑：闫　星　　　　责任校对：高　涵
责任设计：大春传媒　　　责任印制：储志伟

中国纺织出版社有限公司出版发行
地址：北京市朝阳区百子湾东里 A407 号楼　邮政编码：100124
销售电话：010—67004422　传真：010—87155801
http: //www.c-textilep. com
中国纺织出版社天猫旗舰店
官方微博 http://weibo.com/2119887771
北京虎彩文化传播有限公司印刷　各地新华书店经销
2020 年 10 月第 1 版第 1 次印刷
开本：787 × 1092　1/16　印张：25
字数：274 千字　定价：98.00 元

前　言

中华文化辉煌灿烂、源远流长，中华民族是热爱阅读，勤奋阅读，有着悠久阅读历史的民族。几千年的阅读历史，形成了“诗书继世、耕读传家”的阅读传统，“积书而读，丹铅治学”的藏书理念，“立身以立学为先，立学以读书为本”的阅读思想，“敏而好学、不耻下问”“学而不思则罔，思而不学则殆”“读书破万卷、下笔如有神”等阅读方法，使中华文化生生不息、代代相传，永远屹立于世界民族之林。

阅读是个人行为，全民阅读是国家意志。对于个人，阅读是获取知识、愉悦身心、修身养性的重要方式；对于一个民族，全民阅读是延续民族文化血脉和传承民族文化基因的重要载体；对于一个国家，全民阅读是提升国家综合实力和增强文化软实力的重要手段；因此，近代以来，世界主要发达国家竞相运用法律手段推动全民阅读，中国也不例外。

2017年11月4日，是值得全中国人民记住的一天。在这一天，《中华人民共和国公共图书馆法》(以下简称《公共图书馆法》) 颁布了，并于2018年1月1日起施行。《公共图书馆法》是我国第一部公共图书馆专门法，也是我国文化建设领域内的一部重要法律。它的颁布和实施，对于彰显我国宪法精神、完善我国法律体系、加强文化强国建设、推动全民阅读、促进图书馆事业快速发展起着重要作用。

《公共图书馆法》是促进公共图书馆事业健康发展、推动全民阅读广泛开展的纲领性、规范性、强制性文件，不仅集中体现了党和国家对公共图书馆事业、对全民阅读事业的高度重视，更具体的是对公共图书馆的设立、运行、服务、政府担当、图书馆职责、读者权利与义务等事项进行了规范。特别是各级公共图书馆所应承担的法定责任和法定义务是所有图书馆人应当清楚并了然于胸的行动指南。只有明确了自己肩上所应承担的法定责任和应尽义务，才能更加清晰地知晓自己的服务内容和服务边界，实实在在做一个知法、懂法、守法、践行法制精神的明白人，不能在惯性行事或不知不觉、不明不白中触碰法律底线。

2017年9月，受四川省文化厅的委派，笔者到四川省甘孜州、阿坝州和凉山州进行了一次学习和走访。在走访过程中，看到了一件“刻骨铭心”的事，那就是某深度贫困县为了推动图书馆事业的发展，提高人民群众的素质，在财政非常拮据的情况下，举全县之力，新建了一座“现代化”的图书馆。这座图书馆什么都好，就是有一件事没办好，那就是空间设计极不合理，空间浪费相当严重。这件事让我百思不得其解，让我一直在想为什么会出现这种情况。经反复思考和多次讨论，除了“3P”项目建设工期短，当地建设部门“强势”，设计部门不沟通，文化部门参与太少等因素外，当地图书馆人专业性不太强，也是一个比较重要的因素。

因此，为了帮助广大图书馆工作者、农家书屋管理人员、所有从事阅读推广的工作机构更好地学习《公共图书馆法》，牢记法律赋予的职责，自觉履行法律义务，熟悉并掌握图书馆及相关专业知识，经过三年多的深入学习和潜心研究，笔者以《公共图书馆法》所赋予的法律责任为主线，以法律条目为顺序，以公共图书馆建设、管理、服务等专业知识为内容，以帮助图书馆从业人员在履行法律义务的过程中增强专业知识、拓宽工作视野、提高服务效能为目标撰写了此书，希望能对每个图书馆工作者、农家书屋管理者和阅读推广人有所帮助，希望能成为每个图书馆、农家书屋业务学习、经验交流和能力提升的培训教材。

本书由前言、第一章公共图书馆事业所处的时代背景、第二章政治责任、第三章建设责任、第四章管理责任、第五章服务责任和后记组成，在撰写过程中，得到了文化和旅游部公共服务司李宏司长、国家图书馆原常务副馆长陈力教授、四川省文化和旅游厅赵红川副厅长、北京大学公共管理学院李国新教授、四川大学图书馆馆长党跃武教授、西南交通大学公共管理学院党委书记高凡教授的指导！在此表示衷心感谢！

鉴于本人的专业知识和业务水平有限，疏漏和不当之处在所难免，敬请指正！

谭发祥

2020年5月于成都

目 录

第一章 公共图书馆事业所处的时代背景 …… 1

第一节 中国特色社会主义进入新时代 …… 4

第二节 人民群众的美好生活需求 …… 6

第三节 公共文化服务体系建设得到空前重视 …… 21

第四节 世界各国竞相发展公共图书馆事业 …… 25

第二章 政治责任 …… 31

第一节 坚持社会主义先进文化前进方向的责任 …… 31

第二节 发展社会主义先进文化的责任 …… 38

第三节 坚持以人民为中心的责任 …… 42

第四节 传承发展中华优秀传统文化的责任 …… 45

第五节 继承革命文化的责任 …… 65

第六节 保存和传承地方文化的责任 …… 76

第三章 建设责任 …… 83

第一节 依法设立公共图书馆的责任 …… 84

第二节 制订《公共图书馆章程》的责任 …… 102

第三节 依法登记的责任 …… 109

第四节 提供空间和场地的责任 …… 111

第五节 保障设施设备的责任 …… 176

第六节 保障足够资金并及时拨付的责任 …… 188

第七节　配备好馆长的责任 …… 192
第八节　配备馆员并提升专业知识的责任 …… 198
第九节　设立少年儿童阅览区或少年儿童图书馆的责任 …… 205
第十节　为捐赠者命名的责任 …… 215
第十一节　处理好剩余财产的责任 …… 219

第四章　管理责任 …… 221

第一节　普通文献管理 …… 222
第二节　古籍管理 …… 247
第三节　馆际交流与合作共享 …… 261
第四节　读者信息与隐私管理 …… 269

第五章　服务责任 …… 279

第一节　公告责任 …… 280
第二节　全面服务的责任 …… 286
第三节　提高服务水平的责任 …… 313
第四节　接受社会监督责任 …… 316

参考文献 …… 323

附录 …… 357

后记 …… 389

第一章　公共图书馆事业所处的时代背景

人是万物之灵。

人活着就要成长，成长就要读书，读书就离不开图书馆。

图书馆是人类智慧和知识的宝库，是人类文明的助推器，是公民的终身学校。不论是公元前3000年，亚述帝国建立的全世界最早的亚述巴尼拔图书馆，还是中国古代历史悠久的“藏书楼”；不论是2019年芬兰建立的最“颠覆”的图书馆“颂歌”，还是我国目前规模最大、智能化水平最高的中国科学院图书馆，都承载着向社会所有成员免费开放，收集、整理、保存文献信息并提供查询、借阅及相关服务，开展社会教育的职能，发挥着传承优秀文化，传播人类文明、启迪心智、教化人心的作用。

图书馆是人类社会发展到一定阶段的产物。它是以生产力水平的逐步提高、社会经验的逐步积累、物质财富的逐步增加，语言文字的产生、社会阶层的分化为前提，随着人类文明的萌芽而兴起。

18世纪60年代英国工业革命以后，全球进入工业文明时代。

在这一重要的时代背景下，各种各样的专业图书馆和部分公共图书馆应运而生。

但是，这些图书馆有一个很大的弱点，就是它们隶属于不同行业、不同系统、不同部门，只对本行业、本系统、本部门员工服务，很少对公众开放。因此，为了让所有公民能平等地进入图书馆，促进图书馆的均等化、公益化、共享化，1848 年美国马萨诸塞州议会通过了波士顿市公共图书馆法案，该法案是世界上第一部公共图书馆法。虽然只是一部地方性法规，却开辟了制定公共图书馆法历史的先河，对世界图书馆立法和发展产生了重要影响。

1850 年英国议会通过了《公共图书馆法》，全称《促进城镇议会建立公共图书馆和博物馆的法案》(*An Act for Enabling Town Councils to Establish Public Libraries And Museums*)。该法案是世界上第一部国家性的公共图书馆法。

1899 年日本颁布了《图书馆令》、1920 年苏联颁布了《人民委员会集中管理图书馆事业的命令》、1939 年澳大利亚颁布了《图书馆法》、1948 年美国颁布了《美国图书馆权利宣言》、1962 年丹麦颁布了《图书馆法》、1969 年德国颁布了《德国图书馆法》、1972 年英国颁布了《不列颠图书馆法》、1994 年俄罗斯联邦颁布了《俄罗斯联邦图书馆事业联邦法》等法律。

1949 年联合国教科文组织发布了《公共图书馆宣言》。1972 年制定了新版《公共图书馆宣言》。新版《公共图书馆宣言》被译成 35 种语言向世界各国发布，促使各国从立法上提升对公共图书馆建设的高度重视，极大地推动了世界各国公共图书馆事业的发展。

中国是历史悠久的文明古国，图书馆的建设与发展丰功卓著。我国第一个具有近现代意义的公共图书馆于 1904 年在长沙成立。随后，一批具有现代意义的公共图书馆相继在全国各地建成。中华人民共和国成立后，我国的公共图书馆事业进入了快速发展期，虽然历经坎坷，但发展势头依然强劲。图书馆数量不断增多、图书馆业务日益规范、图书馆学研究日益深入、图书馆界的交流与合作日益加深。特别是在党的十八大以后，我国的公共图书馆事业进入了新时代，不仅有量的增长，更有质的飞跃，公共图书馆事业迎来了发展的春天。国家加速推进公共文化服务体系建设，国家、省、市、县、乡、村六级公共文化服务网络基本建成，《公共文化服务保障法》《公共图书馆法》先后颁布，人民群众的基本文化权益得到比较可靠的保障，文化资源共建共享正在实现，公共图书馆的建设规模不断扩大，阅读环境进一步舒适，服务方式丰富多彩，读者活动空前活跃，服务手段开始从数字化、自动化向智能化、智慧化方向转变，服务效能大大提升，国际交流日益频繁，公共图书馆事业的影响力、凝聚力迅速加大。图书馆的法制工作提上议事日程。2001 年正式启动了《中华人民共和国公共图书馆法》(以下简称《公共图书馆法》) 的立法工作，2004 年 6 月立法工作陷于停顿，2008 年底重新启动，2017 年 11 月 4 日，第十二届全国人民代表大会常务委员会第三十次会议通过，2018 年 1 月 1 日起正式施行。

2017 年 10 月 18 日，中国共产党第十九次全国代表大会在北京隆重举行。大会宣告：中国特色社会主义进入新时代。

《公共图书馆法》是在中国特色社会主义进入新时代的重要历史时刻所颁布的我国第一部图书馆专门法，是在党的十九大之后颁布的第一部文化法，彰显了公共图书馆事业在中国特色社会主义文化事业中的重要地位，体现了公共图书馆事业在新时代满足人民日益增长的美好生活需求方面的重要作用，历史性地成了我国公共图书馆事业跨入新时代的重要标志。

为此，所有图书馆人、图书馆工作者、图书馆事业的发展者务必要清楚我国和世界图书馆的发展历史和发展趋势，以独特的时代视角、宏大的时代视野、宽广的时代胸怀、敏锐的时代眼光，认清时代方向、把握时代脉搏、跟上时代步伐、拥抱时代变革，只有我们深刻把握所处的时代背景、人民美好生活背景、公共文化受到空前重视背景、世界各国竞相发展背景，我们才能领悟法律内涵、明白法律要义、民众服务需求，才能真正把时代的要求与人民的需要和图书馆的实际、图书馆的发展方向结合起来，把图书馆建设成为未来的文献建设高地、全民阅读圣地、人生素养发展地、资源集中与知识共享的富集地、智慧智能智造的体验地，才能更好地让图书馆人牢记自己的法定职责，履行自己的法定责任，坚持以人民为中心，坚持读者至上，服务第一，发展好新时代的图书馆事业，推动公共图书馆更好更快地向前发展。

第一节　中国特色社会主义进入新时代

个人离不开时代、发展离不开背景，任何一项事业的发展与繁荣都与它所处在时代和背景紧密联系。公共图书馆事业也不例外。

2017 年 10 月 18 日，中国共产党第十九次全国代表大会在北京隆重举行。大会宣告：中国特色社会主义进入新时代。由此，新时代背景成为公共图书馆事业发展的最大背景。只有深刻认识和掌握党的十九次代表大会所取得的最新成果和新时代的新目标、新思想、新矛盾，才能有清晰的目标和方向，才有利于在新时代取得新成绩。

一、十九大取得的四项重大成果

中国共产党第十九次全国人民代表大会是一次承前启后、继往开来、具有划时代和里程碑意义的盛会。大会取得了一系列重要成果，其中最重要的四项成果：政治成果、理论成果、实践成果和世界意义。最重要的政治成果：选举产生了以习近平同志为核心的新一届中央领导集体，再次明确了习近平总书记在党中央和在全党的核心地位。最重要的理论成果：确立了习近平新时代中国特色社会主义思想是我们党必须长期坚持的指导思想，实现了马克思主义中国化的最新飞跃，为完成两个百年的奋斗目标提供了强大的思想武器。最重要的实践成果：全面规划部署了到21世纪中叶建设富强民主文明和谐美丽的社会主义现代化强国的路线图和时间表，为完成两个百年奋斗目标和实现中华民族伟大复兴提供了行动指南。最重要的世界意义：拓展了发展中国家走向现代化的途径，为科学社会主义在21世纪的振兴提供了强大动力。

二、新时代确定了新目标

新时代确定的新目标是实现社会主义现代化和中华民族的伟大复兴。具体来讲分为三个阶段：一是从现在起到2020年，全面建成小康社会，实现第一个百年奋斗目标；二是到2035年基本实现社会主义现代化；三是到21世纪中叶建成富强、民主、文明、和谐、美丽的社会主义现代化强国。

三、新时代诞生了新思想

时代是思想之母，实践是理论之源。一个新时代的到来，总是以新的思想、新的理论为重要标志。党的十九大确立了习近平新时代中国特色社会主义思想是我们党必须长期坚持的指导思想，是马克思主义中国化的最新成果，是党和人民实践经验和集体智慧的结晶，内涵丰富、博大精深。

作为图书馆人，务必把握习近平新时代中国特色社会主义思想精髓，具体来讲，就是要掌握“八个明确”和“十四个坚持”。“八个明确”与“十四个坚持”相辅相成、辩证统一，“八个明确”是“十四个坚持”的理论源头和旗帜方向，“十四个坚持”是“八个明确”的实践要求，两者共同构成了新时代坚持和发展中国特色社会主义的基本方略，共同构成新时代中国特色社会主义思想框架，共同统一于习近平新时代中国特色社会主义思想。

四、新时代明晰了新矛盾

党的十九大报告指出：我国社会的主要矛盾已经转化为“人民日益增长的美好生活需要和不平衡不充分发展之间的矛盾”。这是几十年来我们党第一次对社会主要矛盾做出重大而科学的调整，表达了新时代人民群众对美好生活的需要，已经不再局限于物质生活的满足，而是要在文化、艺术、法治、公平、正义、安全、环境等方面有更高的需求和更高的追求；也表达了人民群众对美好生活的向往，以及解决制约美好生活各种因素的强烈愿望，让发展更充分、更平衡、更有效！

因此，作为图书馆人，务必要有大局意识、时代意识、国家意识、发展意识，要把个人的命运、事业的发展与国家的发展方向、时代的需求相结合，立足当下，画好蓝图，迈出步伐，走好事业发展之路。

第二节　人民群众的美好生活需求

美好生活是人民的向往。

实现美好生活是中国共产党人的初心与担当。

1840年以来，为了争取国家的解放、民族的独立、人民的幸福，亿万中华儿女抛头颅、洒热血，前赴后继、百折不挠地抗击帝国主义侵略和封建主义的统治，推翻了三座大山，中国人民从此站起来了。再经过新中国成立以来七十多年的艰苦奋斗，特别是改革开放四十多年的强势崛起，中国人民实现了从站起来到富起来再到强起来的跨越式飞跃。国家的物质财富极大丰富，生活条件大为改善，综合实力明显增强，人民群众的自信心、自豪感、幸福感显著提升，人民群众的生活状态也实现了从艰苦生活到朴素生活到富裕生活再到美好生活的阶梯式上升。

因此，作为图书馆人、作为全民阅读工作者要清楚地知道，我们现在所处的时代是美好生活时代，美好生活时代有美好生活时代的内涵，美好生活时代有美好生活时代的配置，美好生活时代有美好生活时代的追求，人们在这个时代所追求的、所向往的目标与艰苦生活时代、朴素生活时代、简单的富余生活时代不一样，我们不能用艰苦生活时代、朴素生活时代、简单的富余生活时代的眼光和思维来考量和研究今天的工作。要用辩证唯物主义和历史唯物主义的观点，在历史的长河中立足现在，谋划未来；要从综合国力和老百姓的食、衣、住、行、文化、旅游消费中考量美好生活的组成要素和发展趋势。

一、国内生产总值、社会商品零售总额和居民人均可支配收入发展状况

(一) 国内生产总值 (GDP)

2018年国内生产总值为900 309.0亿元，人均GDP64 644元 (图1-1)。

2018年的国内生产总值（GDP）是1978年的245倍，人均量是1978年的168倍（图1–2），可见，我们国家的变化非常大，发展势头非常强劲，为人们生活水平的提高打下了坚实的基础。

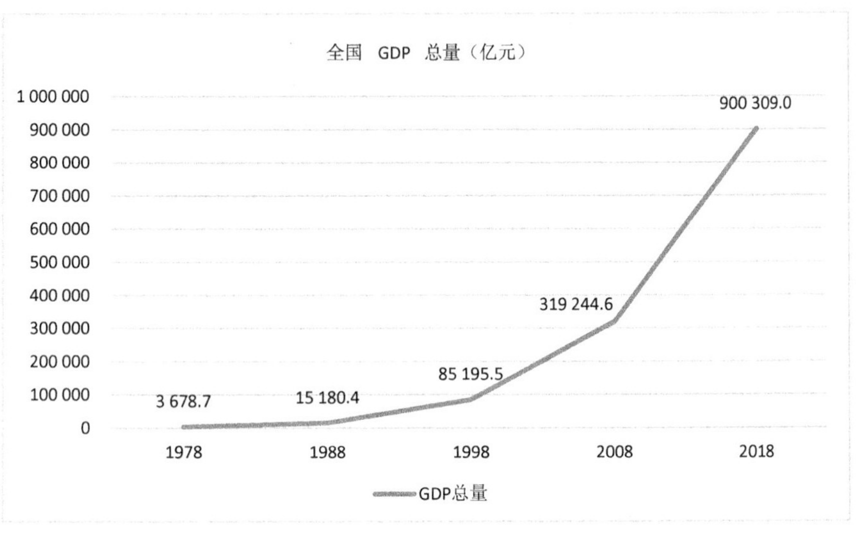

图1–1　全国GDP总量变化图

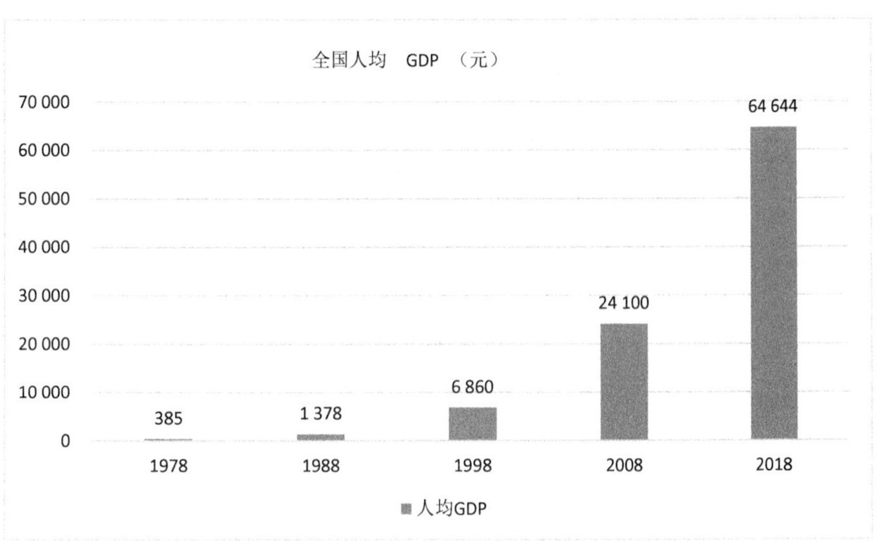

图1–2　全国人均GDP变化图

(二)社会消费品零售总额(亿元)

2018年全国社会消费品零售总额为380 987亿元，是1978年的244倍。40年增长244倍，这是一个惊人的速度。社会消费品零售总额是老百姓实实在在购买了商品的，是消费水平的反映(图1-3)。

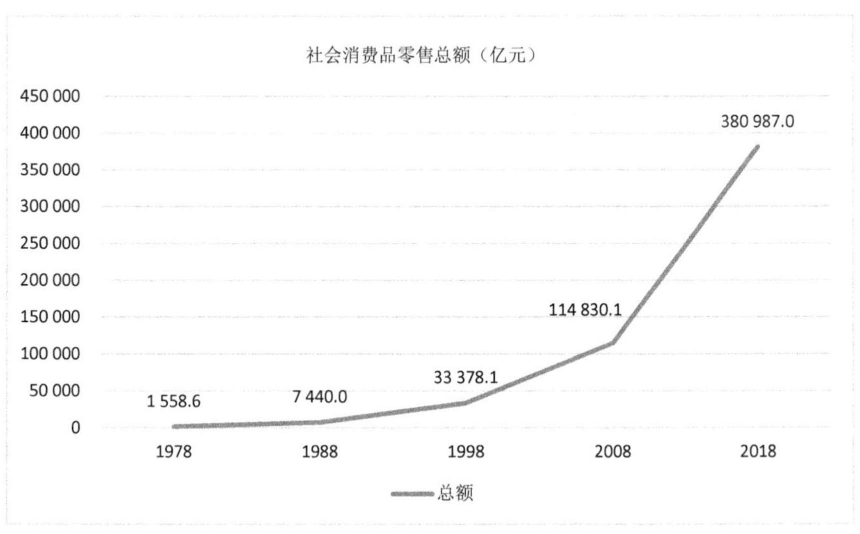

图1-3 社会消费品零售总额变化图

(三)居民人均可支配收入(元)

如图1-4所示，1978年全国居民人均可支配收入343元；2018年全国居民人均可支配收入为28 228元，增长了82倍。可支配收入的增长，说明老百姓手中有钱，不再是穷得身无分文，上无片瓦、下无立足之地的状况。

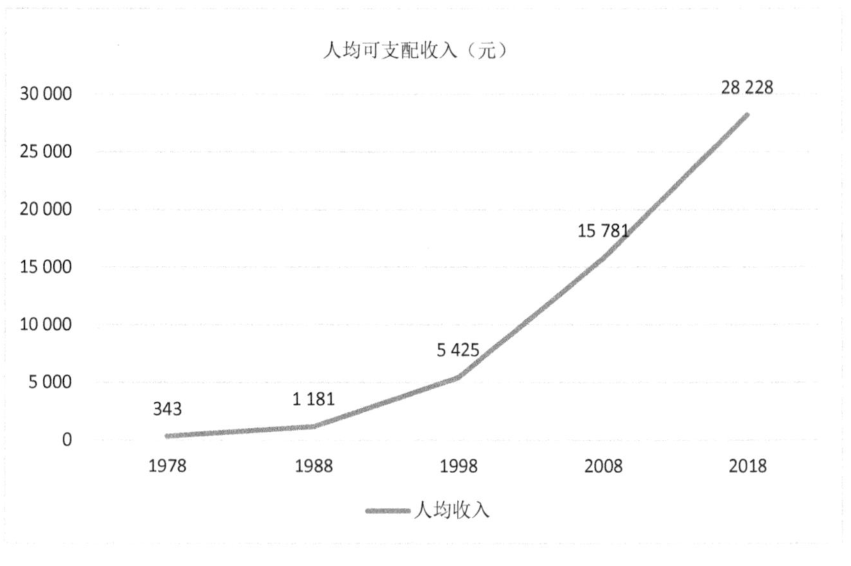

图 1–4　居民人均可支配收入

(数据来源于 1978—2018 中国历年 GDP 与城镇居民人均可支配收入统计表)

二、人民群众生活水平的巨大变化

人是社会发展的主体，社会是人发展到一定阶段的产物。虽然经过艰苦努力，国家的实力不断增强，经济水平显著提高，但人们的生活水平，尤其是衣、食、住、行、文化、娱乐、旅游消费是否相应提高，又有一些什么样的变化呢?

(一) 吃：粮食产量和人均粮食消费量

粮食产量和人均粮食消费量是评价人们生活水平的基本因素之一。

1949 年全国粮食总产量 11 318.4 万吨，人均粮食消费量为 208.95 千克；2018 年全国粮食总产量 65 789 万吨，人均粮食消费量 471 千克 (图 1–5、图 1–6)。

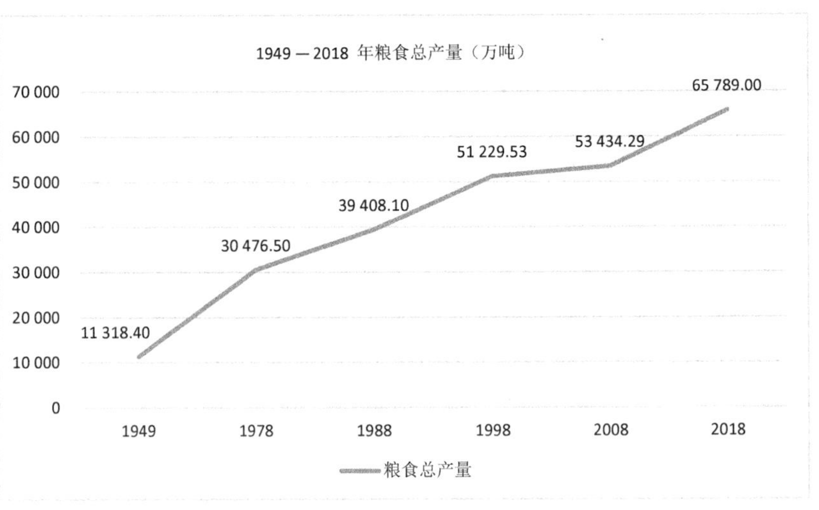

图 1-5　1949—2018 年粮食总产量变化图

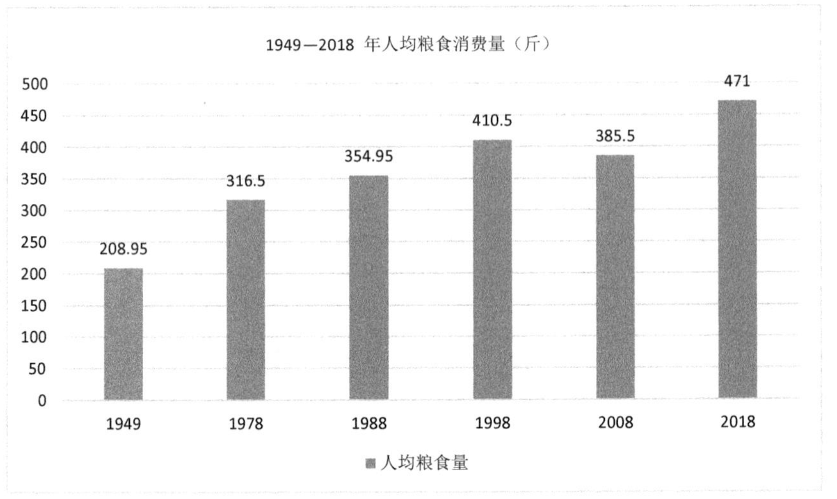

图 1-6　1949—2018 年人均粮食消费量变化图

这组数据表明：随着新中国成立以来特别是改革开放以来，生产力的解放，人民群众积极性的提高，粮食总产量和人均粮食消费量迅速提升，人民群众的生活水平大大改善。人们彻底改变了忍饥挨饿的状态，实现了从吃不饱到有粮吃到吃得饱到吃得好、吃得精、吃得香的转变。2018 年比 1949 年粮食总产量增长了5.8倍。人均粮食消费量从新中国成立初的208.95千克，增长到2018年的471千克，是一个质的飞跃。

(二) 穿：布产量和人均拥有量

穿是衡量人们生活质量的另一个基本参数。1949年全国布匹产量67.7亿米，人均拥有量12.5米；2017年布匹产量787.68亿米，人均拥有量57米，共增长了近12倍。

图1-7、图1-8反映了我们国家布匹生产的增长过程和人均拥有量的上升。

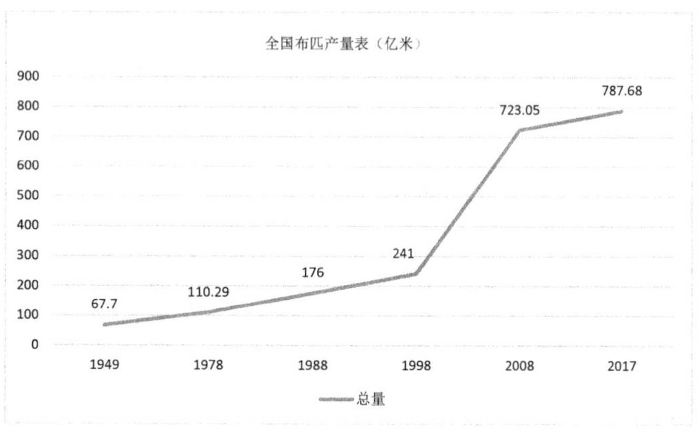

图1-7　全国布匹产量变化图

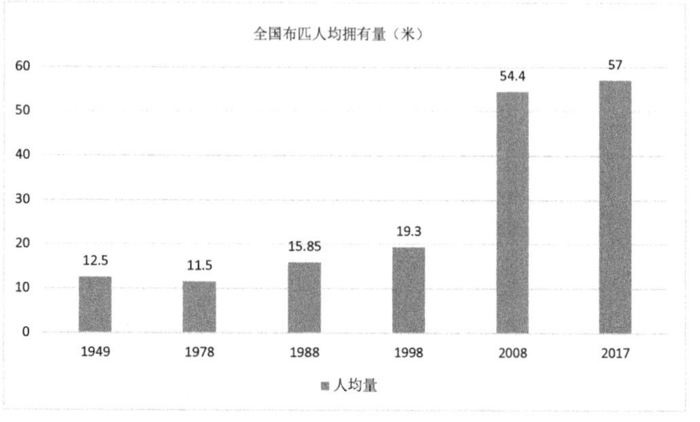

图1-8　全国布匹人均拥有量变化图

(三) 住：住宅建筑面积和人均拥有量

住是判断人们生活质量的又一重要参数。从中华人民共和国成立初期到改革开放前这段时间，全国住房实行统建统分，人们没有属于自己的商住房。改革开放后，国家逐步推行商住房制度，开始大规模建设商住房，人们才逐渐开始拥有具备房屋产权的房子。1978 年全国住宅房屋竣工面积 407 万平方米，年人均拥有 0.004 平方米；2017 年住宅房屋竣工面积 155 111.82 万平方米，年人均拥有 1.3 平方米 (图 1–9)。

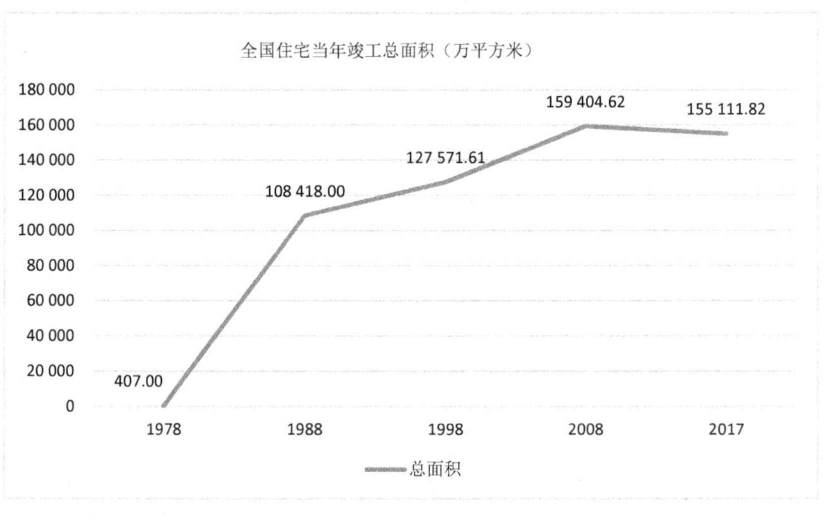

图 1–9　全国住宅当年竣工总面积变化图

从图 1–10 中的数据可以看出，从 1978 年国家开始实施商品房制度后，商品房的建设速度和年人均拥有量得到了空前提高，年住宅房屋竣工面积从 1978 年到 2017 年增长了 381 倍；年人均拥有量从 0.004 平方米上升到 1.3 平方米，增长了 325 倍。由此可见，改革开放后，人们的住房实现了从公有房到私有房，从住得小到住得宽、住得大，从一套房到多套房的巨大转变，住房面积越来越大，居住环境越来越美。

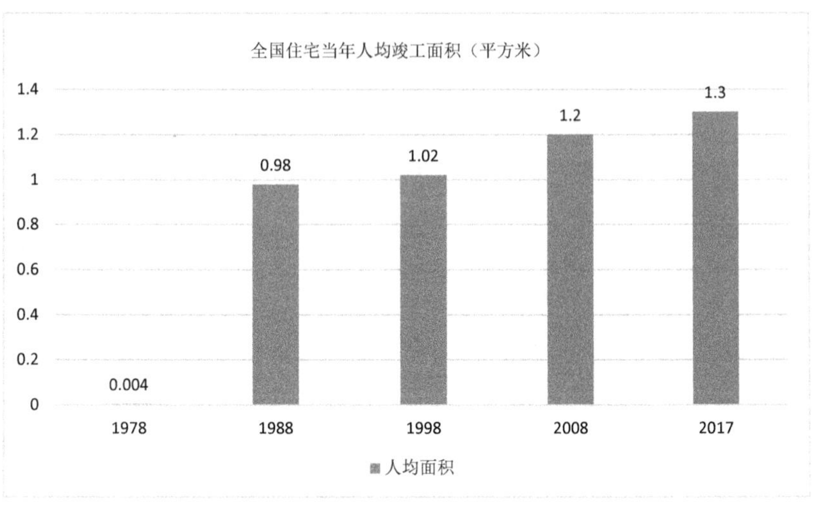

图 1-10　全社会人均住宅房屋竣工面积（1978—2017 年）变化图

（四）行：公路、铁路与航空

行是评价人们幸福指数的重要因素。人们不仅要吃得好、穿得美、住得宽，还要出行方便、出行快捷、出行舒适与安全，才是美好生活的应有之义。行主要包括三个方面：公路、铁路和航空。

（1）公路。1949 年初期，全国公路总里程为 8.08 万千米，2018 年全国公路里程为 477.35 万千米。2018 年全国公路里程是 1949 年的 59 倍，基本实现了县县通高速公路，乡乡通柏油公路的目标（图 1-11）。

（2）铁路。1949 年全国铁路营运总里程为 2.18 万千米，2017 年全国铁路营运总里程为 12.7 万千米。2017 年全国铁路营运总里程是中华人民共和国成立初期的 5.8 倍，其中，高速铁路达到 1 万千米，人们出行更加快捷与舒适。全国铁路里程表变化如图 1-12 所示。

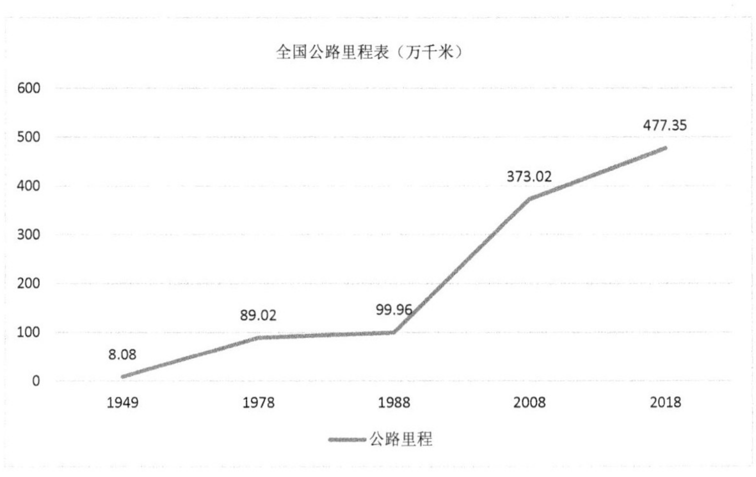

图 1–11　全国公路里程表变化图

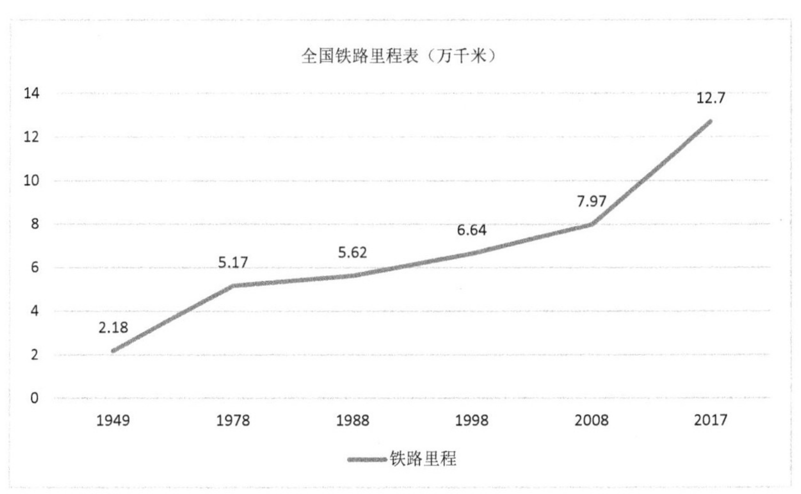

图 1–12　全国铁路里程表变化图

（3）民航。1949 年，全国民用航空年客运量为 27 万人次，2018 年全国民用航空年客运量为 55 156.11 万人次，“坐飞机”不再是奢侈行为，不再是身份和地位的象征，不再需要开证明，已成为中国老百姓普通的出行方式，这是人民群众生活质量改善的显著标志（图 1–13）。

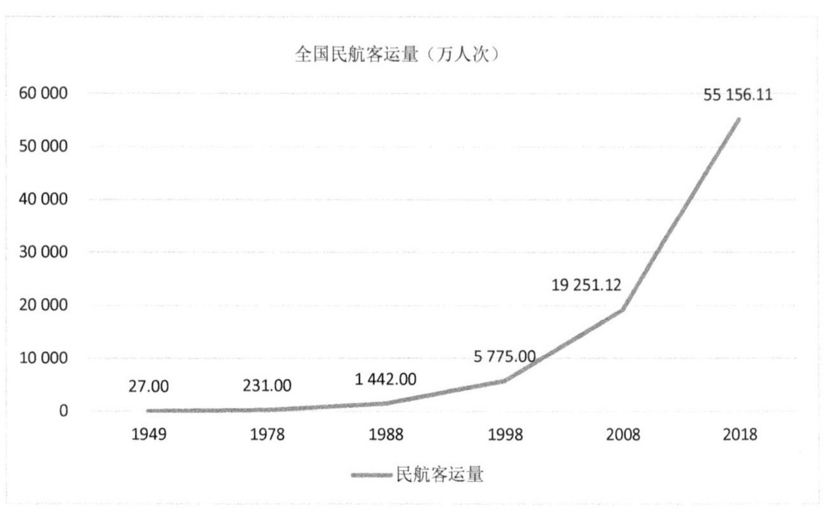

图 1–13　全国民航客运量变化图

三、文化旅游消费现状

在较好地解决了人民群众的衣食住行以后，文化、娱乐和旅游消费成为衡量人民群众幸福指数的重要指标。

(一) 全国公共图书馆发展和服务情况

1949 年全国有公共图书馆 55 个，1978 年全国有公共图书馆 1218 个，2017 年全国公共图书馆 3166 个，从业人员 57 567 人，图书总藏量 96 953 万册，累计发放有效借书证 6736 万个，图书流通 74 450 万人次，书刊文献外借册次 55 091 万册次，组织各类讲座 74 174 次，举办展览 30 443 个，举办培训班 50 973 个，拥有计算机 220 992 台，电子阅览室终端 144 255 台，阅览室座席 106 万个（图 1–14 ~ 图 1–16）。

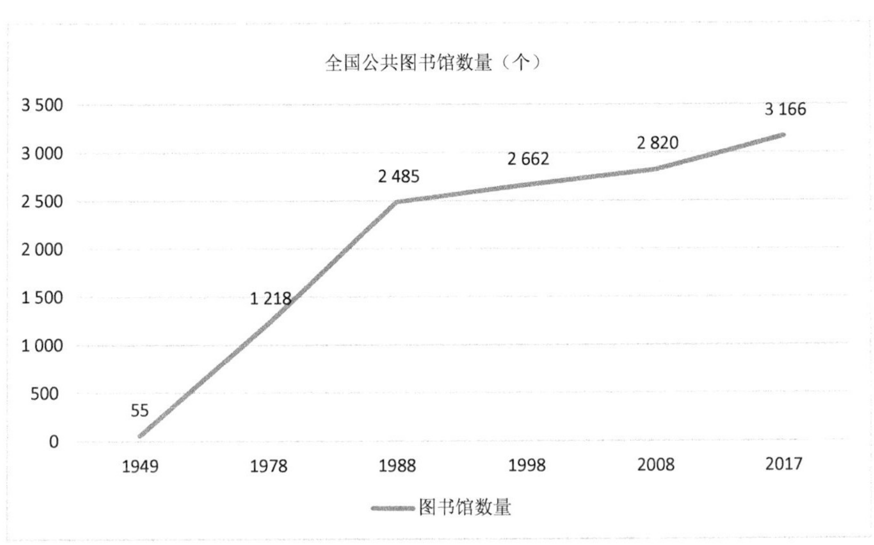

图 1–14　全国公共图书馆数量增长图

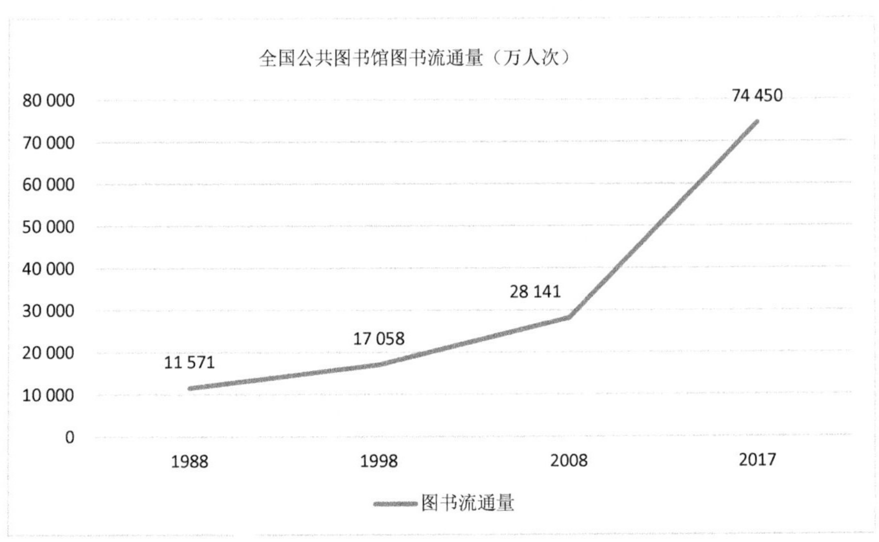

图 1–15　全国公共图书馆图书流通量变化图

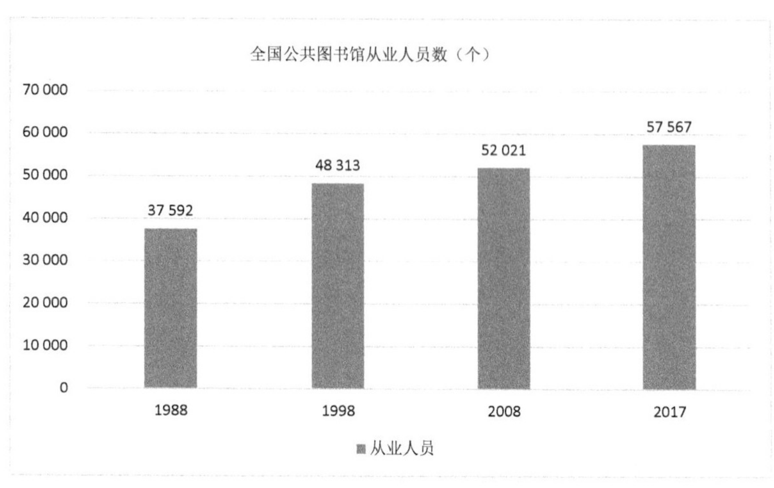

图 1–16　全国公共图书馆从业人员数

（二）国内居民出境旅游人次和入境游客人次

1978 年国内居民出境旅游人数为 0，入境游客 180.92 万人次；1988 年国内居民出境旅游人数为 0，入境游客 3169.48 万人次；2018 年国内居民出境旅游 16 199 万人次，入境游客 14 120 万人次（图 1–17、图 1–18）。

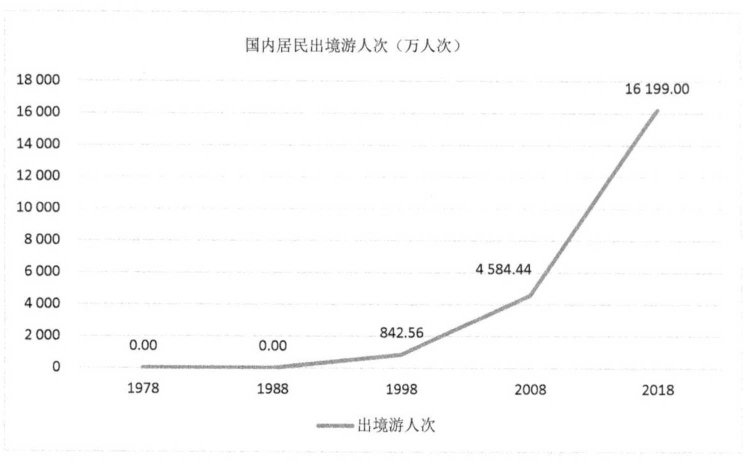

图 1–17　国内居民出境游人次变化图

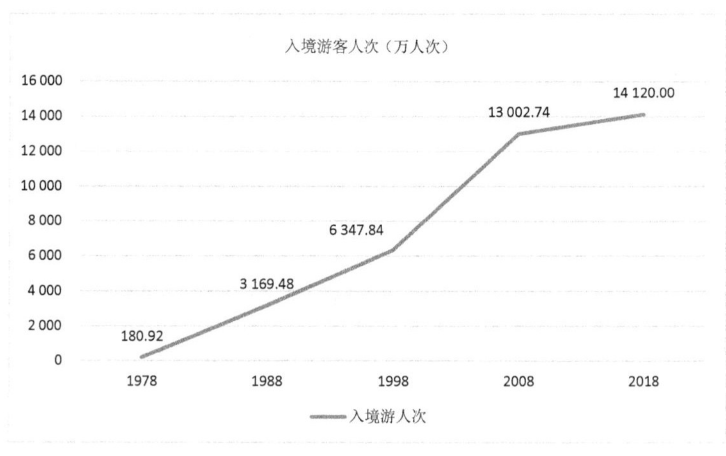

图 1–18　入境游客人次

(三) 文旅消费进入爆炸式消费时代

近十年来，特别是近几年来，人民群众的文化旅游消费已成为消费的热点、时尚和趋势。产生了《平凡的世界》《海棠依旧》《北平无战事》《人民的名义》《白鹿原》等一大批文艺作品，创作了《芳华》《红海行动》《战狼 2》《流浪地球》等一大批影视精品，举办了《中国诗词大会》《国家宝藏》《经典咏流传》《朗读者》《中国成语大会》《中国民歌大会》等高端文化节目。实体书店迎来春天，2017 年全国实体书店零售额达 344.2 亿元，人均购买图书 25 元；全国公共图书馆达 3166 个，基本实现县县有图书馆，服务民众 4 亿人次。在 2018 年春节的 7 天大假中，1.4 亿人次走进影院，7 天票房达 57.23 亿元。2018 年国内居民出境旅游人次超过 1.6 亿人，超过所有外国游客的入境数。

(四) 恩格尔系数值区间合理

恩格尔系数是指居民家庭生活中食物支出占消费总支出的比重。它是衡量一个国家或地区人民生活水平的重要指标。

20%～30% 为富足；20% 以下为极其富裕。

由图 1–19、图 1–20 所示，人民群众的文化旅游消费在恩格尔系数中的占比重越来越大，购买食物的支出占总支出的比例越来越小，恩格尔系数值也越来越小。1978 年城镇居民的系数为 59.2%，农村居民的系数为 73.6%，2017 年下降到城镇居民的 28.6%，农村居民的 31.2%，恩格尔系数值持续走低，反映了人民群众的生活水平越来越高，质量越来越好！

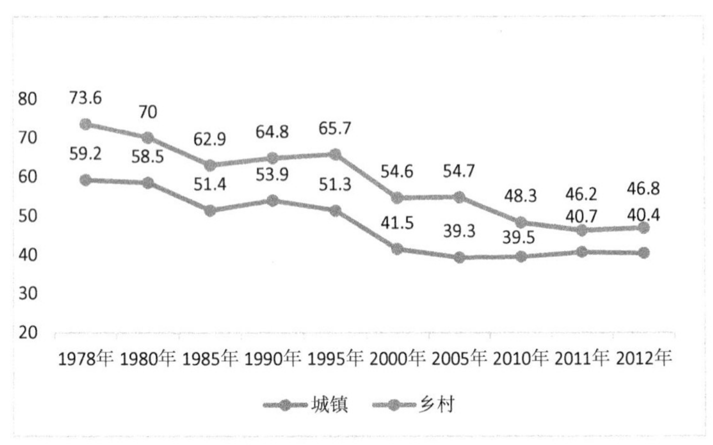

图 1–19　1978—2012 年城乡居民恩格尔系数变化图

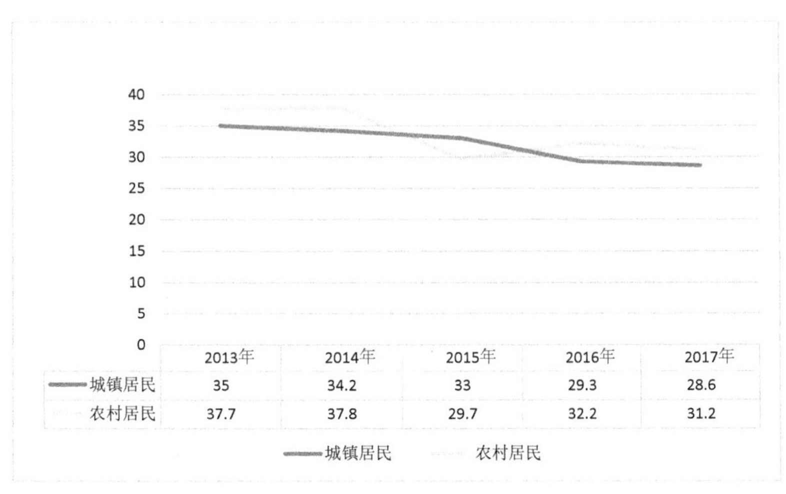

	2013年	2014年	2015年	2016年	2017年
城镇居民	35	34.2	33	29.3	28.6
农村居民	37.7	37.8	29.7	32.2	31.2

图 1–20　2013—2017 年城乡居民恩格尔系数变化图

由此可见，经过多年的艰苦努力，特别是近十年的爆发式增长，国家的综合实力大大增强，人民群众的生活质量显著提高，已经告别了艰苦生活时代、朴素生活时代，开始进入美好生活时代。

我们的美好生活是累积起来的美好生活。不是天上掉下来的，是中国人民在中国共产党的正确领导下，在一穷二白的基础上，经过自力更生、艰苦奋斗、不懈努力而发展累积起来的，是从艰苦、朴素、温饱、小康一步步提升而逐渐进入的美好生活；我们的美好生活是共同的美好生活，是14亿中国人共同的向往和愿望，绝不能落下一个人、一个村庄、一个集体、一个民族；我们的美好生活是全面的美好生活，是绿色、生态、和谐的美好生活，是物质财富进一步丰富，文化事业进一步繁荣，民主、法治、公平、正义、安全、环境等方面进一步完善的美好生活。

注：本节数据除标明以外，其余数据均来自国家统计局“数据中国”。

第三节 公共文化服务体系建设得到空前重视

经过多年的顽强拼搏，尤其是经过改革开放四十多年的开拓创新，基本上解决了人民群众的吃、穿、住、行问题，人民群众的生活质量大为改善，旅游人数大为增加，但是，另一种“富了口袋、穷了脑袋”“沉湎于物质享受”“精神贫困、精神缺钙”“不讲文明礼貌”“有梦想缺少思想”等现象随之出现，并日益严重，在此背景下，加强公共文化服务体系建设、保障人民群众的基本文化权益、丰富人民群众的精神文化生活、提高人民群众的精神文化素质、全面建设小康社会等任务逐步提上党和国家的议事日程。

2005年10月，在中国共产党十六届中央委员会第五次会议上，首次提出了“公共文化服务体系”的概念。2006年9月，文化部《国家“十一五”时期文化发展规划纲要》首次以专项规划的形式，对公共文化服务体系的建设做出了全面规划。2012年11月，党的十八大将“公共文化服务体系建设”纳入全面建成小康社会的重要内容，并明确提出了到2020年“公共文化服务体系基本建成”的战略目标。从此，我国公共文化服务体系建设进入快车道。

2013年11月，党的十八届三中全会明确提出“构建现代公共文化服务体系”的战略任务。2014年3月，由原文化部牵头，国家发展改革委员会、财政部、国家新闻出版署等部门联合成立了国家公共文化服务体系建设协调组。2014年10月20日，党的十八届四中全会在北京召开，大会通过了《中共中央关于全面推进依法治国若干重大问题的决定》，明确提出“建立健全坚持社会主义先进文化前进方向、遵循文化发展规律、有利于激发文化创造活力、保障人民基本文化权益的文化法律制度”“制定公共文化服务保障法，促进基本公共文化服务标准化、均等化”。

2015年1月，中共中央办公厅、国务院办公厅下发了《关于加快构建现代公共文化服务体系的意见》。同时以附件的形式下发了《国家基本公共文化服务指导标准(2015—2020年)》。《国家基本公共文化服务指导标准》指出：国家基本公共文化服务项目包括读书看报、收听广播、观看电视、观赏电影、送地方戏、设施开放、文体活动；硬件设施包括文化设施、广电设施、体育设施、流动设施、辅助设施；另外还规定了人员配备、人员编制和业务培训，等等。

2015年5月，国务院办公厅转发文化部、财政部、新闻出版广电总局、体育总局《关于做好政府向社会力量购买公共文化服务工作的意见》(国办发〔2015〕37号)，明确要求将购买公共文化服务资金列入各级政府财政预算，逐步加大现有财政资金向社会力量购买公共文化服务的投入力度，实行项目制、清单制。

2015年10月，国务院办公厅印发了《关于推进基层综合性文化服务中心建设的指导意见》(国办发〔2015〕74号)，要求到2020年，全国范围内的乡镇（街道）和村（社区）普遍建成各方面均达标的基层综合性文化服务中心。

2015年12月，原文化部、国家发展改革委员会、国家民委、财政部、国家新闻出版广电总局、国家体育总局、国务院扶贫办等七部门联合下发了《“十三五”时期贫困地区公共文化服务体系建设规划纲要》，该《纲要》的主要特点是补短板、兜底线、建机制、畅渠道、促发展，目标是到“2020年，贫困地区公共文化服务能力和服务水平有明显改善，群众基本文化权益得到有效保障，基本公共文化服务主要指标接近全国平均水平，扭转发展差距继续扩大的趋势，公共文化在提高贫困地区群众科学文化素质、促进当地经济社会全面发展方面发挥更大作用”。

2016年12月，文化和旅游部、国家发展改革委员会、财政部、国家新闻出版广电总局、国家体育总局联合印发了《关于推进县级文化馆图书馆总分馆制建设的指导意见》(文公共发〔2016〕38号)（以下简称《意见》）。该《意见》的主要目的是把总分馆制建设引入现代公共文化服务体系，因地制宜、实事求是地推进县域图书馆文化馆总分馆制建设。

2016年12月25日，《中华人民共和国公共文化服务保障法》由第十二届全国人民代表大会常务委员会第二十五次会议通过，并于2017年3月1日起施行。

2017年5月，文化部出台《关于加强边境地区文化建设的指导意见》，对包括边境贫困地区在内的边境地区的公共文化服务体系建设作出全面部署；2017年6月，原文化部发布了《“十三五”时期文化扶贫工作实施方案》，进一步明确了贫困地区公共文化服务体系建设的重点任务。

2017年9月，中共中央宣传部、文化和旅游部、中央机构编制委员会办公室、财政部、人力资源社会保障部、国家文物局、中国科学技术协会联合印发《关于深入推进公共文化机构法人治理结构改革的实施方案》。

2017年11月4日，第十二届全国人民代表大会常务委员会第三十次会议通过了《中华人民共和国公共图书馆法》，并于2018年1月1日起施行。《中华人民共和国公共图书馆法》是中国第一部图书馆专门法，是为了加强对公共图书馆管理，推进公共图书馆事业发展，保障人民群众的阅览权利而制定的法律。它的颁布与施行，对于弘扬社会主义核心价值观、传承中华优秀传统文化、推动公共图书馆事业发展、提高全体公民文化素质有着非常重大的意义。

由此可见，党和国家对提高全民族的科学文化素质，保障人民群众的基本文化权益非常重视，对公共文化体系建设的重视程度前所未有，在短短的两三年之内，所下发、颁布的文件、方案、意见、法律，密度之高，行动之快，令人瞩目。

在此背景下，发展公共图书馆事业、加强图书馆建设势在必行。

第四节　世界各国竞相发展公共图书馆事业

人性是美好的，但竞争是残酷的；世界是和谐的，但发展速度是有快慢的。

一、世界主要发达国家公共图书馆的建设时间都比我国早

1852 年英国第一个具有近现代意义的公共图书馆曼彻斯特图书馆建成，1854 年美国波士顿公共图书馆开馆，1856 年印度第一个公共图书馆在加尔各答开馆，1872 年日本第一个公共图书馆在东京开馆，1904 年中国第一个公共图书馆在长沙开馆。自 1852 年曼彻斯特图书馆建成到 1900 年，全英国共建公共图书馆 352 个，19 世纪末至 20 世纪初，美国钢铁大王卡内基捐建公共图书馆 1679 个。

同时，许多国家的国家图书馆先后建成。英国不列颠博物院图书馆于 1773 年建成。法国国家图书馆于 1792 年建成，德意志帝国图书馆于 1871 年建成，美国国会图书馆于 1800 年建成，瑞士国家图书馆于 1895 年建成、日本帝国图书馆于 1897 年建成、印度帝国图书馆于 1903 年建、中国京师图书馆于 1912 年建成。

二、公共图书馆的数量比我国多

2017 年我国的公共图书馆为 3166 个。同期，美国有公共图书馆 8895 个，还有 7641 个分馆和流动图书馆。全美共有学校图书馆 73 845 个。2016 年英国有公共图书馆 3850 个，到馆读者 2.5 亿人次，图书馆预算经费 9.19 亿英镑。德国 2017 年共有各类图书馆 1.4 万个，包括大学图书馆 705 个，教会图书馆

4661个。德国公共图书馆分布均衡、覆盖能力强。截至2014年底，德国人口总数约为8119.8万人，平均每个公共图书馆覆盖人口为8808人。从横向比较来看，德国公共图书馆的覆盖能力远高于其他国家，如美国平均每个公共图书馆覆盖的人口为1.9万人、英国为2.1万人、澳大利亚为1.6万人、日本为4万人。

三、公共图书馆法的颁布时间比我国早

美国是世界上最早颁布图书馆法案的国家，1848年马萨诸塞州议会通过在波士顿市筹建公共图书馆的法案是世界上第一部图书馆法。虽然这部法律的内容非常简单，并且是一部地方性法规，但是开辟了世界各国制定图书馆法的先河。1970年美国颁布了《图书馆学与情报学国家委员会法案》。

1850年英国议会以118票赞成，101票反对的微弱优势通过了《公共图书馆法》，成为世界上第一部全国性的公共图书馆法。当时英国图书馆法规定的最低标准是，在4万人以下的地区，每人平均应有图书馆藏书1.5册，每2500人应配备1名图书馆工作人员，其中专业馆员应占33%，同时规定从地方税收中抽取约2%作为地方图书馆经费。法国于1537年颁布了蒙彼利埃敕令，这是全世界最早的出版物呈缴法案。它规定，凡是在法国出版的任何出版物均须向皇家图书馆呈送样书，叫备案本。这样做的最初目的是对出版物进行审查，但客观上使法国的出版物比较完整地收集并保存下来。

日本于1899年颁布了《图书馆令》，后于1906年、1933年先后两次修订；此外还在1906年颁布了《图书馆法规程》、1947年颁布了《国会图书馆法》等法规。日本是世界上颁布图书馆法最多的国家之一。瑞典于1905年通过了第一个图书馆法，1920年11月苏联颁布了《人民委员会集中管理图书馆事业

的命令》，1934 年苏联政府通过《关于苏维埃社会主义共和国联盟的图书馆事业》的决定，这是苏联颁布的第二个综合性图书馆法律。澳大利亚于 1939 年颁布了《图书馆法》，丹麦于 1956 年和 1962 年颁布了《学校图书馆法》和《图书馆法》，芬兰于 1962 颁布了《图书馆法》，挪威于 1971 年颁布了《学校和公共图书馆法》，匈牙利于 1956 年颁布了《图书馆法》，韩国于 1963 年颁布了《图书馆法》，伊朗于 1964 年、波兰于 1968 年、民主德国于 1968 年、保加利亚于 1970 年都颁布了自己国家的图书馆法。

1949 年联合国教科文组织颁布《公共图书馆宣言》。

中华人民共和国成立后，党和国家高度重视图书馆事业。1955 年文化部颁发《关于征集图书、杂志样本办法》和《关于加强与改进公共图书馆工作指示》，1955 年文化部抄发中华全国总工会《关于工会图书馆工作的规程》，1956 年高等教育部颁发《中华人民共和国高等学校图书馆试行条例（草案）》，1957 年国务院颁布《全国图书协调方案》，1987 年中国科学院颁发《中国科学院图书情报工作暂行条例》，1981 年教育部颁发《中华人民共和国高等学校图书馆工作条例》，1982 年文化部颁布《省（自治区、市）图书馆工作条例》，1987 年国家教育委员会修订《普通高等学校图书馆规程》，2017 年颁布了《中华人民共和国公共图书馆法》，并于 2018 年 1 月 1 日起施行。

四、文化立法比我国全

纵观世界各国，尤其是发达资本主义国家，非常擅长用法治推动文化建设，特别是公共文化建设。可以说用法治手段推动公共文化是普遍经验和通行做法。美国有《国家艺术暨人文基金会法案》，日本在 20 世纪 90 年代中期提出“21 世纪文化立国方案"，《社会教育法》和《文化艺术振兴基本法》，韩国有《文化基本法》和《文化艺术振兴法》《地区文化振兴法》，加拿大有《多元文化主义法案》，俄罗斯有《联邦文化基本法》，瑞士有《文化促进联邦法》，挪威有《文化活动政府责任法》，乌克兰有《乌克兰文化法》，等等。

各国还制定了许多图书馆、博物馆、艺术馆、展览馆等公共文化服务机构的专项法案，目前我们能搜集到的国外文化立法就有 100 多部。日本在文化立法方面就多达七部。韩国政府在 1998 年提出"文化立国"战略之后，陆续出台了《文化基本法》《文化艺术振兴法》《地区文化振兴法》等法律，产生了较大和深远的影响。

长期以来，我国的公共文化立法一直较薄弱，民间有"两部半法律治文化"的说法，说的就是我国的文化立法太少，一部是《文物保护法》，一部是《非物质文化遗产法》，半部《著作权法》。2016 年、2017 年分别颁布了《公共文化保障法》《公共图书馆法》，使我国的文化立法工作有了很大的进步，但总体还是偏少。

在这一章，笔者用较大篇幅讲述了贯彻落实《公共图书馆法》，推动公共图书馆事业向前发展所处的时代背景，主要包括新时代背景、美好生活背景、公共文化事业得到空前重视背景、世界各国竞相发展公共图书馆事业背景。新时代背景就是中国特色社会主义进入新时代，新时代要有新思想新作为，要为人民群众提供新服务，更高水平的服务；人民群众的美好生活需求背景就是我们国家经过几十年艰苦努力，已经告别了艰难困苦时代、朴素生活时代、简单富余生活时代而进入美好生活时代，人民群众的美好生活需求对于图书馆建设与运行来讲，就是在馆舍建设、设施设备、阅读环境、文献提供、创新服务等方面不是因陋就简，可有可无的问题，而是要有更好的条件更好的环境更高质量的问题。在美好生活时代，不是有没有图书馆，有没有阅读条件，有没有阅读环境的问题，而是必须有，并且是有更现代更智能的图书馆、更明亮更大气的阅读空间、更温馨更典雅的阅读环境、更体贴更舒适的阅读设施、更专业更全面的阅读服务、更方便更快捷的服务手段、更礼貌更专业的服务人员。彻底改变现在有的地方把建设图书馆当成一种负担、当成一种极不情愿的任务的现象。公共文化服务体系建设得到空前重视背景，就是必须大力发展图书馆事业。《公共图书馆法》明确规定，公共图书馆是社会主义公共文化服务体系的重要组成部分，公共文化服务体系建设得到空前重视，公共图书馆事业必须受到空前重视。世界各国竞相发展公共图书馆事业背景，就是世界各国都特别重视公共图书馆事业在加速发展，你不加大力度，别的国家在加大力度，你在提高全民阅读及全民素质方面不愿意出力，而别的国家特别是发达的资本主义国家在拼命出力。

为此，作为图书馆人、图书馆工作者，甚至本书的读者，务必要从时代的高度，全球的角度来看待我国的图书馆工作、世界图书馆事业和全球的全民阅读事业，要从时代出发，从人民群众美好生活出发，从党和国家空前重视公共文化事业出发，从世界各国竞争发展图书馆事业的角度，深刻理解《公共图书馆法》的精神，牢记我们自己肩上的责任，记住我们的法定职责，把我们国家的公共图书馆事业建设好、运行好、管理好、服务好。要清楚地知道，和国外发达国家相比，我们已经有很大差距，现在发展图书馆事业既是时代的需要，满足人民群众美好生活的需要，同时，也是追赶发达国家的图书馆建设水平、补齐短板的最佳时期。

第二章　政治责任

政治责任是首要责任。

公共图书馆是社会主义公共文化服务体系的重要组成部分，是培育社会主义核心价值观的重要阵地，是弘扬中华优秀传统文化的重要场所，是广大民众自主学习、自我教育、自我发展、自我提升的重要空间，必须坚持正确的政治方向，必须以习近平新时代中国特色社会主义思想为指导，必须把这一马克思主义中国化的最新成果，作为引领我国公共图书馆事业和全民阅读事业前进的旗帜和指南，必须坚持社会主义先进文化前进方向，推动文化强国和新时代公共文化的繁荣发展。

在《公共图书馆法》的规定中，图书馆和图书馆人应当承担的政治责任主要集中在《公共图书馆法》的第三条，共有六项内容，即坚持社会主义先进文化前进方向的责任、发展社会主义先进文化的责任、坚持以人民为中心的责任、传承发展中华优秀传统文化的责任、继承革命文化的责任、保存和传承地方文化的责任（图 2–1）。

第一节　坚持社会主义先进文化前进方向的责任

一、什么是文化？

“文化”的定义和概念很多。从不同的角度，就有不同的定义。1952年美国文化人类学家阿尔弗雷德·克洛依伯和克莱德·克拉克洪出版了《文化：概念和定义的检讨》一书，在此书中列举了西方学术界从1871年到1951年的80年间对文化的164种定义。但笔者比较推崇的有三种定义。

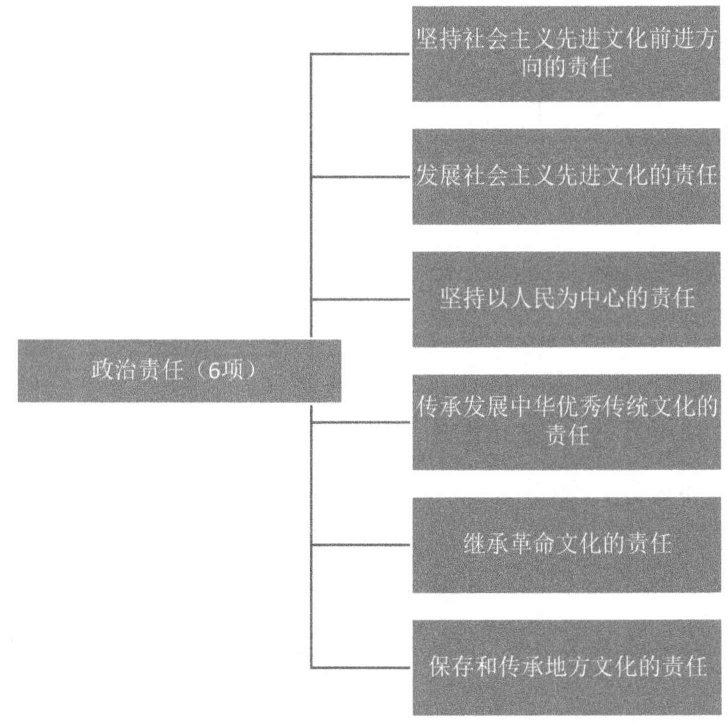

图2-1 图书馆政治责任

第一种解释是毛泽东同志在1940年1月发表的《论新民主主义》"第十一部分，新民主主义的文化"中指出的："一定的文化是一定社会的政治和经济在观念形态上的反映，又给予伟大影响和作用于一定社会的政治和经济"。毛泽东同志在《论新民主主义》中对文化、新文化、新民主主义文化、中国文化革命的历史特点、民族的科学的大众的文化等进行了深刻和全面的论述。

第二种是《新华字典》的解释。文化是人类在社会历史发展过程中所创造的物质财富和精神财富的总和，特指精神财富，如哲学、科学、教育、文学、艺术，等等（见商务印书馆第11版《新华字典》第520页第4个字）。这种解释被许多书籍甚至教材所采用，也是一种来源于西方学术的观点。

第三种解释源于中华典籍。在《文心雕龙》中，“文化”被解释为“文以载道，以文化人”。即以文字、文章、礼乐、曲调等文学、艺术形式变化人的气质，提升人的素养、树立人的品格，使人达到转恶为善、转迷为悟、转平凡为伟大、转落后为先进、转慵懒为勤奋、转低俗为高尚的目的。

笔者认为这三种“概念”都有一定的合理性，都在一定程度上反映了文化的本质和内涵。但“文以载道，以文化人”具有中华文化的特质。

“文”与“化”最早见于《易经·贲卦》之《彖传》，有“观乎天文，以察时变；观乎人文，以化成天下”。意思是通过对自然的观察，可以看到一年四季的变化；通过以文化人，就可以教化天下百姓，这就是文化。这里的“人文”就是指用文章、礼仪、风俗、典籍、人伦道德、精神信仰、礼制仪规等，“化成天下”，就是教化天下的老百姓，使其素养提升、和谐社会、成就事业于天下。

可见，文化的本质就是以文化人，就是用精神信仰、伦理道德、礼仪规范、精神追求、文化基因去熏陶人、塑造人、改造人、凝聚人，从而成就建立在共有价值观和文化认同感基础上的和谐社会。文化承担着文以载道、以文化人、思想育人、传承文明的历史使命，是指引人类社会向前发展的心灵明灯，凝聚起推动社会进步的巨大力量和发展动力。

中华文化博大精深、源远流长，在漫长的发展和积累过程中，为中华民族的壮大做出了巨大贡献。今天我们所讲的文化是时代的号角，是民族的血脉，是人民的精神家园，就是要求中华文化要发挥引领风尚、教育人民、服务社会、推动发展的作用，这是中华优秀传统文化“以文化人”“观乎人文以化成天下”思想理念的时代发展和时代表达。

二、文化的分类

在人类的历史长河中，产生了多种多样的文化，从不同的角度，可以划分出不同类型的文化。

从时间角度划分，可分为原始文化、古代文化、近代文化、现代文化、当代文化等；从空间角度划分，可分为东方文化、西方文化、亚洲文化、欧洲文化、美洲文化等；从不同民族划分，可分为汉族文化、藏族文化、苗族文化等；从地貌形态划分，可分为海洋文化、大陆文化等；从不同宗教划分，可分为伊斯兰文化、佛教文化、基督教文化等；从不同的社会阶层划分，可分为贵族文化、平民文化、官方文化、民间文化等；从不同的社会功能划分，可分为礼仪文化、服饰文化、饮食文化、酒文化等；从文化品位划分，可分为雅文化和俗文化；从流行的时效划分，可以分为经典文化、流行文化；从历史沿革和流行区域来划分，可分为巴蜀文化、齐鲁文化、吴越文化、燕赵文化、荆楚文化等；从文化对生产力发展的影响划分，又分为先进文化、落后文化、腐朽文化；从文化自身的内在逻辑结构和层次上，可分为物质文化、精神文化。

三、什么是先进文化、落后文化和腐朽文化？

每一个民族都有自己独特的文化，从其对生产力发展的影响划分，可分为先进文化、落后文化和腐朽文化。

凡是顺应人类社会发展规律，符合社会历史发展方向，揭示人类社会发展未来，体现社会生产力发展要求，推动生产力向前发展，反映人民群众的意志和愿望，为人类社会文明进步提供强有力的思想保证、精神动力和智力支持的文化，称为先进文化。

先进文化站在时代的前列，反映时代的潮流，表达人民群众的心声，对弘扬民族精神，形成民族凝聚力，有着极大的激励和促进作用。只有准确把握先进文化的发展规律，不断提高发展和繁荣社会主义先进文化的本领和能力，才能满足人民群众对先进文化的需求，对美好生活的向往，增强综合国力，提高国际竞争力，提高民族的影响力，才能永远屹立于世界之巅。

落后文化是指违背科学规律，有碍于先进生产力的发展，不能很好地促进社会进步，彰显社会阴暗面的一种非主流、非理性的灰色文化。它的主要特征是不能代表社会的前进方向和发展未来，不能引领时代潮流和光明前景。那些带有迷信、愚昧、颓废、庸俗等色彩的文化，都是落后文化，常常以传统习俗的形式表现出来，比如人们常见的打卦、看相、算命、测字、看风水，等等。

腐朽文化是指背离社会发展规律，阻碍先进生产力的发展，逆历史潮流而动，腐蚀人们的精神世界，侵蚀民族精神，危害社会事业，反映人类社会的阴暗心理、贪婪欲望、扭曲灵魂、卑鄙行径的文化。其具有功利性、丑恶性、非正义性、分裂性、隐秘性、欺骗性、传染性、顽固性等特点，通常表现为官僚主义、地方主义、拜金主义、享乐主义、极端个人主义、各种特权现象、权钱交易、唯利是图、假冒伪劣、欺诈拐骗、理想信念模糊、价值取向扭曲、国家意识淡薄、社会责任感缺乏、见利忘义、损公肥私，等等。

先进文化代表了社会发展的前进方向，推动生产力的发展，是时代的号角，应大力提倡和弘扬；落后文化不能促进生产力的发展，在一定程度上阻碍着社会的进步，反映了人们颓废、庸俗、迷信、愚昧的一面，属于文化糟粕，应不断通过科学文化教育予以改造和剔除；腐朽文化阻碍生产力的发展，具有非正义性、丑恶性等特征，具在较大的社会危害，必须坚决抵制，依法取缔。

四、坚持社会主义先进文化的前进方向

无论是开创任何一项事业，还是推动任何一项工作都必须坚持正确的发展方向。只有方向正确，付出越大、发展速度越快，成效就越大；相反，如果方向错误，付出越大、发展速度越快，错误就越大；因此，要坚持正确的发展方向，方向是旗帜、方向是目标、方向是未来。

建设中国特色社会主义，就必须坚持社会主义先进文化。

什么是社会主义先进文化？社会主义先进文化就是以马克思主义为指导，以培养有理想、有道德、有文化、有纪律的“四有”公民为目标，面向现代化、面向世界、面向未来的民族的科学的大众的具有中国特色社会主义的文化。[1]它根植于五千年中华文明，形成于社会主义革命和建设时期，丰富发展于中国特色社会主义伟大实践，同时是博采世界各国文化之长，吸收一切优秀文化成果的文化。它符合先进生产力的发展要求，代表着时代进步潮流和历史发展方向，实现了社会主义先进文化的民族性、科学性、大众性和开放性、包容性的有机统一，居于主导地位。

坚持社会主义先进文化的前进方向，就是坚持和巩固马克

[1] 赵伟:《文化自信与建设社会主义文化强国》. 中国共产党新闻网，2013年10月26日。

思列宁主义、毛泽东思想、邓小平理论、“三个代表”、科学发展观和习近平新时代中国特色社会主义思想在意识形态领域的指导地位。马克思主义是最先进、最科学、最革命的理论，坚持用马克思主义观察时代、解读时代、引领时代，用鲜活生动的当代实践推动马克思主义发展；坚持用习近平新时代中国特色社会主义思想武装全党、教育人民，巩固全党全国各族人民团结奋斗的思想基础。

坚持社会主义先进文化，就是要坚持社会主义核心价值观。核心价值是一个国家的品格，也是一个国家文明和文化的精神标志。社会主义核心价值观是兴国之魂，是社会主义先进文化的精髓，体现了社会主义的本质要求。党的十八大以来，培育和践行社会主义核心价值观成为强基固本、凝魂聚气的基础工程，成为“为中国人民谋幸福、为中华民族谋复兴”的文化主旋律。

坚持社会主义先进文化的前进方向，就是要坚持党对文化工作的领导。坚持为人民服务、为社会主义服务和百花齐放、百家争鸣的方针，坚持贴近实际、贴近生活、贴近群众，创新内容、创新形式、创新手段，弘扬主旋律、提倡多样化，发挥广大文化工作者的积极性、创造性、主动性。坚持把社会效益放在首位，实现社会效益和经济效益的有机统一，把文化发展的着力点放在满足人民群众美好生活需求和促进人的全面发展上。

坚持社会主义先进文化的前进方向，就是要旗帜鲜明地弘扬主旋律、传播正能量，发展先进文化，创新传统文化，扶持通俗文化，引导流行文化，改造落后文化，抵制有害文化，促进在全社会形成积极向上的精神追求和健康文明的生活方式。

我国的“公共图书馆是公共文化服务体系的重要组成部分，

公共文化服务体系是社会主义先进文化的重要内容”。因此，坚持社会主义先进文化前进方向是图书馆行业及其每位成员的应有之义，是整个行业、整个系统必须坚持的首要任务、第一责任。只有牢记、坚持社会主义先进文化的前进方向，才能更好把党的治国理政方略、文化建设理论、社会主义先进文化的思想精髓、图书馆事业的发展规律、人民群众的对美好生活的向往、人民群众对美好阅读需求有机地结合起来，才能发挥图书馆行业、图书馆事业的巨大效能，才能在具体工作中明确方向、坚定意志、不含糊、不迷茫，才能在图书馆藏、文献采访、文献提供、文献服务、读者活动中提供与社会主义先进文化前进方向一致的内容，一切与社会主义先进文化前进方向不一致的内容都禁止出现在馆藏、文献及活动之中，为读者提供高尚的、符合社会主义核心价值观的、有益于提高民众素质和修养的文献及活动。

第二节　发展社会主义先进文化的责任

一、发展社会主义先进文化的重要意义

发展社会主义先进文化，就是巩固马克思主义在社会主义意识形态领域的指导地位。社会主义先进文化是先进意识形态的重要载体和传播渠道，必须占领主阵地，打好主动仗，大力宣传科学理论、倡导科学精神、塑造美好心灵、弘扬社会正气，为激励全国各族人民奋勇前进提供强大的精神动力和智力支持。

发展社会主义先进文化，就是要大力发展文化事业和文化产业，促进事业繁荣和经济增长，满足人民群众美好生活需求。随着社会的发展，人民群众收入的增加，恩格尔系数的不断下

降，人们的消费结构将会多元化，对精神文化的需求也会多层次、多样化，文化消费将迎来井喷式、爆炸式增长，美好生活需求将得到较大满足。

发展社会主义先进文化，就是要促进人的全面发展。着力提高人们的思想道德素质、科学文化素质和健康素质。大力开展全民阅读、全民艺术普及、全民健身活动，大力开展文明礼仪教育，满足人们多元化、深层次精神文化需求，帮助人们形成正确的世界观、人生观、价值观和良好的道德修养，从而实现人的全面发展。

发展社会主义先进文化，就是增强国家文化软实力，讲好中国故事，推动中华文化走向世界。综合国力是一个主权国家所拥有的全部实力及国际影响，包括物质力量、军事力量、精神文化力量、科技力量、国际影响力，等等。发展社会主义先进文化，就是要提高文化开放水平，广泛开展文化交流，积极参与世界对话，讲好中国故事、传播中国声音，构筑中国精神、彰显中国价值，凝聚中国力量，展示文化魅力，整合文化资源，增强文化软实力，推动中华文化走向世界，为世界文明作出更大贡献。

二、发展社会主义先进文化的目标

发展社会主义先进文化的目标就是培育高度的文化自觉和文化自信，为人民提供更多更好的精神食粮，提高全民族文化素质，形成积极向上的精神追求和健康文明的生活方式，增强文化软实力，弘扬中华文化，建设社会主义文化强国。

图书馆行业发展社会主义先进文化就是要发挥图书馆是先进文化的集结地、先进文化的研究地、先进文化的传播地、人民群众接受先进文化熏陶的大学校、数字化传播的根据地作用，以文献为中心，广泛开展讲座、展览、主题沙龙等活动，切实弘扬和发展社会主义先进文化，引导人民坚定中国特色社会主义的共同信念，弘扬以爱国主义为核心的民族精神和以改革创新为核心的时代精神，弘扬社会主义、集体主义思想，抵制拜金主义、享乐主义、极端个人主义，为建设中国特色社会主义提供有力的文化支撑。

三、发展社会主义先进文化的主要内容

发展社会主义先进文化的主要内容有：坚持社会主义先进文化的前进方向，坚持以马克思主义和习近平新时代中国特色社会主义思想为指导，以建设社会主义核心价值观为根本任务，以满足人民美好生活为出发点，以改革创新为动力，坚持“二为”方向和“双百”方针，发展面向现代化、面向世界、面向未来的，民族的科学的大众的社会主义文化。始终把社会效益放在首位，在保证社会效益的前提下，大力发展文化事业、文化产业；加强现代公共文化服务体系建设，促进均等性、基本性、公益性、便利性；加强艺术生产，创作一大批反映时代风貌和中国特点的经典作品，展示好当代中国的发展进步和当代中国人的精彩生活；讲好中国故事，推进中华文化走向世界，扩大中华文化影响力。

四、如何发展社会主义先进文化

案例 1：讲述精彩故事，建设先进文化——新疆独山子石化公司着力打造“重塑良好形象大讲堂”

2015 年 8 月，新疆独山子石化公司为塑造公司的良好形象，发展社会主义先进文化，培养职工的敬业精神，打造了讲述精彩故事，建设先进文化，“重塑良好形象大讲堂”。讲堂的最大

特点是请身边的人讲身边的事，用身边的优秀事例激励更多的人。讲师中，有不论严寒酷暑、风霜雨雪，每天用脚步丈量管线的巡线工；有十年怀揣梦想，通过长期坚持和努力，如今已成为技术明星的基层班长；有26年守着两台重要仪器，面对高薪聘请不愿离开的“工匠”化验工；有隐患克星工程师，有坚持安全为先的环保卫士。他们讲述自己在平凡岗位上，所做出的非凡业绩，体现了石化人的奉献与担当，他们的故事鲜活生动、有血有肉、可亲可敬、可信可学，引起了听众的强烈共鸣与心灵振荡，受到一致好评。

到2019年7月31日，大讲堂共举办49场，近2万名听众现场聆听。

案例2：传承先进文化，做新时代追梦人——讲宋庆龄的故事活动

2019年1月27日，是中华人民共和国名誉主席宋庆龄诞辰126周年。中国宋庆龄青少年科技文化交流中心为贯彻落实党的十九大精神，深入挖掘宋庆龄的先进文化故事，举行了“传承先进文化，做新时代追梦人”——讲宋庆龄的故事活动，以此纪念宋庆龄同志。

宋庆龄是伟大的爱国主义、民主主义、国际主义和共产主义战士，是20世纪的伟大女性。她始终坚定地和中国人民、中国共产党站在一起，为中国人民的解放事业，为妇女儿童的卫生保健和文化教育福利事业，为祖国统一以及保卫世界和平做出了不可磨灭的贡献。

此次活动专门将宋庆龄同志发展先进文化的故事进行整理，编辑成适宜于少年儿童学习的生动故事。活动现场播放了宋庆龄同志开展青少年儿童事业的珍贵纪录片，北京电台主持人小雨姐姐讲述了宋庆龄创办儿童时代杂志的故事。活动当天，在

北京未来剧院专门举行了儿童舞剧专场演出，生动表达了对宋庆龄同志的崇敬之情。

第三节　坚持以人民为中心的责任

人民是历史的创造者，是决定党和国家前途命运的根本力量。党的根基在人民，社会主义事业的根基在人民，人民立场是中国共产党的根本政治立场。

坚持以人民为中心，就是坚持人民的利益高于一切，以人民满意与否作为检验一切工作的根本标尺；坚持以人民为中心，就是坚持发展为了人民，发展依靠人民，倾听人民心声，真正对人民负责；坚持以人民为中心，就是树立群众观点，一切为了群众，一切依靠群众，虚心向群众学习，遇事同群众商量，尊重群众意愿，顺应人民期待，切实做到一切对人民负责。坚持以人民为中心，就是坚持均等地为全体人民群众服务，自觉抵制只服务于某个特定阶层、某类特定人群的思想。

在公共图书馆事业发展中，在落实《公共图书馆法》的过程中，坚持以人民为中心，就是坚持以人为本、读者至上、服务第一。就是要把读者的需求当作工作的要求，把读者的爱好当成自己的嗜好，把读者的愿望当作工作的目标。在坚持社会主义先进文化前进方向和社会主义核心价值观的引领下，尽全力为读者提供全方位、多形式、多种类、优质高效的文献信息和知识服务，从阅读环境、阅读空间、阅读氛围、服务手段、服务效能等方面下功夫，千方百计满足读者对美好阅读、对美好生活的需求，把读者对我们工作的满意与否作为检验我们工作的根本标尺，一切为了读者，一切方便读者，一切从读者的美好需求出发，解决好读者在文献信息、知识服务过程中遇到的各种难题，要热心、优质、高效地为每个读者服务，使图书馆真正成为文献中心、全民阅读中心、知识服务中心。

如何坚持以人民为中心？

案例1：初心未改，以人民为中心——济南市图书馆：始终围绕群众需求做文章，见中国文化报2018-01-09

山东省济南市图书馆是建立于1905年的百年老馆，2013年搬入新馆后，秉承“以人为本、服务立馆、科技强馆”的服务理念，在练好内功和延伸服务上下功夫，全面提升服务效能。

练好内功就是加强阵地建设、打造活动品牌，包括为读者提供舒适的环境、完善的设施、合理的布局、简约的设计、宏伟的外观、丰富的文献、高质量的服务，更主要的是打造了知名阅读活动品牌“书香泉城——全民阅读节”，包括“书韵泉城·济南换书节”“天下泉城”大讲堂名家讲座、济南市读书朗诵比赛、“夕阳红”老年人电脑培训、读者沙龙等一系列活动。目前，“书香泉城——全民阅读节”已成为济南市规模最大、影响最广的读书活动平台，并在2013年荣获第十届中国艺术节群星奖。

在延伸服务方面，主要是采用“图书馆+书店”的新型借阅模式、汽车流动图书馆服务、总分馆制建设等，让馆内的多样化服务走进社区、学校、企业，惠及更多人。

同时，为解决古籍藏用矛盾，让古籍里的文字活起来，联合济南出版社启动了古籍再造工程，多次邀请古籍文献鉴定、修复专家论证把脉，制订了馆藏古籍再版规划，将馆藏古籍、民国地方文献有计划地分期再版发行。率先引进“大数据分析系统及智慧墙”，为读者提供实时、开放、智慧的信息服务，大大提升了服务水平。

得益于上述举措的实施以及取得的良好效果，济南市图书馆先后荣获“全国文明单位”“全国文化系统先进集体”“全国全民阅读先进单位”等称号。

案例2：广东韶关学院图书馆资源建设服务党支部开展“以人民为中心”主题党日活动

2018年10月31日上午，广东省韶关学院图书馆资源建设服务党支部开展了“以人民为中心”的主题党日活动。全体党员首先观看了《百家讲坛》特别节目《平“语”近人——习近平总书记用典》第一集：《一枝一叶总关情》。通过讲述总书记在梁家河修建第一口沼气池的故事，阐释总书记“以人民为中心”的理论与实践。随后，每位党员在交流发言中认为，习近平总书记“以人民为中心”的治国理政思想对图书馆实际工作具有很强的指导意义，一定要把习近平治国理政重要思想贯彻落实到本职岗位中去，时刻牢记要以读者为中心，想读者之所想，急读者之所急，不断提升服务水平，强化服务意识，进一步发挥党员的先锋模范作用。

案例3：天津科技大学图书馆采编流通党支部开展“以读者需求为中心，丰富思政经典馆藏”主题党日活动

为进一步加强思想政治工作，提供更多更丰富的文献资源，2018年10月14日，天津科技大学图书馆采编流通党支部发挥专业优势，联合马克思主义学院专业教师开展“以读者需求为中心，丰富思政经典馆藏”主题党日活动。

大家首先就习近平总书记著作及近几年出版的思政题材的经典书籍进行了广泛交流，通过交流，馆员们理解了马列经典著作的思想精髓，了解了专业教师对学术研究资源的需求状况。在随后的采访活动中共采集书目近一千种，涉及马列经典原著、国家领导人著作汇编、中国传统文化等，这些书籍将送到天津

科技大学思政阅览室。

这次党日活动是图书馆资源建设工作的新尝试，探索“以读者需求为中心”的资源建设新途径，从根本上提升图书资源的利用价值，提升服务效能。

案例4：湖北汽车工业学院图书馆党支部以“以读者为中心”，入选首批全国党建工作样板支部

近年来，湖北汽车工业学院图书馆党支部，以习近平新时代中国特色社会主义思想和党的十九大精神为指导，围绕“落实全面从严治党责任”“加强基层党组织建设”“以读者为中心围绕服务抓党建”，各项任务取得了优异成绩。近年来3次被授予“先进基层党组织”，2次获得基层党建与党风廉政建设考核优秀，支部典型案例荣获学校2017—2018年度支部典型案例创建三等奖，图书馆多次获得目标管理考核优秀单位，连续多年师生满意度测评第一，并获得2016—2017年度湖北省高校图书馆先进集体奖；2018年入选全国首批党建工作样板支部，人民日报、解放日报、人民网、环球时报、中国新闻网、中国大学生在线等媒体进行了报道。

第四节 传承发展中华优秀传统文化的责任

一、传承发展中华优秀传统文化的意义

中华文明源远流长，中华文化博大精深。中华文化是中华文明最独特的精神标志、最深沉的精神追求、最丰厚的滋养沃土，是中华民族自强不息、发展壮大的精神力量，具有独一无二的理念、智慧、气度和神韵，塑造了中华民族的鲜明品格，滋养了独树一帜的中国精神，陶冶了勇敢智慧的中华儿女，是

中华民族生生不息、代代相传的文化之根，对促进人类文明发挥了重要作用。

中华优秀传统文化是中华民族的“根”和“魂”，是中华儿女共同的精神基因，是最雄厚的文化软实力，是中国特色社会主义植根的沃土，是中国人民在世界文化激荡中站稳脚跟的坚实基础，造就了中华民族特有的信仰追求、高尚品质、价值取向、文明准则、审美情趣和思维方式，熔铸了中华民族的气节、气魄、性格和品格，构成了中华民族的脊梁、血脉和灵魂，成为维系中华民族繁衍生息、历经磨难而不断强盛的精神家园和精神支柱。保护、传承好传统文化，既有助于激活文化传统、唤起文化记忆，也能够涵养一个民族共同的文化自信。这种文化自信，是更基础、更广泛、更深厚的自信。

但随着互联网、大数据、智慧化的深入、多元文化的交融，特别是在大数据时代背景下，不同文明、不同文化、不同思潮、不同观点在不同领域的渗透更加深刻，中华优秀传统文化的传承和发展受着极大考验，面临巨大挑战。图书馆作为收集、保存、传承、发展优秀传统文化的重要场所，有责任有义务传承好、发展好中华民族传统文化，留住中华文化的根，守住民族文化之魂，推动中华优秀传统文化走向世界舞台，服务各国人民。

二、传承发展中华优秀传统文化的原则

传承和发展中华优秀传统文化，就是要坚持古为今用、洋为中用。古为今用、以古鉴今，不是复古泥古，简单否定，厚古薄今、以古非今。而是挖掘和阐发中华优秀传统文化中的优秀元素，继承积极思想、摒弃消极因素，使中华民族最基本的文化基因与当代文化相适应、与现代社会相协调，把跨越时空、

富有魅力、具有当代价值的文化精髓弘扬起来。“以古人之规矩，开自己之生面”，在继承中发展，在发展中继承，实现中华文化的创造性转化和创新性发展。

传承和发展中华优秀传统文化，就是要坚持洋为中用、他为我用，既要立足本国，又要面向世界，把继承发展中华优秀传统文化与学习借鉴世界文明结合起来，让中华优秀传统文化走出国门、走向世界，开辟互利共赢的发展道路，实现大同社会的最高目标，真正实现一个幸福共享、文化共兴、和谐共生的美好世界。

三、传承发展中华优秀传统文化的主要内容

中华文化博大精深、辉煌灿烂、内容丰富、包罗万象。

那么，中华文化到底是一种什么文化？它的逻辑结构是什么？笔者通过比较分析认为，中华文化深受中国古代哲学思想的影响，是一种以人为本的文化。人是宇宙的中心，是宇宙万物的中心，人是衡量万物价值的尺度，人“能戴天覆地，得五行之全，属万物之灵”。它是一种以人为核心，因此，中华文化是以“人”为核心，以人的生命、生长、生产、生活为原点，以人与自然、人与万物、人与时节、人与宇宙、人与宇宙万物及其关系为研究对象，经过历代先贤和智慧达人反复推敲、深度提炼、高度融合而形成的具有民族共同特质和认知习性的文化体系。因此，传承中华优秀传统文化的内容，就以人的“生命、生长、生产、生活”为原点依次展开，具体包括写好中国字（汉字）、说好中国话（汉语）、用好中国脑（哲学思想、价值理念）、读好中国书（中国神话、中国寓言、中华典籍）、行好中国礼（中华礼仪）、吃好中国饭（传统粮食生产技艺、中华美食、茶文化、酒文化）、穿好中国衣（汉服、中山装、服饰文化）、听好中国戏

（中国曲艺和中国戏剧）、画好中国画（中国画、雕刻、中国书法）、过好中国节（中华节庆、中华习俗）、强我中国身（中华武术）、煎好中国药（中医中药、中华养生、中国气功）、建好中国房（中华园林艺术、传统建筑）、做好中国人（精气神、堂堂正正、光明磊落、不媚俗、不折腰）、走好中国路（传承之路、发展之路、强盛之路、自信之路、复兴之路）。

同时，中华文化又是圣贤文化，众人之中又以圣贤为中心，“人皆可以为尧舜”；中华文化又是崇尚自然的文化，“道法自然”“天人合一”；中华文化又是尚和的文化，中和、和平、和谐、和畅、祥和，和睦相处、协和万邦；中华文化又是尚仁、尚义的文化，杀身成仁、舍生取义；中华文化又是尚“道”的文化，“人法地，地法天，天法道，道法自然”“道者有三：天道、地道、人道”；林林总总，不胜枚举。虽然有很多很多的阐述，但是，综合起来，就能发现中华文化体系完备、架构明了、逻辑清晰。

写好中国字就是会写汉字、写好汉字、推广汉字文化。会写汉字、写好汉字，是每个中国人的本分与天职，是每个炎黄子孙最基本、最起码的要求。中华文化之所以能够生生不息，连绵不绝，在各种文化各种思潮的激荡下，能坚如磐石，屹立于世界民族之林，汉文和汉语发挥了极大的作用。汉字是中国文化的基石，是记录汉语的符号，是世界上使用时间最长、使用空间最广、使用人数最多的文字之一，是以象形字为基础，以形声字为主体的表意文字体系，总数约有一万个，其中最常用的字约三千个。

汉字蕴藏着中华民族的价值观念、审美情趣、思维方式、历史渊源、风俗习惯等多种特质。汉字的创造和应用不仅推进了中华文化的发展，承载着中华民族五千年的文明史，还对世界文化的交流与发展产生了深远的影响。所以，要学好汉字、写好汉字。

说好中国话就是要学好汉语、会说普通话、推广普通话。汉语是我国的标准语言、通用语言，也是国际通用语言之一，属汉藏语系，全世界大约有16亿人使用，占世界总人口的25%；是不可再生的文化遗产，也是我国宝贵的文化资源。能讲汉语、会讲汉语、会说普通话是每个中国人的基本标识和基本要求。随着综合国力的提升，要发挥汉语在传承中华优秀传统文化、促进文化交流、扩大中华文化影响力方面的作用；广泛开展汉语推广活动，让全世界更多的人能说普通话。

用好中国脑就是要传承好、发展好中华优秀传统文化的思想体系和理论体系。就是要传承好、发展好中华文化特有的哲学思想、精神品格、价值理念、传统美德、家国情怀、社会规范、科学智慧等；比如道法自然、天人合一的哲学思想，民惟邦本、民贵君轻的治国理念，精忠报国、坚贞不屈的爱国情怀，儒法并用、德刑相辅的管理思维，尚仁重德、宽仁厚义的高尚品格，诚信守正、重爱亲民的思想理念，和而不同、美美与共的东方智慧，扶正扬善、扶危济困的传统美德，敬业奉献、立己达人的责任意识，正心笃志、崇德弘毅的人格修养，文以载道、知行合一的优良传统，自强不息、止于至善的奋斗精神，天下兴亡、匹夫有责的兴国担当精神和家国情怀，革故鼎新、守正出新的创新思想，排忧解难、助人为乐的公德意识，公而忘私、国而忘家的价值理念，止戈为武、协和万邦的和平思想，己所不欲、勿施于人的处世之道，尊老爱幼、孝老爱亲的家庭美德等都是中国脑的内容。

读好中国书就是要阅读、深读中华经典、中华典籍，推广经典文献蕴含的思想价值和文学价值，让经典文献熏陶人、感染人。文化典籍是以纸张为媒介、以文字为记录符号的文献载体，是“经典中的书籍”。中华经典是中华文化中最优秀、最精华、最有价值的典范性著作，积淀着中华民族最深层的精神追求，蕴含着丰富的思想道德资源，凝聚了中国人特有的信仰追求、思维方式、价值倾向、道德规范、生活方式和审美情趣，是当代社会主义先进文化的深厚基础和社会主义核心价值观的不竭源泉。

中华典籍卷帙浩繁、汗牛充栋，涵盖了文、史、哲、理、工、医各个学科，囊括了哲学、道德、文学、艺术、建筑等各个门类，遍及诗歌、散文、小说、剧本、寓言、童话、神话、传说等不同体裁，从道家、墨家、儒家、法家、名家、阴阳家、杂家、纵横家、兵家、医家、农家、小说家等诸子百家的著书立说，到楚辞、汉赋、唐诗、宋词、元曲、明清小说等经典文献不胜枚举、数不胜数。其中，“三玄”“四书”“五经”“六典”“十三经”是中华典籍中代表。“三玄”是指《周易》《老子》《庄子》，“四书”是《论语》《孟子》《大学》《中庸》，“五经”是《尚书》《春秋》《礼记》《诗经》《周易》，“六典”是《金刚经》《法华经》《维摩诘经》《涅槃经》《华严经》《坛经》，十三经是《易》《书》《诗》《周礼》《仪礼》《礼记》《春秋·左传》《春秋·公羊传》《春秋·谷梁传》《论语》《孝经》《尔雅》《孟子》。其中，《周易》被称为群经之首、大道之源，被认为是中华文明的源头，中华文化的根祖。《老子》是用韵文挥就的道家哲学著作，《孟子》是优秀的古代散文集，《庄子》是溢满想象和讽刺的经典力作，《楚辞》是神奇而瑰丽的骚体之祖，《孝经》是中国伦理思想的奠基之作，《中庸》是天人合一的理论专著，《文心雕龙》是空前绝后的文艺理论巨著，这些典籍都是先贤圣哲对社会、对国家、对自然、对人性、对生活等的细微观察与理性思考的结晶，极具跨越时空的力量，起到了开启智慧、明晓法度、涵养品德、提高民众素养，增强文化自信，提升民族自豪感和认同感的作用，激励着一代又一代中国人努力前行，不断进取！

读好中国书、阅读经典就是要从中华典籍中萃取精华、汲取能量，保持对文化理想、文化价值、文化生命力、文化创造力的高度自信，使中华典籍成为激励中国人民和中华民族奋力前行的精神动力；可用数字虚拟沙盘、增强现实 AR、虚拟现实 VR、数字出版、全息视屏、数字场景、触控投屏等多种数字化手段，情境化、沉浸式展现典籍内容，增强人们的亲临感与体验感，将中华典籍融入人们日常生产生活和全民阅读活动中，完善传承中华优秀传统文化的时代内涵，让中华典籍展现出永久魅力和时代风采。

行好中国礼就是要讲文明礼貌，要有文明素养，要将中华礼仪传承下去并弘扬开来。要熟知礼仪礼节和礼貌用语，做一个有素养、有礼貌、懂礼节的人，遵守国际礼仪规范，发挥礼仪在人们交往和国际交流、经贸往来中的作用。

吃好中国饭就是弘扬中华美食文化、茶文化、酒文化，传承中华传统的粮食、农业生产技艺，保证中国人的饭碗牢牢掌握在中国人手里。中华美食丰富多彩，美食文化博大精深。中国饮食文化是在中国哲学、人伦道德、朝代更替、饮食风尚、民族性格、文化艺术、审美情趣、民族迁徙与大融合等诸多因素影响下，创造出来的一种多角度、广视野、深层次、高品位的区域悠久文化，它以烹饪技艺为核心，以食材选择、刀功刀法、火候掌控、烹调技艺、五味调和、餐具环境、用餐情调为延伸。在上万年的发展过程中，中国饮食文化经历了生食、熟食、自然烹饪、科学烹饪四个发展阶段，食材上南米北面，口味上南甜北咸东酸西辣，主要有巴蜀、齐鲁、淮扬、闽粤四大菜系，形成了多种多样的风味和流派。

传承好中华美食文化，不仅要传承美食的制作技艺，更要传承美食文化所蕴含的文化精华、民族性格、思想品格等精神元素，要发展好农业技术，要抓好农林牧渔等事业，发展好茶文化、酒文化等，保护好粮食种子，要把中国人的饭碗牢牢地掌握在中国人手中，要像古人一样，因时利导、因势利导，像都江堰、灵渠、红河梯田那样，抓好农田水利建设，水旱从人，不知饥馑，时无荒年，丰衣足食。要收集整理好各种文献，把中华美食、中国农业技艺、中国茶文化、中国酒文化、中国水利技艺等传承并发扬光大。

穿好中国衣就是发扬好中华服装、中华服饰文化，传承好中华纺织、编织、刺绣、蚕桑棉麻栽培技术。鼓励在适当的时间、节气和场合，着汉服、穿唐装、穿旗袍，显我华夏风采。

听好中国戏就是传承好中国曲艺和中国戏剧，培养戏剧队伍，延续戏剧文化，增强戏剧吸引力。中国曲艺是中华民族各种说、拉、弹、唱等艺术的统称，是由民间口头文学和歌唱艺术经过长期发展演变而成的一种独特艺术形式。它历史悠久、品种繁多，据不完全统计，有400个左右。中国戏剧主要包括戏曲和话剧。戏曲是中国传统戏剧，是由文学、音乐、舞蹈、美术、武术、杂技以及表演艺术综合而成，主要有京剧、越剧、黄梅戏、评剧、豫剧、昆曲、坠子戏、粤剧、淮剧、川剧、秦腔、沪剧、晋剧、蒲剧、河北梆子、武安平调、河南越调、湖南花鼓戏等戏种，是中华文化的重要组成部分，堪称国粹。话剧则是20世纪引进的西方戏剧。中国曲艺和中国戏剧以富于艺术魅力的表演形式，为人民群众所喜闻乐见，在世界剧坛占有独特的位置和重要的影响。表演成熟、行当全面、气势宏美、影响巨大的京剧已成为我国的“四大国粹”之一。

画好中国画就是弘扬好中国画、中国书法等艺术门类，发挥他们在传承中华优秀传统文化、提升人的素养、扩大中华文化世界影响力方面的作用。中国画是具有悠久历史和优良传统的民族传统绘画，它以线条造型为主要手段，讲究用笔，用墨，使线、墨、色交相辉映，达到“气韵生动”的艺术效果。中国画强调“外师造化，中得心源”，强调融化物我，创制意境，达到以形写神，形神兼备，气韵生动、物我两忘的境界。它以毛笔、墨、国画颜料、宣纸、绢等为工具和材料，用毛笔蘸水、墨、彩作画于绢或纸上，以人物、山水、花鸟、花卉、瓜果、走兽、虫鱼等为题材，以工笔和写意为技法，运用线条和墨色的变化，以钩、皴、点、染，浓、淡、干、湿，阴、阳、向、背，虚、实、疏、密和留白等为表现手法，以壁画、屏障、卷轴、册页、扇面等为表现形式，取景布局，描绘物象，托物喻情，画中有诗，诗、书、画、印融为一体，最后用传统的装裱工艺装潢之，形成一幅完整的中国画，进而在世界画苑中自成体系。中国画强调师法自然、意存笔先、画尽意在，层次丰富，笔墨丰润、潇洒流畅、自然亲和，蕴含着中华民族的智慧、性格、心理、气质，以其鲜明的特色和风格影响世界画坛。

中国书法是一门古老而厚重的汉字书写艺术，被誉为是无言的诗，无形的舞；无图的画，无声的乐。从甲骨文、金文、篆书、隶书、草书、楷书到行书的过程，不仅是文字的发展过程，而且也是中国书法的发展过程；不仅丰富了汉字的表现形式，而且融入了历代创作者的观念、思维、精神、情感等因素，使中国书法在不断地求新、求变、求异、求美的历史长河中，翰墨天籁、历久弥新，永远凝聚着高雅的艺术情操和时代的光芒。中国书法和中国画一样同为中国传统的艺术形式，具有浓厚的文化底蕴和历史价值，需要各级图书馆人联合其他部门，共同开展活动，发扬书法艺术成就，扩大书法影响力。

过好中国节就是要过好每个传统佳节，传承节日文化，搞好民俗活动。我国的传统佳节和传统习俗是中华民族重要的文化资源和重大的文化遗产，蕴含着中华民族虔诚执着、至信深厚的精神信仰、价值观念、历史内涵，伦理道德和行为规范，是民族传统、自然环境、生产方式、经济条件、文化心态、崇拜心理的综合反映，是维系民族成员心灵、心情、心志、心思的文化脐带和精神原乡。过好每一个传统佳节，传承好每一项优秀传统习俗，传播好每一个优秀节日民俗活动，对于增强民族凝聚力，提升民族自豪感，提高民族自信心，培养爱国情操，增进家国情怀都有非常大的促进作用。

公共图书馆是传承中华优秀传统文化的主阵地，要结合图书馆的业务建设、阅读推广、读者活动、公共数字文化工程、志愿者服务，全方位地传承中华节日和中华习俗；深度挖掘每个节日的文化内涵和无形价值，宣传每个习俗的形成背景和历史渊源，以潜移默化、润物无声的方式，将中华民族的精神操守、道德力量、价值理念根植入心，打造最深沉、最持久、最牢固的文化自觉和文化自信，延续传统文化中的家国情怀，延绵生命守望中的灵魂故土、增进情感认同、夯实文化归属，为更好地走向未来提供源源不断的精神动力和强大的精神支撑，薪火相继、代代相传，聚集强大中华的伟大力量。

强壮中国身就是要练好中华武术、传承武术技艺和武术文化，崇尚武德，强壮人民身体，提高人民身体素质。中华武术又称为功夫、武功、国术或武艺，是一种以技击动作为主要内容，以套路和格斗为主要形式，注重内外兼修的强身健体或自卫御敌的方法与艺术，分为传统武术和竞技武术。

中国武术不仅重视武术技能，更加重视武术文化、武术品德、武术教化；不仅重视舞枪弄棒、防身健体，更加重视舞文弄墨、吟诗作赋。中国古代要求一个人既能做到闻鸡起舞、仗剑天涯，又能做到凿壁偷光、七步成诗，能文能武、文武双全；武能上马定乾坤，文能提笔安天下。

煎好中国药就是弘扬中医药文化，发展中医药事业，服务各国人民，让中医药为人类健康做出更大贡献。中医是我国的传统医学，又称汉医、汉方。它是中华优秀传统文化的重要组成部分，是中华文明的瑰宝，是我国的“四大国粹”之一，凝聚着中国人民和中华民族的博大智慧，被誉为“中国古代第五大发明”，是广大人民群众保健养生、防病治病的强大工具。它涵盖了中医、中药、针灸、推拿、养生、气功，等等。

中医是以古代哲学的精气学说、阴阳学说和五行学说、宇宙观、生命观为基础，重视人与自然、人与宇宙万物的关系，强调天人合一的整体观、系统观，认为世界万物由金、木、水、火、土五种元素组成，世间百草皆有寒热温凉“四气”和辛酸甘苦咸“五味”，人是宇宙之子，是自然之子，有五脏六腑、七情六欲，等等。人若生病，应以自然之物、自然之法，医自然之身，于是，经过数千年的实践和探索，中医及中医文化逐渐形成。

宏大的中医文化不仅包括中医、中药、针灸、推拿、养生、气功这些医道医术，还包括众多的医学大家、名医名人、医学著作，产生过扁鹊、华佗、张仲景、孙思邈、唐慎微、李时珍等名医名家，《黄帝内经》《难经》《伤寒杂病论》《神农本草经》《本草纲目》等医药学著作，闪烁着民族智慧之光、中医仁义之美。各级公共图书馆要深知中医药学是中华民族的伟大创造，是中国古代科学的瑰宝。中医药文献、中医药文化等都是中医药的精华内容。中医的底蕴是文化，中医的思维是哲学，中医的临床是技术，我们不仅要把思想理论传承好，而且要把技术方法传承好。与此同时，要把大医精诚、医者仁心的中医精神发扬光大，才能让岐黄基因薪火相传，让这一国之瑰宝为建设健康中国、增进人民健康福祉作出新的贡献。[1]

建好中国房就是传承中国建筑艺术、中华园林艺术，要把技术高超、艺术精湛、风格独特的中国传统建筑文化广泛传播，让世界人民领略中国古代建筑艺术之美。建筑是时代的符号，也是文化的积淀，我国人民用辛苦的汗水和智慧的双手创造了辉煌的建筑文明，形成了世界上历史最悠久、体系最完整的建筑体系，不管是民居建筑、园林建筑，还是皇家宫殿，甚至军事建筑如万里长城，水利建筑如都江堰、大运河、灵渠等，桥梁建筑如赵州桥等都在古代建筑文明中处于领先地位。中式建筑大多以中和、平易、含蓄、深沉为内涵，体现了家庭和睦、亲情融洽的居家文化；寺庙建筑体现了特定信仰与自然环境，寂静神秘；陵墓建筑大多依据自然地形靠山而建，肃穆庄严；宫殿建筑突出皇恩浩荡、皇权威严，规模巨大、气势雄伟。不同的建筑有不同意境，中国古典园林与中国古典诗词、中国绘画、中国音乐一样，重在写意，表现了一定的艺术境界，给人一种寄寓情思、心性开涤、精神升华的思想境界。

做好中国人就是要大力传承中华优秀传统文化，以文化为魂、以发展为本，以强国为要，提振精气神、挺直大脊梁，堂堂正正、光明磊落做好中国人。同时，紧盯世界而不孤芳自赏，善于学习而不媚俗他人，坚持学习世界上最先进的科学技术和最优秀的管理理念，强大自我，贡献他人，为国家的强大、民族的振兴和世界大同尽心尽力，不枉此生。

[1]《中医的最高境界》——孙树椿，中国中医科学院首席研究员，北京中医药学会骨伤专业委员会主任委员；2009 年 03 月 06 日 12:50 北京晚报。

走好中国路就是全国人民团结起来，在党的领导下走自力更生之路、繁荣发展之路、祖国强大之路；走文化传承之路、文化自信之路、民族复兴之路。要丢掉幻想，努力奋斗。建设中华，从我做起，从现在做起。从古至今，从内到外，无数血腥的事实证明，只有祖国强大、人民幸福、文化繁荣之日才是中华民族昂立世界潮头之时。所以，各级各类图书馆要明白自己肩上的责任与担当，要做传承弘扬中华优秀传统文化的引领者，发挥中华优秀传统文化的作用。

四、传承发展中华优秀传统文化案例

案例 1:“写好中国字，做好中国人”书法进课堂活动

2009 年，由全国政协常委、中国书法家协会主席苏士澍倡导，中国文联和教育部大力支持，在全国中小学广泛开展了“写好中国字，做好中国人”书法进课堂活动，现已成为一项传承发展中华优秀传统文化的知名教育工程。

汉字和书法，是中华文化的精神标识之一。一字一世界，一笔一精神，紧握书写汉字之笔，重兴汉字书写之风，是传承中华优秀传统文化的重要内容。“写好中国字，做好中国人”不仅是学生的学习内容，更关系到优秀文化的传承、中华文化的自信、民族凝聚力的提升甚至国家文化安全的大事。

在他的倡导和推动下，2011 年，教育部下发了《关于中小学开展书法教育的意见》；2012 年，书法正式走进了中小学课堂；2013 年，教育部又下发了《中小学书法教育指导纲要》；2015 年，教育部审定了 11 套中小学书法教材下发各地。从此，“写好中国字，做好中国人；从自己做起，从现在做起”在全国广泛开展，受到各地的热烈欢迎。

案例2：华中科技大学举行“文化在身边，传承在心间——弘扬中华优秀传统文化作品大赛”

为弘扬中华优秀传统文化，读经典、品书香、习礼仪、广传播。华中科技大学自2017年起，每年举行“文化在身边，传承在心间——弘扬中华优秀传统文化作品大赛”。

大赛主要有两项内容：“水墨书香情，经典驻我心”书画比赛和“品读经典，传承文化”征文征稿比赛。“水墨书香情，经典驻我心”书画比赛，要求毛笔、硬笔字皆可，国画、油画、漫画等绘画形式不限，作品篇幅不限，纸张大小不限，内容须反映中华优秀传统文化相关内容，如古诗词，等等。必须为本人原创作品，且未发表。“品读经典，传承文化”征文征稿比赛要求：以中华传统文化为主题，包含服饰、饮食、民俗、节日、音乐，绘画、诗词以及对国学的感受等各个类别。倡导书写身边的国学文化，以小见大，深入浅出，积极弘扬国学文化，内容健康，积极向上。体裁不限，诗歌、随笔、散文等均可。必须原创，且未公开发表。

案例3：桂林图书馆“我们的传统节日”荣获“中国图书馆最美故事”创新奖

“我们的传统节日”是桂林图书馆为传承中华优秀传统文化，践行社会主义核心价值观而组织的一项志愿者品牌服务活动。围绕每年的元旦、春节和中秋佳节，从汉民族传统节日到广西少数民族特有节日，桂林图书馆全年开展了丰富多彩的活动。元宵喜乐灯谜会活动、写春联活动、传统文化教育讲座与节日同步开展。同时，桂林图书馆志愿者还积极在活动中普及志愿理念、弘扬志愿精神、倡导全民阅读，为传承中华优秀文化，弘扬民族精神，彰显节日文化的魅力起到了积极的作用，在社会上产生了广泛的影响。

案例4：四川省宜宾市实施非遗“记录展示工程”，传承发展中华优秀传统文化

四川省宜宾市以实施非遗“记录展示工程”为载体，大力传承发展中华优秀传统文化。自2009年起，全市先后投入资金1000余万元，出动人员1600余人次，深入田野，挖掘整理藏于民间的优秀传统文化，通过视频、音频、图片、文字等方式，收集整理并记录非遗项目技艺流程、历史由来以及非遗传承人故事、学习学艺、奋斗历程等宝贵资料。使用航拍、4K拍摄等科技手段，确保非遗项目的拍摄质量。至2018年6月，共完善167项非遗项目的信息资料，收集文字资料300万余字，照片20 000余张，采录音频、视频800余小时，收集实物1000余件，按级别、分轻重、成系统、成专题、成系列地拍摄和展示市级及以上非遗项目84个，拍摄制作纪录片17部，首批8部在央视旅游频道和四川电视台国际频道播出，并荣获第十一届《纪录中国》社会评析类作品三等奖。举办了《宜宾市非物质文化遗产展览》，每年接待观众约22万人次。开辟了《宜宾非遗传习讲堂》电视访谈节目，通过讲述、展示、互动等手段，充分展现非遗项目产生的历史背景、技艺特征、传承效果以及面临的困境，等等。开展了宜宾非遗论坛，邀请专家学者举办专题讲座。连续六届组织参加“成都国际非遗节”，每届均获全省表彰。建立非遗展示馆、传习所17个，其中有4350平方米的豆腐干主题博览园，1000平方米江安竹簧工艺陈列、传承和体验基地，2000平方米珙县农耕文化传习馆，500平方米川红工艺展示馆等大型非遗展示传习基地。兴文县设立了5100平方米非遗展览馆，全年对市民和游客开放。开展了非遗项目进校园50场次，非遗技艺进课堂200余次，建成“非物质文化遗产”传承基地学校12所，普及学生4万余人。

案例5：国家图书馆举行“讲好国图典籍故事、传承中华优秀传统文化”

国家图书馆为弘扬古籍中承载的民族精神，讲好国图典籍故事，传承中华优秀传统文化，联合国家图书馆出版社、上海远东出版社等单位策划、出版了《中国珍贵典籍史话丛书》《国学基本典籍丛刊》和《国家图书馆善本掌故丛书》。《中国珍贵典籍史话丛书》选择《国家珍贵古籍名录》中收录的蕴含着丰富历史故事的珍贵典籍，用通俗的语言讲述其在编纂、抄刻、流传、收藏过程中的故事，内容涵盖汉文古籍经、史、子、集各部。该项目规划了100种选题，目前已正式出版18种。《国学基本典籍丛刊》是国家图书馆出版社从2016年开始倾力打造的一套丛书，目前已出版发行13种。《国家图书馆善本掌故丛书》主要选取国家图书馆各类古籍中具有鲜明特色，以书籍、作者、版本、流传故事为主要内容加以介绍，已出版6种共8册。这些丛书的出版对弘扬古籍中承载的民族精神起到了积极作用，具有很高的学术价值和社会价值，对提高公众的传统文化素养、传承中华优秀传统文化具有重大意义。

案例6：广东省长岭县举办传承文脉，厚德载物——“书香长岭”中华优秀传统文化演讲比赛

为弘扬中华优秀传统文化，培育博学、明理的社会氛围，展示良好的市民形象，同时也为了推进“书香长岭”全民阅读活动，广东省长岭县多年开展传承文脉、厚德载物“书香长岭”中华优秀传统文化演讲比赛。通过中华优秀传统文化演讲比赛，引导和带动人们了解中华优秀传统文化，接受人文熏陶，增强民族自信心和自豪感，潜移默化地提高公民文化道德素质，深受百姓欢迎。

案例7：江苏省举行“传承与创新——中华优秀传统文化公益巡讲”

为传承中华优秀传统文化，提高全体人民的文化素养，在江苏省文明办、江苏省教育厅、江苏省全民阅读办、江苏团省委、江苏省妇联、江苏省全民阅读促进会等单位的支持下，江苏教育频道策划了“传承与创新——中华优秀传统文化公益巡讲”活动。主讲嘉宾以南京大学等高校知名专家学者为主，还包括中小学名校长和特级教师。巡讲活动持续一年，覆盖江苏省13个市，共计100场，掀起一场学习优秀传统文化的热潮，收到良好的社会反响。

案例8：广东省中山市举行“亲近中华经典，传承中华美德”——中华优秀传统文化知识大赛

2018年12月，广东省中山市举行“亲近中华经典，传承中华美德”——中华优秀传统文化知识大赛。

本次大赛持续时间长，达三个月之久；覆盖范围广，全市20个镇区、100多所中、小学，13 000多名学生参加比赛；比赛形式丰富，分为线上海选和线下决赛；题型多样，有必答题、抢答题、选答题、线索题、风险题五个题型，题目范围涵盖了诸子百家、传统文学、传统节日、传统技艺、民间工艺、民风民俗等中华优秀传统文化的相关内容，中山本土优秀传统文化占竞赛内容的10%。有32名学生进入线下决赛，线下决赛又分淘汰赛和最终决赛两个环节，6名选手进入最终的决赛，取得了很好的效果。

案例9：天津市和平区少年儿童图书馆举办“传承中华优秀传统文化——楹联专题讲座进校园活动”

为加强中华优秀传统文化教育，引导青少年学生更加全面准确地认识中华优秀传统文化，坚定文化自信，2019年5月起，

由天津市和平区文化和旅游局、和平区教育局主办，和平区少年儿童图书馆承办的“传承中华优秀传统文化——楹联”专题讲座进校园活动在天津市耀华中学正式启动。

楹联文化博大精深，韵味无穷，字字珠玑，内容丰富。学习楹联知识，就是探索和提高学生的中华文化意识和民族意识，充分利用楹联这种形式充实自身文化内涵、丰富自身文化底蕴，鼓励当代学生传承和弘扬中华优秀传统文化，传承国学经典，增强文化自信。专题讲座进校园活动还在天津市和平区的其他学校相继展开。

案例10：上海黄浦区图书馆举办特色木偶剧文化活动课传承中华传统文化

2017年6月，上海黄浦区图书馆联合哈皮木偶戏剧活动中心推出了特色木偶剧文化活动课，给家长、孩子带来了不小的惊喜，受到了小朋友们的喜爱。

木偶剧文化活动课通过听、说、读、演四种形式打造多元化体系，并在活动中整合艺术、语言、历史、地理、科学、数学、健康等领域的知识，让孩子从阅读中获得不同领域的学习体验。随着活动的日益推广和品牌的形成，越来越多的家长更多了解到木偶剧这一传统文化瑰宝对孩子身心健康的巨大帮助，报名人数迅速增加。

此外，黄浦区图书馆的木偶剧体验活动，每月都有主题剧目，比如2018年6月《我绝对绝对不吃番茄》《盘古开天地》、7月《铁杵磨成针》《绿色贴纸》、8月《小马过河》《东郭先生》、9月《龟兔赛跑》《爱的彩虹花》、10月《我不要吃》《七步成诗》、11月《快乐的小羊》《郑和下西洋》，每个剧本都深受孩子们喜爱！

案例11：达川区图书馆举办家谱展及家风、家训、家规主题活动

2019年4月23日，为认真贯彻落实习总书记关于“天下之本在国，国之本在家，家之本在身”“家是最小国，国是千万家”和“家庭是社会的基本细胞，不论时代发生多大变化，不论生活格局发生多大变化，我们都要注重家庭建设，注重家庭、注重家教、注重家风”的精神，达川区图书馆联合达川区纪委、达川区委宣传部、区文明办、区文旅局，共同举办了悦读·中国“4·23世界读书日”达州市达川区第二届家谱展暨家风、家训、家规主题活动，共展出家谱326件，其中24件属于珍贵家谱，邀请“农民书法家”程世平现场书写家风、家训、家规的名言警句，无偿赠送给参观者，四天的展览和主题活动，参观人数达3万余人，受到了热烈欢迎。

案例12：天津滨海新区图书馆把“弘扬传统文化、传承中华经典”主题展览变成网红打卡地

2019年春节，为积极营造良好的文化氛围，让更多的读者了解中华优秀传统文化知识，体会中华优秀传统文化魅力，滨海新区图书馆特举办了“弘扬传统文化、传承中华经典”主题展览。

通过图片、文字，向读者讲述春节、元宵节的由来及历史变迁，以及与这些传统节日有关的故事、习俗，等等。

案例13：昆明市五华区图书馆推进中华武术进校园活动

武术是中华文明的瑰丽明珠，是中国人民在长期的社会实践中不断积累的优秀文化遗产。为了让更多青少年了解中华武术的内涵，促进武术文化进校园，2017年5月17日，云南省昆明市五华区图书馆邀请了三位云南省知名的青年武术运动员、教练员到五华区西坝小学为四年级全体学生举办了一堂别开生

面的武术现场教学课，拉开了昆明市五华区武术进校园活动的序幕（图 2–2）。

图 2–2　中华武术进校园活动

案例 14：四川省文化和旅游厅启动“传承中华优秀传统文化百千万工程”

为传承中华优秀传统文化，推动文化与旅游进一步融合，四川省文化和旅游厅启动了“传承中华优秀传统文化百千万工程”。“百”就是“百舟竞渡迎端午”。就是在每年端午节的时候，全省各地要举行划龙舟大赛，举办端午讲座或端午论坛。在全省各地举行龙舟大赛的基础上，省文化和旅游厅再选定一个县或一个市作为全省龙舟大赛的举办地，举行全省性龙舟大赛的决赛，产生相应名次并进行奖励。“千”就是“千狮千龙贺新春”。就是要求每个乡镇要有一支舞龙舞狮队伍，平时农闲的时候进行训练。在每年春节的时候，每个乡镇都要举行舞龙舞狮拜年活动。在各乡镇举行拜年活动的基础上，全省再以县为单位，举行全县舞龙舞狮比赛，同时，开展“我们的节日——春节”系列讲座和其他活动，既增加春节的“年味”，又活跃春节气氛，还不忘记中华传统。“万”就是“万人赏月颂中秋”。活动要求在每年中秋节的时候，全省选定某个市或某个县作为全省活动的主会场，同时根据情况选择若干市、县为分会场，共同举办“万人赏月颂中秋”活动。2019年四川省“万人赏月颂中秋”活动主会场设在成都市崇州市。现场观众近四千人，另在广安市武胜县、绵阳市江油市、宜宾市长宁县、阿坝州汶川县、广安市岳池县设置了五个分会场。活动除了一场盛大的中秋晚会以外，还按唐代习俗，为崇州市唐人街举行了开街仪式；举行了四川省中秋月圆非遗展，两千多件作品参展；还举行了华人华侨中秋团圆恳谈会，179名各地华侨参加活动；四川省副省长杨兴平亲自出席并宣布开幕，经多家媒体直播，线上观众达1700余万，效果很好！

第五节　继承革命文化的责任

一、革命文化的概念

革命文化是孕育于中国共产党人为中国人民谋幸福、为中华民族谋复兴的初心，在长期的革命斗争中创立并形成的、以马克思主义为指导、以革命精神为内核、反映中国革命现实、凝聚共产党人和革命群众独特思想和精神风貌的文化。它是马克思主义与中国革命、社会主义建设和改革开放的伟大实践相结合的文化创造，是党和人民宝贵的精神财富。它继承了中华优秀传统文化的基因，汲取了中华优秀传统文化的营养，体现了共产党人的理想信念和崇高追求，彰显了共产党人的优秀品质，积淀着中国共产党人信念坚定、忠诚可靠、勇于担当、团结协作、甘于奉献、不畏艰辛、敢于胜利等高尚情操，是中国共产党和中国人民在革命、建设和改革开放各个历史期形成的精神追求、精神品格和精神力量，具有革命性、民族性、大众性、时代性和创新性等特点。

二、公共图书馆应如何抓好革命文化、红色文化

公共图书馆是社会主义公共文化服务体系的重要组成部分，是人民群众学习成长的终身学校，必须坚持社会主义先进文化的前进方向，必须弘扬社会主义核心价值观、传播革命文化，必须弘扬主旋律，倡导正能量。

各级公共图书馆一定要适应时代发展所需，运用好革命文化这一宝贵的文化资源。发挥革命文化所散发出来的矢志不渝、克服困难、努力奋进、开拓创新的精神感召和文化魅力，把图书馆建设成为立德树人的主阵地，文化繁荣的示范地区，具有思想引领和价值指向的辐射地。

把革命文化、红色文化与图书馆业务工作结合起来。利用文献采访、文献征集、文献捐赠、文献呈缴、文献交换等方式，收集革命文献、红色文献，建立革命文献专题书架、革命文献专题书柜、革命文献专题阅览区、革命文献分馆、革命文献数据库等，形成有当地特色的、系统的、人民群众喜闻乐见的革命文献文库，成立革命文献阅读小组，开展革命文献阅读、外借、专题读书会，等等。

把革命文化、红色文化与图书馆的读者活动结合起来。广泛开展讲革命故事、访英雄人物、举办英雄人物展览、英雄人物口述史；举办红色电影展播、红色故事演讲、红色文献展览等专项活动，让广大读者深刻理解革命文化蕴含的精忠报国、赤诚奉献的爱国情怀；不畏强敌、敢打必胜的坚定信心；排山倒海、决战决胜的英雄气概；视死如归、勇于斗争的牺牲精神；忠贞不渝、威武不屈的革命气节；处变不惊、沉着果敢的心理

定力；军令如山、军纪如铁的纪律观念。传承红色基因，培育时代新人。

把革命文化、红色文化与思想政治教育结合起来。各级公共图书馆要做弘扬革命文化、传播红色文化的引领者和示范者。把革命文化、红色文化和本单位的党员学习、团员活动和职工教育紧密结合，牢记不同历史时期培育出的革命精神，如红船精神、井冈山精神、长征精神、延安精神、西柏坡精神等，融入国家富强、民族振兴、人民幸福的伟大中国梦之中。通过革命史、党史教育，讴歌党、讴歌祖国、讴歌人民、讴歌时代英雄，倡导讲品位、讲格调、讲责任，抵制低俗、庸俗、媚俗，为新时代坚定文化自信提供强大的精神支柱，为培根铸魂厚植红色基因。

把革命文化、红色文化与文旅融合结合起来。挖掘革命文化、红色文化的现代科技表现方式，充分利用馆藏红色文献、红色景区、红色博物馆、红色教育基地的作用，用“现代科技 + 红色文化”理念和方式拓展爱国主义、集体主义、革命文化的内涵，让人民群众特别是年轻人在生动的现代科技体验中，接受革命文化教育、红色文化教育，成为凝聚民族磅礴力量的生动形式。把加强革命文化资源的保护和利用，作为完善公共文化服务体系、实施文化惠民的工程的重要载体，把中华传统文化和革命文化保护好、管理好。讲好中国故事，挖掘革命文化的精神内涵，向世界展现真实、立体、全面的中国，提高国家文化软实力，增强民族自豪感和自信心。

案例 1：南京市江北新区开展红色文化课题研究

南京市江北新区有着光荣的革命传统和丰富的红色文化资源，它的红色文化贯穿于中国共产党成立到中华人民共和国成立的整个过程，是中国共产党领导下的早期工人运动、渡江战役、解放南京等重大事件的发生地，为中国革命的胜利做出了突出贡献。为进一步传承“红色基因”，激活广大党员干部的“红色细胞”，推动党员干部增强使命感和责任感，不忘初心跟党走，南京市江北新区开展红色文化专题研究。2016年10月至2019年初，花了三年多的时间，对整个江北新区的红色文化资源进行了全面、深入、细致的调查和系统性提升，编撰出版了《红色江北——南京江北新区红色文化发展研究》。这对推动江北新区红色文化旅游事业的发展和提升核心竞争力有巨大的推动作用。

案例2：深圳市宝安区举办“保护革命文物·传承红色基因”系列活动

为弘扬中华优秀传统文化和革命文化，展现宝安红色文化资源，促进红色文化在保护中发展、在发展中保护，为宝安建设“湾区核心、智创高地、共享家园”助力，2019年6月6日，“保护革命文物·传承红色基因”系列活动启动仪式在宝安区图书馆举行。围绕这一主题，开展了红色主题展、红色史迹摄影展、红色电影手绘海报展、宝安区壁画数字化成果展，以及“保护革命文物·传承红色基因”图片巡回展等八大主题活动。红色主题展，以图文、实物、影像等多种方式，阐述了1924—1928年中国共产党在宝安县领导人民开展的革命斗争史与东宝行政督导处组织领导的路西解放区抗日革命斗争史，再现了当年革命战士的生活场景；红色史迹摄影展，完整介绍了宝安区11处红色不可移动文物；红色电影手绘海报展，展现了我国红色主题电影发展史；宝安区壁画数字化成果展介绍了宝安区加强文物保护利用的成功案例；“保护革命文物·传承红色基因”图片巡展于6月20日至7月20日在宝安区各个街道进行。

此外，活动现场还设置了视频放映区，滚动播放《宝安

1928》微电影、《都市中的古村落——燕川古村》和《东江纵队老战士及北撤人员回忆录》纪录片，同时提供了红色主题拍摄区、宣传资料领取区等互动单元，通过全方位地讲述革命历史知识、故事和英雄人物，让更多市民了解宝安区的革命历史与红色文化，培养报国为民、敢于担当的爱国主义精神，铭记历史，不忘初心，牢记使命。

案例 3：广东省仁化县图书馆建红色文化专题分馆

仁化县城口镇是湘粤边境的秦汉古镇，是红军长征突破国民党第二道封锁线的所在地，是“红军巧夺水东桥”“奇袭城口镇”“血战铜鼓岭”等故事的发生地，也是中华人民共和国开国中将谭甫仁的故乡，留下了许多永不磨灭的红色印记和长征精神。

仁化县图书馆围绕县委、县政府文旅融合发展战略，以红色特色旅游小镇建设为契机，结合图书馆总分馆制建设，利用省文化厅总分馆建设专项资金和县财政资金，投入 86 万元用于城口红色专题分馆的提升改造、室内设计装修、图书采购、定制书架等设施设备。

城口红色专题分馆以红色文化为设计主调，阅览室大厅天花板鼎立中国共产党党徽图案为主标志，阅览室进门右墙设置了浓缩《城口红色文化故事》文化专栏，专栏内收集了《开国中将谭甫仁简介》、四声合唱《谭甫仁将军之歌》总谱、《铜鼓岭阻击战》、四声部合唱《追忆铜鼓岭》总谱、《红军在城口的纪要》等文献资料，让读者走进图书馆在墙上就能立即了城解口红色经典故事。阅读桌椅、书架、图书专柜标识采用农村原生态松木定制而成，具有原汁原味乡土气息。

城口红色专题分馆共有文献 25 600 多册，报刊 42 种，地方文献 125 种，电子图书 3000 多册，电子报刊 500 多种，特设有：

①红色图书专柜；②习近平新时代图书专柜；③仁化县地方文献专柜，实现了与总馆、韶关市图书馆联盟馆一卡通业务，实现了与总馆统一采编、统一管理、统一配送和资源共建共享。

城口红色专题分馆的正式建成，不但解决了当地边远山区农民、学生、居民借、阅图书难的问题，而且为外地游客、读者提供了一个全面、多角度了解城口红色文化的平台和窗口。对于宣传城口人文历史，增进公众对红色小镇的了解与认识具有重要意义。

案例 4：湖南长沙医学院图书馆助力红色文化扶贫

红色文化不仅具有重大的历史价值、文化价值，更具有突出的经济价值。为发挥红色文化的经济价值，助力革命老区脱贫致富，长沙医学院图书馆组织“逐光盛夏”三下乡大学生社会实践团对革命老区中国工农红军第二方面军长征出发地——湖南省张家界市桑植县刘家坪白族乡——开展扶贫工作。

大学生社会实践团首先开展了实地调研，对红色文化遗址、红色文化故事、村民需求、发展红色旅游的可行性等进行调查走访，结合刘家坪风景优美、景色宜人，老百姓对发展红色旅游的强烈愿望，当地政府近年建起的红色纪念馆、红色教育基地，正在利用红色文化资源进行开发利用的实际，撰写了调研报告和打造红色文化品牌，促进当地经济发展的市场分析报告，用专业知识助力红色文化扶贫。

案例 5：上海图书馆举办红色卡通人偶互动和 VR 红色文化体验活动

2019 年 7 月 26 日至 31 日，上海图书馆举行了江西红色文化旅游主题巡展。展区分为“红色摇篮 魅力江西”和“不忘初心 红色体验”两大板块。“红色摇篮 魅力江西”包含在江西的中国革命的摇篮井冈山、人民军队的摇篮南昌、共和国的摇篮瑞金、中国工人运动的摇篮安源等“四大摇篮”的红色文化与旅游资源创意展示、江西红色旅游景区线路图展示、江西红色文创产品展示。“不忘初心 红色体验”板块，使观众能和红色家族的卡通人偶互动，能通过VR进行红色文化互动体验，能通过红色漫画进行趣味填色，还可在革命历史墙前合影，让观众可以在互动体验中进一步增强对江西红色文化旅游的了解。

案例6：四川巴中职业技术学院图书馆建成红色文化专题阅览室

巴中是全国第二大苏区，红色遗址遗迹数量众多，全市有不可移动革命文物382处，其中全国重点文物保护单位2处，省级革命文物保护单位20处，市级革命文物保护单位11处，县级革命文物保护单位110处，被称为“中国革命的露天博物馆”。为进一步宣传红色文化和革命文化，开发好利用好宝贵的红色资源，强化校园文化与地方特色文化建设，助推川陕革命老区振兴发展示范区，巴中职业技术学院图书馆于2018年启动了红色文化专题阅览室建设。

该专题阅览室收藏红色文化图书1万余册，整理汇编川陕革命根据地相关学术论文全文、摘要、索引40册，并每年补充更新。专题阅览室设有红色图书专架、红色电影图书专架、红色文化主题图片墙。红色专题阅览室的图书实现了与图书馆总资源系统的“一站式自助借还”，并与图书馆其他图书资源统一采编、统一管理、统一配送，是图书馆总体藏书与服务体系的有机组成部分。

另外，还设置了专用投影仪，每周播放红色文化电影。通过图书、杂志、故事、影片、人物向广大师生介绍及宣传巴中本地的红色文化。

案例 7：安徽省举办红色文化博览会

2018 年 6 月安徽省首届红色文化博览会在合肥举行。博览会为期 1 个月，会场设在安徽省图书馆和安徽红色文化博物馆。省图书馆举办了“永恒的记忆——红色经典收藏展”和革命诗词书画展。在安徽红色文化博物馆召开了“弘扬红色文化与促进旅游发展”高峰论坛、“大型红色经典革命舞台剧”展演、“家有党员”故事会。还在合肥市包河区骆岗街道和八斗村社居委举行“不忘初心继续前进”红色电影放映周，每天免费放映两场红色电影。“家有党员”故事会，主要是邀请革命老战士、老党员以故事会的形式，讲述革命传统和党的历史。“永恒的记忆——红色经典收藏展”汇集了来自全国各地收藏家们收藏的数百件红色珍品，其中不少珍品是首次与观众见面。

案例 8：山东省沂水县图书馆开展“百室千村万推”图书阅读工程培训活动

沂水县是抗日战争时期沂蒙山抗日根据地的中心区之一，诞生了沂蒙山第一个党支部、山东省第一个临时参议会、山东省第一面党旗，《大众日报》在这里创刊，中共苏鲁豫皖边区省委在这里更改为中共山东分局，八路军山东纵队在这里成立，专为八路军提供后勤给养的山东省第一家供销合作社在这里创建，这里是红色文化的沃土，是革命文化的富集地。

为了让沂蒙精神永放光芒，推动红色经典的传承与发展，沂水县图书馆开展了“百室千村万推”工程培训活动。系统挖掘沂水党的六个早期组织、沂水最早入党人员、著名的红嫂红哥、第一面党旗、陈毅子弟兵团、重大战役、抗日堡垒村、英雄先烈等方面的资源，整理成系列讲稿，形成了生动活泼、富有吸引力的讲座。第一讲：炽热的圣火——诞生于沂水的六个早期组织。第二讲：大梦他先觉——沂水的四个入党第一人。第三讲：善良与大爱——沂水的红嫂们。第四讲：无私与大义——沂水的红哥们。第五讲：生命价值的顶峰——与沂水有关的英雄。第六讲：旌旗下的堡垒——沂水的四个红色村庄。第七讲：铮铮铁骨向赤旗——沂水的六位革命老人。第八讲：浩气永存崮水间——发生在沂水的那些战役和战斗。第九讲：永远的党旗，赤诚的心——刘洪秀的故事。第十讲：勇敢、忠诚、奉献——沂水支前团队。每场讲座都以图片、故事、互动等形式，让培训活动传递红色文化精神，震撼参训人员的内心。

案例9：延安市中山图书馆在延安火车站候车室设立“红色书屋”

延安是中华民族重要的发祥地，是中国革命圣地，是全国革命根据地城市中旧址保存规模最大、数量最多、布局最为完整的城市，党中央和毛主席等老一辈革命家在这里生活战斗了十三个春秋，领导了抗日战争和解放战争，创立并形成了延安精神，是全国爱国主义、革命传统和延安精神三大教育基地，红色文化资源非常丰富。

为了弘扬延安精神、传承红色文化，延安市中山图书馆联合延安火车站，在延安火车站候车室成立“红色书屋”。书屋收藏了近千册反映中国革命、抗战历史的红色文化书籍，免费提供给候车旅客阅读。同时，邀请陕北老艺人进行红色文化的传统说书，旅客一边品味陕北老艺人铿锵有力、富有节奏的表演，一边翻阅着《红色延安》等红色文化图书，让旅客在等候火车的闲暇时间里回顾历史，感受革命老区的红色魅力。

延安市中山图书馆表示，他们将进一步完善“红色书屋”的功能，延伸借阅“长度”，争取早日让旅客将红色书籍带出候车室、带上列车，让延安精神和红色文化传播得更远。

案例10：上海虹口区图书馆举办“小不点”走读虹口——红色文化系列活动

为探知虹口红色历史、认识虹口红色文化、了解虹口红色传统，揭示虹口珍贵的红色记忆，知晓革命党人踏血而行的奋斗历程，虹口区图书馆举办了“小不点”走读虹口——红色文化系列活动。在总共四期的走读活动中，先后组织青少年走访了友时光青年中心、犹太难民纪念馆、白马咖啡馆、霍山公园、百老汇大戏院旧址、布鲁门撒尔旧居、上海邮政博物馆、河滨大楼、圆明园步行街等场馆和建筑。通过行走、走读各著名红色遗址、遗迹、博物馆、著名建筑，让广大少年儿童深度体验虹口的红色文化，引导少年儿童认识虹口、了解虹口，在嬉戏中汲取知识，在快乐中传承文化。

案例11：福建上杭县成立红色基因传承服务队并将红色文化的宣讲与乡村振兴战略有机结合

为讲好红色故事，传承红色基因，上杭县新时代文明实践中心、上杭县红色文化研究会、上杭县图书馆将上杭县知名党史专家、文史专家、老红军及其后代、开国将军后代、五老人员、红色故事宣讲员等整合起来，组建了上杭县红色基因传承服务队，开辟了“红色文化讲坛”。

“红色文化讲坛”深入上杭县的各乡镇、机关、企业、单位宣传红色文化，到2019年7月止，已举办33场。在各乡镇的讲座中，主讲人特别注意将红色文化的宣讲和乡村振兴战略有机结合，重点阐述红色文化的发展主线、特色和亮点，找准红色文化与乡村振兴的结合点，以及红色文化在乡村振兴中的作用，等等。让听众认识到自己身边的红色文化在乡村振兴建设中的重要作用，并用红色文化助力当地经济社会发展。

案例 12：贵州赤水建成全国第一家四渡赤水 VR 战争体验中心

为让红色文化活起来，恢复和再现当年的场景，复原红色故事或已经损坏或消失的红色旧址、红色文献、红色建筑等，并在虚拟世界中对其演变，增强观众的参与感和体验感，2016年，贵州省赤水市率先建成全国第一家四渡赤水 VR 战争体验中心。将景区历史与先进的 VR、AR 技术深度结合，让 VR、AR 科技、主题场馆与红色文化融为一体，形成当地新的文旅品牌。

四渡赤水 VR 战争体验中心利用 VR 技术，在虚拟现实中再现 1935 年红军长征途中著名的“四渡赤水”战役，让游客突破时间和空间限制，身临其境地体验当年发生的历史时刻。如在“血战赤水桥”游戏体验中，游客不仅要在剧烈摇晃的“吊桥”上端着“冲锋枪”迎击敌人，还要随时躲避迎面飞来的子弹和飞机的轰炸……整个过程惊险刺激、惊心动魄。

这种传承红色文化的创新方式，受到了大部分游客尤其是年轻人的热烈欢迎，它大大突破了传统的简单的红色文化图片展示、实物展览、旧址游览，而是借助多媒体、虚拟现实、增强现实等技术，让革命历史、革命文物、红色文化、红色旅游活起来，极大地增强了红色文化、红色旅游的感染力，让红色文化在游人心中留下深刻印象。

案例 13：国家图书馆非常重视红色文化收藏

中国国家图书馆是国家总书库、国家书目中心、国家古籍保护中心、国家典籍博物馆。其馆藏面积位居世界图书馆界第三位，现有馆藏文献 3500 万册（件），居全世界第十位。

在馆藏文献中，有大量的红色文献，特别是《中国共产党章程》和中国共产党中央机关所办的多种机关刊物的收藏较为齐备。从 1922 年 7 月中国共产党第二次全国代表大会通过的第一个《中国共产党章程》，到后来各个历史时期党的章程，悉数收藏；并且定期专题展出。2015年8月举办的“不朽的长城——纪念中国人民抗日战争暨世界人民反法西斯战争胜利70周年馆藏文献展”，2016年7月举办了“红色记忆——纪念中国共产党成立95周年馆藏文献展”，均取得巨大成功。

为整理中国现当代重大事件、重要人物专题文献，国家图书馆专题采集了一系列口述史料、影像史料等文献，收集了手稿、信件、照片和实物等文献，于2012年建成中国记忆项目中心。

中国记忆项目中心从成立之时起，非常重视红色文化的征集与收藏工作。以东北抗日联军专题资源建设为例。中国记忆项目中心先后在北京、辽宁、湖北、新疆、广东、吉林、黑龙江等7个省区，采集了79位受访人、超过150小时的口述史料，同时还采集到东北抗联密营、战地影像资料、历史照片、老战士的日记与手稿，以及一批相关实物。在收藏资料的基础上，中国记忆项目中心通过编写口述历史文章，在新华社、中央电视台、人民日报、光明日报、中国文化报等媒体上对东北抗日联军的战斗生活进行报道，引起了极大反响，得到了有关领导和社会各界的高度肯定。

第六节　保存和传承地方文化的责任

地方文化是一定区域内历史悠久、特色鲜明、民众崇尚、至今发挥作用甚至有较大影响力的文化。它不仅是中华优秀传统文化的组成部分，而且是中华民族的宝贵财富，更是各地社会经济文化发展的标识和品牌。

地方文献是地方文化的载体，是综合反映一个地区政治、经济、文化、历史、地理、风土人情、名胜古迹等重要内容的区域性文献。主要包括地方史料、地方人士著述和地方出版物三部分。地方史料包括当地党政机关、社会团体、学校、企事业单位编撰的反映本地历史、政治、经济、文化等方面的图书、图片、图册、报纸、期刊、音像制品，当地的史志史料包括地方志、部门志、企业志、人物志、风情志、风俗志、影像志、党史、校史、厂史、村史、事业史、大事记等，民间流传的谱录包括家谱、族谱、宗谱等，各种历史文献、古籍图书，当地民间流传的各类民俗景观图片、历史场景图片、金石拓片、书法、绘画作品、歌本、账本、地契，反映当地非物质文化遗产的文字、音像资料，等等。地方人士著述包括当地名人志士的资料（家史、传记、书稿、专著、书信等），当地籍或曾在当地任职、居住、工作的各个时代具有一定影响力的人士著述、日记、信函、传记、字画、回忆录、著作手稿、声像资料，等等。地方出版物包括当地各级各部门编印的统计资料、会议文集、文件汇编、年鉴、地图、名录等内部资料和内部出版物及其他有价值的文献资料。

地方文化是地方文献产生的源头，是地方文献产生的前提和基础；地方文献是记载地方文化的重要载体，是地方文化的重要组成部分。

公共图书馆作为收集、整理、保存文献信息并提供相关服务的法定单位，要充分发挥自己的职能优势和业务优势，切实做好地方文化的传承与发展。

一、建立特色馆藏，传承地方文化

作为地方文化的载体——地方文献在民间和各单位存世数

量很大，载体形式多样，既有散落在民间的家谱、族谱、碑帖、契据、书信、日记等文献，又有现代的书信、日记、手稿、照片、契约文书等，还有许多类型多样的出版物，分散范围很广，为能传承地方文化，图书馆就应加大各类文献的征集力度，建立良好的地方文献征集模式，并在组织、编目、解读、揭示、挖掘、利用、联合编目、建立数据库、搭建共建共享平台方面下功夫，组建特色藏书结构和特色藏书体系。

二、挖掘地方文献，发展地方文化

通过编制书目、索引，揭示馆藏；举办展览、鉴赏，展示馆藏；提供借阅服务；提供稿本，协助出版；编辑出版，进行深层次地整理。通过缩微、多媒体、音频、视频等技术对馆藏地方文献资源数字化；同时建立地方文献书目数据库等揭示和开放地方特藏。可举办富有趣味性的地方文献展览、民间故事征集、珍藏作品展览、人文习俗和自然风光的摄影展、邀请当地作家做报告等，激发读者对地方文化的热爱，加深读者对地方文化的理解与思考，加强读者对地方文化的认同感和自豪感。

三、宣传地方文献，推动地方文化

利用地方文化资源优势，拓宽服务领域，创新服务方式。除传统的地方文献查阅、咨询、展览等服务方式外，还可开展为地方文献课题研究提供深层次服务；依托文献资源共建共享协作网，联合开展在线咨询、文献传递服务，等等。

案例 1：湖南省图书馆以口述历史的方式，传承地方文化

口述历史，就是将储存在当事人或知情人记忆中的各个时期、各个历史事件、自己或他人的各种经历，用口头表达的方式，采取记录、录音、录像等手段，经过整理形成文字或录音、

录像等新的资料，是一种新的文献传承方式。目前，口述历史受到了学术界的高度重视，也得到人民群众的广泛认可。湖南图书馆从2010年起开展了“寻找城市记忆”“寻访地下党人”“南下干部”“老电影人”“抗日老兵”等一系列口述历史工作；并将抗战老兵的口述录音整理编辑成《血与火的记忆——湖南抗日老兵口述》。

湖南省图书馆还开通了全国首家“政协委员履职服务平台”、省人大代表文献信息咨询平台、湖南省党政机关信息服务平台、湖南省社科规划管理信息服务平台等服务的平台，服务地方文化。[1]

案例2：广东省东莞建立方言数据库，传承地方文化

方言是地域文化的重要载体和表现形式，是本土文化的重要组成部分。为传承东莞本土文化，抢救保存地方语言，推动东莞文化名城建设，2014年初，东莞市启动了方言档案建设工作，努力构建内容完备、体系健全的东莞方言档案资源数据库，目前已初见成效。

案例3：福建武夷学院用动画连续剧的形式，传承地方文化

福建武夷学院师生共同组建“地方文化保护项目”工作组，用动画连续剧的形式，完成了反映闽北特色文化《朱熹》的制作。还参与了建筑漫游动漫宣传片、城市动漫宣传片、古建筑动漫宣传片等地方文化动漫宣传片的策划和制作，还将武夷岩茶（大红袍）传统工艺技能及习俗转化为动漫衍生产品，题材丰富，样式鲜活，制作的茶具、香炉、包装礼盒等产品深受旅客欢迎。

[1] 许志云．地方公共图书馆传承地方文化的途径与策略研究——以“图书馆核心价值研究”为例[J]．高校图书馆工作，2015，35(165)．

案例4：山东菏泽学院图书馆建成地方文化长廊

山东菏泽学院图书馆非常重视地方文化，建起了地方文化长廊。地方文化长廊包括两个部分：历史文化长廊和“一都四乡”文化长廊。历史文化长廊分别从中华祖源、天下之中、黄河、革命新生四个板块展示了菏泽地方历史文化的沿革与发展；“一都四乡”文化长廊分别从中国牡丹之都、书画之乡、武术之乡、戏曲之乡和民间艺术之乡五个板块详细介绍了富有菏泽地域特色的本土文化。

文化长廊图文并茂，生动直观，展现了菏泽悠久的历史文化、独特的地方文化，展现了菏泽深厚的文化底蕴、丰富的文化生活，是学习和了解菏泽地方文化的一个窗口。

案例5：江苏扬州举行“家乡文化我传承”少年儿童传统艺术表演大赛

为增强文化自信，推动传统文化、本土文化的传承创新，让更多的未成年人进一步走近家乡艺术，扬州市特举办“家乡文化我传承”少年儿童传统艺术表演大赛。通过传统艺术的表演形式引领儿童“讲仁爱、懂礼仪、守诚信”，关注儿童的精神境界与心灵成长，增强儿童对我国优秀传统文化、家乡文化的参与感、获得感和认同感。以“家乡文化我传承”为主题，要求参赛者用扬州传统的艺术表演形式弘扬中华美德，展现扬州文化风貌。内容健康向上，催人进取。根据扬州地区文化艺术特色，以个人或集体为单位进行传统戏剧、曲艺、舞蹈、手工等艺术表演。要求表演自然流畅，情感真挚饱满，节奏得当，展现传统的、具有扬州特色的文化艺术风采。对成绩优秀的选手进行奖励。

案例6：邵阳文化爱好者创办地方文化图书馆，坚守古城文化

2017年12月29日，湖南省邵阳市地方文化图书馆大祥馆

正式开放。这是邵阳市第一家免费向社会开放的公益性地方文化图书馆，也是地方文化爱好者凭着对邵阳2500多年的历史以及深厚文化的热爱而创立的，位于大祥区仙人井社区居委会一楼。创办人在建立之时，就一直想把所有有关邵阳的书籍全部搜集起来，无论是有关邵阳的，还是邵阳人写的，都收集起来，既可以资源共享，方便做学术的人查阅资料，也方便市民更好地了解邵阳的历史和文化。目前，邵阳市地方文化图书馆大祥馆共有藏书五千多册，受到了人民群众的欢迎和支持。

案例7：天津市图书馆举办“乡土文化下基层”系列讲座，传承地方文化

为深度挖掘传统文化，展现地方文化魅力，广泛开展全民阅读，在第24个世界读书日来临之际，天津图书馆、天津市各区图书馆、天津图书馆公安局分馆联合举办“挖掘传统文化精髓，展现津味文化魅力——海津讲坛“乡土文化下基层”系列讲座。特邀请平津战役纪念馆馆长王培军、天津市社会科学院资深研究员罗澍伟、京剧名家何振文、南开大学教授徐建华等围绕天津本土文化举办讲座。讲座的内容包括本地发生的历史事件、本地著名的历史人物、本土文化特点、本土文化贡献等，与听众生长、生活的环境息息相关。

第三章　建设责任

建设责任是图书馆和图书馆人重要的法定责任。

不同地区有不同地区的区位优势、经济实力和人文底蕴。不同地区对公共图书馆事业发展的重视程度，对全民阅读工作的认识高度是不一样的，成效也是千差万别的。有的地区区位优势好、经济实力强、人文底蕴深厚，公共图书馆事业和全民阅读工作抓得很好，成效突出，公共图书馆建设、人们的公共阅读环境相当优越！有的地区区位优势差、经济实力比较差、人文底蕴也不太深厚，但公共图书馆事业和全民阅读工作同样抓得很好，成效同样突出，公共图书馆建设、人们的公共阅读环境也同样优越！也有的地区区位优势好、经济实力强、人文底蕴也比较深厚，但公共图书馆事业和全民阅读工作抓得并不好，成效也很一般，公共图书馆建设、人们的公共阅读环境相当差！这说明公共图书馆建设与一个地区的区位优势、经济实力和人文底蕴并不完全成正比例。公共图书馆建设、全民阅读工作的开展、人们阅读环境的改善与政府重视，特别与政府主要领导的重视，以及其他相关因素密不可分。

但不管何种原因、何种理由、有何种难题，在已经告别了艰苦生活时代、朴素生活时代、物质紧缺时代，开始进入美好生活时代的当下，在公共文化服务体系建设受到空前重视、文化法律文化政策密集出台的背景下，在世界各国竞相发展图书馆事业和全民阅读事业、竞相颁布阅读法律的国际竞争格局下，在中国特色社会主义进入新时代的宏大时代背景下，为广大人民群众建设一个现代时尚、典雅舒适、布局合理、空间通透、大气恢弘、文献丰富、服务优质，又具有地方特色、公认度、美誉度高的公共图书馆是当地政府和图书馆人应当履行的法定职责，是加强公共文化服务体系建设、为人民群众提供良好的知识服务、推动全民阅读、提升人民素质、加强文化自信的前提和基础。建设公共图书馆的主体责任是各级人民政府，图书馆人和各级文化旅游人也应当主动作为、勇于担当。

因此，本章的主要内容就是阐述公共图书馆建设方面的责任，法定职责来源于《公共图书馆法》第二章设立和第三章运行中的第十三条、第十四条、第十五条、第十六条、第十七条、第十九条、第二十条、第二十一条和第二十三条，包括：依法设立公共图书馆的责任，制定《公共图书馆章程》的责任，依法登记的责任，提供场地、座席等公共空间的责任，提供设施设备的责任，保障足够资金的责任，配备好图书馆长的责任，提升馆员专业知识的责任，设置少年儿童阅览区或建设少年儿童图书馆的责任，为捐赠者命名的责任，终止时处置好剩余资产保证国有资产不浪费不流失的责任等 11 项。图 3–1 显示了公共图书馆应当承担的建设责任。

第一节　依法设立公共图书馆的责任

《公共图书馆法》第三条规定，公共图书馆是社会主义公共文化服务体系的重要组成部分。第四条规定，县级以上人民政府应当将公共图书馆事业纳入本级国民经济和社会发展规划，加大对政府设立的公共图书馆的投入。第十三条规定，县级以上人民政府应当设立公共图书馆，县级以上人民政府应当因地制宜确定公共图书馆的数量、规模、结构和分布。第十四条规定，设立公共图书馆应当具备6个条件：①章程：公共图书馆章程应当包括图书馆名称、馆址、办馆宗旨、业务范围、管理制度及有关规则、终止程序和剩余财产的处理方案等事项；②固定的馆址；③与其功能相适应的馆舍面积、阅览座席、文献信息和设施设备；④与其功能、馆藏规模等相适应的工作人员；⑤必要的办馆资金和稳定的运行经费来源；⑥安全保障设施、制度及应急预案。国家建立覆盖城乡、便捷实用的公共图书馆服务网络。公共图书馆服务网络建设坚持政府主导，鼓励社会参与。

图3-1　公共图书馆的建设责任

这四条法律条款清晰地说明了四个问题：①新时代公共图书馆的性质："是社会主义公共文化服务体系的重要组成部分"，不是一般的组成部分，而是"重要"的组成部分；②公共图书馆的建设主体是：县级以上各级人民政府，"县级以上人民政府应当设立公共图书馆"；③公共图书馆的建设路径是："纳入本级国民经济和社会发展规划""加大对公共图书馆的投入""因地制宜确定公共图书馆的数量、规模、结构和分布""鼓励社会参与"；④公共图书馆成为法定单位的法定条件：章程、馆址、馆舍文献和设施设备、工作人员、经费和保障措施。

这四条规定对公共图书馆的性质、建设主体、建设路径、成立条件进行了高度而精炼的概括，那么在具体的图书馆工作和实践中，该如何建设一个公共图书馆？

一、明确建设目标

公共图书馆是人类知识智慧和精神财富的聚集地，是人们的精神家园，是社会可持续发展的"粮草"，是经济发展、科技进步、文化昌盛的先决条件，是每个地方非常重要的知识宝库和必不可少的社会文化机构。大多数公共图书馆已成为当地的知识地标和文明进步的标志。在我国东部地区和其他经济发达地区，早已成为习以为常的事实，并发挥着重要的促进作用。

一个县、一个市甚至一个省，新建或改扩建公共图书馆，都不是一件小事，都需要当地财政投入在几百万元、几千万元甚至上亿的资金，所以在新建或改扩建公共图书馆时，首先一定要明确新建或改扩建公共图书馆的建设目标。

在讨论和确认建设目标时，首先要搞懂五个问题：①为什么要建公共图书馆（建设依据），是不是非建不可？②建成什么样的图书馆（近期和远期目标），是着眼未来型、满足现实需要型，还是填补空白型？③建成后的新图书馆将对当地经济和社会发展以及文明程度的提高，发挥什么样的重大作用（建设效益）？④当地财力是否支持？⑤人们对新修公共图书馆的支持程度。图书馆人和文化旅游系统的人自己要把这五个问题弄懂悟透，要进行综合思考、综合评估。如果我们自己都没有弄懂，没搞清楚，或自己都不晓得建设目标或努力方向，就没有办法给其他人讲清楚，更不能争取其他领导和部门的支持。其次，把前面所说的五个问题和当地国民经济与社会发展规划、当地党委政府的重点工作规划、当地人民群众的美好生活需求、当地文化旅游发展规划有机结合，对新馆建设的方向和目标提出一个前瞻性的、有高度的、专业的、既符合发展需要又符合百姓需求的、非常清晰的概念性规划或基础方案。最后，以概念性规划或基础方案为蓝本，争取到各级领导的认同和社会各界的大力支持。一般说来，只要图书馆人、文化旅游人提出来的建设目标或概念性方案符合当地党委政府的发展方向，符合百姓的文化需求，符合当地国民经济与社会发展规划，财力不是很困难，党委政府通过的可能性就比较大。

现在的各级领导干部都是受过高等教育，又有实践和基层经验，还经过千锤百炼，走过千山万水，吃过千辛万苦，经历千难万险，万里挑一的优秀干部，既有发展事业的战略眼光，又有履职尽责的担当胸怀，还对文化旅游事业高度重视，只要图书馆人、文化旅游人提出的建设目标和概念性规划科学合理、社会拥护，他们就会率先垂范、身先士卒。2015 年 12 月 26 日开馆的四川省图书馆新馆，在新馆规划时，由于四川省文化旅游系统提出的概念性方案科学合理、时尚现代，人民群众欢迎，又体现了巴蜀文化和四川特色，得到社会各界的一致认可，因此，在建设初期就被确定为“省长一号工程”。其由四川省省长亲自担任新馆建设领导小组组长、副省长任副组长、省文化厅厅长具体负责，体现了高度的文化自信和省级领导对加强公共文化设施建设的高度重视。这与省文化厅、省图书馆确定的建设目标与实施方案密不可分。因此，各公共图书馆、文化旅游部门在准备修建新馆的时候，一定要先自己搞清楚建设方向、建设目标和各种方案，准备充分，然后才能得到领导的支持和各界的认同。

案例：如何起草新馆建设的概念性规划？——以某市新馆建设概念性方案为例。

提出建设目标，起草新馆建设的概念性规划，说起来简单，但做起来是一个漫长和极需耐心的过程。在这期间，要对建设目标、建设规模、馆舍地址、空间布局、文献构成、财政投入、功能分区、人员保障、设施设备、信息化建设、服务方式、建设效益等问题，经过反复思考、多次考察、多次研讨、多次协调，才会形成比较一致的意见。在初步意见形成后，才能起草新馆建设的概念性规划。再对概念性规划进行若干次讨论并经当地规划建设委员会通过后，才能形成新馆建设方案或新馆建设实施方案。之后才能进入下一个环节。

概念性规划的提出，一般说来只能由图书馆自己首先提出来，只有图书馆提出初步的一些设想和数据后，才有和其他部门进行讨论的基础素材。因此，对于许多图书馆特别是基层图书馆来说，如何起草新馆建设的概念性规划，是一个不小的难题，有的图书馆完全没有这个能力。笔者在这里提供了一个被当地政府采用的概念性规划，供学员参考（见附录二）。

二、正确选择图书馆馆址

公共图书馆地址的选择非常重要。地址选择优越的图书馆，将会给读者提供便利和良好的条件，反之，会对读者和图书馆效能的发挥产生不良影响。

1. 公共图书馆选址“六宜四不宜”

结合《公共图书馆设计规范》，公共图书馆选址是“六宜四不宜”。

（1）六宜：①宜选择人口密度大、人员集中、交通便利、周边环境相对安静、符合环保标准的区域；②宜选择在符合当地建设的总体规划及公共文化事业专项规划，经济活跃，公共文化设施集中，有一定文化底蕴和人气指数较高的区域；③宜选择地质条件良好，无重大地质灾害、水文灾害的区域；④宜选择市政配套设施良好的区域；⑤宜选择与城市广场、公共绿地等相结合的区域；⑥宜在现有公共图书馆合理服务半径[1]以外的区域。大型馆的服务半径通常小于9.0千米，中型馆的服务半径通常小于6.5千米，小型城市小于2.5千米。

（2）四不宜：①不宜选择在远离城市中心的荒郊野岭新建图书馆；②不宜在地质条件恶劣的地方新建图书馆；③不宜在产生易燃易爆、噪声和散发有害气体、强电磁波干扰等污染源附近新建图书馆；④不宜与其他建筑合建。如确实需要与其他建筑合建时，应满足图书馆的使用功能和环境要求，并单独设置出入口。

2. 公共图书馆选址失败和成功案例

【失败案例1】某市以土地资源稀缺为由，把图书馆新馆建在远离市区的“无人区”

某市政府在建设图书馆新馆时，以土地资源稀缺为由，用置换的方式，在远离市中心约30千米的开发区，新建了一个3万多平方米的图书馆。由于远离市中心，远离人群，交通不

[1] 服务半径：指读者到达公共图书馆的最远直线距离。

便，导致开馆后，读者寥寥无几，读者没有工作人员多，职工天天跑通勤，苦不堪言，群众怨声载道，领导不满意，社会效益极低。

【失败案例 2】某县图书馆新馆建在两山交界的缓坡上，平时相安无事，但雨季涨水形成山洪后，给图书馆带来巨大安全隐患

某县图书馆在修建新馆时，没有认真考虑地形地貌对图书馆的影响，把新馆建在两山交界的缓坡上，平时没有事，但是在雨季到来后，就会形成山洪，洪水冲击图书馆的一楼，给墙体和一楼文献造成巨大的安全隐患。

【失败案例 3】某县图书馆新馆建在山谷的下风口，而另外一个县在上风口建了一个高耗能工业园区，给图书馆和读者带来很大的不适

某县城和相邻县的辖区同属一个山谷，某县在建设图书馆新馆时，只考虑本县的建设规划，没有注意邻近县的建设方向。在该县图书馆建成不久，邻县在上风口建了一个高耗能工业园区，在风季到来时，工业园区的粉尘、有害气体一齐吹向下风口，而图书馆正处在风口中，给图书馆、图书馆文献和读者带来很大的困扰。

【成功案例 1】土地再稀缺、再珍贵也要建图书馆

国家图书馆给我们做了一个很好的示范。当时该图书馆是世界上最大、最先进的国家图书馆之一，建于 1909 年 9 月，当时叫京师图书馆。中华人民共和国成立后，更名为北京图书馆。1975 年周恩来总理在批准国家图书馆总体建设方案时，即高瞻远瞩地提出要为国家图书馆在下个世纪的发展留出足够的空间[1]。

[1] 来源于国家图书馆网站：国家图书馆二期工程暨国家数字图书馆工程“发展蓝图”篇。

1987年国家图书馆新馆一期落成。在新馆一期落成不久，拟建设国家图书馆二期工程。2003年1月，原国家发展计划委员会正式批复国家图书馆二期工程暨国家数字图书馆工程项目科研报告，决定于2003—2007年在中关村南大街、海淀区白石桥高粱河和紫竹院公园附近，划拨10公顷、约150亩土地，建设国家图书馆二期暨国家数字图书馆工程[1]。

虽然北京的土地非常紧缺，需要土地量也比较大，但是用于文化事业，用于图书馆事业，党中央、国务院、北京市政府、社会各界和人民群众一致支持，国家图书馆二期用地没有受到任何麻烦。2008年国家图书馆二期暨国家数字图书馆工程顺利建成，馆舍面积达28万平方米，使国家图书馆成为仅次于美国国会图书馆、莫斯科图书馆的世界第三大图书馆。

150亩土地，在北京的中心地带——中关村附近，是多么珍贵，是多么稀缺。但是党中央、国务院、北京市高度重视图书馆事业，为了图书馆事业的发展，为了提高全民族的素质，为了传承中华优秀传统文化是值得的，也是应该的。

【成功案例2】知识比土地价值更高

上海市在这方面给我们做了一个很好的榜样。上海市是国际大都市，是首批全国公共文化服务示范区，是全国公共图书馆事业、全民阅读工作的示范者和引领者。1996年12月上海图书馆在上海市中心的中心——徐汇区淮海中路落成。其建筑面积达12.7万平方米，拥有各类阅览室36个，在编职工751人，读者席位2000个，馆藏文献5500余万册（件），是全国少有的文献大馆、设施强馆、服务质量优秀馆，是上海市综合性研究型公共图书馆和情报中心，也是全国文化信息资源共享工程上海市分中心、文化部公共文化研究基地、首批国家重点古籍保

[1] 来源于国家图书馆网站：国家图书馆二期工程暨国家数字图书馆工程“发展蓝图”篇。

护单位。他们的服务理念、服务方式、服务效能是行业翘处，2019年到馆读者达335万余人次，是众多同行仰慕的对象。

然而，上海市委、市政府、市委宣传部、市文化旅游局、市图书馆并没有就此止步，而是随着时代的发展提出更高的发展要求，在新馆建成不久，便筹划建设上海图书馆东馆，东馆位于上海市浦东新区，用地60亩，占地面积达3.95万平方米。浦东新区是上海市土地资源非常金贵、寸土寸金的地方，然而，为了给全市人民提供一个更好的阅读平台，市委市政府毫不犹豫支持图书馆建设，在土地、资金、人员等方面给予充分保证，使上海图书馆东馆筹备工作顺利推进。2017年9月上海图书馆东馆在浦东新区迎春路、合欢路、锦绣路与世纪大道围合的成片树林之中正式开工。一座总建筑面积达11.5万平方米，高50米，地上7层，地下2层的上海全新市级公共图书馆即将落成。上海图书东馆的建设基于3i理念，即intelligence（智慧）、innovation（创新）、inclusiveness（包容），五大功能——资源保障中心、知识交流中心、决策咨询智库、技术体验中心以及国际交流平台进行总体设计。东馆将提供近6000个阅览座席、一个容纳1000席的表演场馆、一个儿童专馆，全开架馆藏文献约480万册，满足每年200余场讲座、上千场各类学术活动的需求，预计年接待读者量达400万人次。东馆内部将追求国际品质，风格简约，错层贯通，气势宏大，四大核心筒和28根支柱采用饰面清水混凝土，温润亲和。通过空间语言的表达，一个以人为本、科学合理、开放灵活、生态环保、互联互通的未来新型公共图书馆将呼之欲出。

以上两个案例充分说明，一个地区在什么地段建设图书馆，在很大程度上取决于当地党委政府的重视程度。只要当地党委政府有高度的文化自觉，重视图书馆事业，再贵的土地也不贵，划拨再贵土地都值得；相反，就会把图书馆建到远离人群、远离百姓、荒郊野岭的地方。

【失败案例4】图书馆修建完毕之日就是落后时代之时

2017年夏，笔者根据文化厅的安排，到某县检查公共文化服务效能，当地文化部门的同事非常自豪地带我们去参观他们刚建成的图书馆。在大楼前，我们一行人都觉得新馆气势雄伟，现代时尚，政府为当地人民做了一件好事、实事。但是，当我们一行人进入图书馆后才发现，图书馆的每一个房间都不是正型，全部异形结构，没有哪个房间能容纳30套以上的桌椅，更令人不可思议的是，居然在阅览室、培训室等房间里，还开了个天井，整个图书馆都没法进行较好的利用，完全没有现代图书馆大平面、大开放、通透化、网络化、智能化、人性化的气息，我们一路叹息，都觉得非常可惜，最后政协主席县人大走到门口的时候，非常气愤地对图书馆长说了一句："这是我看到整个县城修得最差的房子"。

后来，我们反复追问图书馆长，是什么原因导致图书馆大楼形成这个状况。他说，图书馆大楼的交钥匙工程，是由县代建办为主体修建的，整个大楼的概念性规划、设计、建设由代建办全权负责，文化部门只是开了几次会。代建办非常有主见，几乎听不进文化部门的意见，完全按照他们自己对图书馆的理解进行设计施工，导致交钥匙后才发现现在表现的这些问题。县图书馆专门请市图书馆、县建委的专家进行评估，如果把现在这些天井去掉，按照图书馆的要求进行改装，大约需要400万元，对于一个西部财政不太富裕的县来说，又是一笔巨大的支出，这就使图书馆陷入两难境地，不进行改装，就没法利用；如果进行改装，县财政又一时承担不了这笔经费，所以，这个案例是一个比较突出的失败案例。原因在于代建部门对图书馆建设本身不太了解，又没有与设计部门、建设部门、文化部门、图书馆进行充分沟通，按照自己的理解进行设计建设。这类失败案例绝非偶然。给我们的启发是要多沟通，多协调，按图书馆的建筑设计规范来建设。

三、建设原则

（1）读者至上、适度超前的原则。修建图书馆的目的就是给读者提供良好的读书环境和知识服务空间。因此，在进行规划、设计等时，既要考虑能给读者提供良好的阅读空间、温馨的阅读环境、便捷的阅读条件；又要考虑到能给读者提供便利的交通条件，安全的水文条件、地质条件和环境条件等，还要结合图书馆的性质、特点及发展趋势，提供灵活性强、适应性高的多种灵活空间，要充分考虑安全性与实用性，不能留下安全隐患和安全漏洞，要有一定的超前意识，但不能太超前，也绝对不能太落后，笔者曾经见过一个图书馆，几乎是建成之日就是落后之时。这个图书馆的立项、设计与建成时间长达五年，本身设计在当时就很一般，建成之时吸引力很小，几乎没有引起当地老百姓的关注。

（2）科学规划，规模适中的原则。要统筹兼顾，科学规划、量力而行，规模适中。不要盲目贪大求洋，过分求新求异，不能一味追求大规模、大体量，原则上不主张、不支持建设过度超过当地经济社会发展水平，给当地经济社会发展带来巨大压力的大型馆、特大型馆。真切希望各地既高度重视，又能修建一个规模适度、布局合理、真正发挥作用，领导和老百姓都非常满意，且能良性发展的公共图书馆。

（3）尊重图书馆自身发展规律的原则。图书馆是收集、整理、保存文献信息并提供查询、借阅及相关服务的机构，是各类文献的聚集之地，因此，荷载设计有不同于其他建筑的特别要求，要充分考虑藏阅空间的柱网尺寸、层高、荷载设计等特殊性，要严格按照荷载设计的国家标准进行设计施工；因为是文献聚集之地，所以，水灾和火灾是安全防范的头等大事；因为图书馆是文献汇集、人员聚集、活动密集场所，所以，文献搬运、人流进出线路、撤离线路应科学设计、合理分流，避免进去对撞，方向不明，进出不便，产生隐患；因为图书馆要为读者提供阅览、休闲等服务，其设计应充分体现人性化和智能化。要方便各类读者、各类服务自成体系，不相互产生干扰，少儿空间、老年人空间、残疾人士空间、阅览空间、外借空间等布局合理，图书馆自身的各类工作空间，也要布局合理。合理安排采编、收藏、借还、阅览之间的运行路线，使读者、管理人员和书刊运送路线便捷畅通，互不干扰。合理安排各类机房、空调房、后勤用房、安保用房、保障用房、各类库房等，使整个图书馆空间分布合理、线路清晰，各类用房繁而不乱、简洁有序。

四、建设内容

一个图书馆到底由哪几部分构成？修建图书馆到底包括哪些空间、哪些场所？笔者在走访很多图书馆的时候，相当一部分馆长是不清楚的。这是一个基本的问题，图书馆长自己如果不去研究，就没法给主管部门和领导提出建设性的意见，不能更好地推动图书馆建设。笔者根据《公共图书馆建设标准》(建标 108—2008)、《图书馆建筑设计规范》(JGJ 38—2015）的要求，结合多年学习和实践经验，作一个简要的介绍。

一个图书馆，不管大小，主要包括三个部分：房屋建筑、场地、建筑设备和图书馆技术设备，即图书馆的物理空间、周围环境和各种设施设备。

（1）房屋建筑即图书馆的整个物理空间，主要包括八类用房即八类空间：藏书空间、借阅空间、咨询服务空间、公共活动与辅助服务空间、业务空间、行政办公空间、技术设备空间、后勤保障空间。藏书空间、借阅空间、咨询服务空间、公共活动与辅助服务空间等是公共图书馆从事基础业务的空间，所以把用于基础业务的用房，称为基本用房。基本用房是文献、阅览设施直接服务读者的场所，应具有空间使用的灵活性和可调整性，并且适宜采用框架结构体系或其他大空间结构形式。

《公共图书馆建设标准》和《图书馆建筑设计规范》对公共图书馆各类用房使用面积的比例进行了基本而明确的规定。是公共图书馆设计、施工、布局的一般标准，各个图书馆原则上照此执行，但如果某图书馆为了突出某方面的服务或某种特色，也可进行适度调整。

（2）场地即公共图书馆的周围环境，主要包括读者集散场地、道路、停车场、绿化用地。停车场是现代图书馆建设的重要内容，除当地政府有统筹建设的停车场或停车库以外，图书馆建筑内应设置供读者和工作人员使用的机动车停车库或停车场地以及非机动车停放场地，尽最大努力为读者和工作人员提供停车、用车便利。

（3）各种设备主要包括建筑设备和图书馆技术设备。建筑设备主要包括给水排水设备、通风空调设备、强弱电设备及网络布线等。技术设备主要包括计算机及智能化设备、网络设备和相关设备，视听及音像控制设备，文献数字化加工与复制设备，防盗设备，消毒设备，流动图书设备，缩微制品摄制、冲洗及阅读设备，残障和老龄阅读设备，装裱及文献修复设备，自助借还设备，书架、阅览桌椅、出纳柜台等家具设备，其他设备等12类。各公共图书馆应根据社会经济发展水平、建设规划、服务功能、服务方式、空间布局等进行合理配置并不断更新建筑设备、技术设备和其他设备。

五、建设规模

一个公共图书馆到底要修多大规模才比较合适，是规划时大家争论的一个焦点。一般说来，文旅部门和图书馆都希望修大一点，漂亮一点，时尚一点，给读者提供的条件优越一点，而有的部门却想修小一点，甚至想修一个就行了。那么到底该建多大规模？《公共图书馆建设标准》和《图书馆建筑设计规范》提出了明确的意见。

新建公共图书馆的建设规模（包括改扩建），主要以服务人口的数量为主要依据，同时，兼顾当地经济社会发展水平、服务人口人均藏书量、千人阅览座席、服务功能、文献资源数量与品种等多种因素综合确定。根据《公共图书馆建设标准》（建标108—2008）、《图书馆建筑设计规范》（JGJ 38—2015）的要求，公共图书馆从规模上分为三类：大型馆、中型馆和小型馆[1]（表3-1）。一般说来，服务人口150万及以上的地方要建大型馆，服务人口在20万～150万的地方建中型馆，服务人口小于20万的地方建小型馆。不同规模图书馆的职责不一样，大型图书馆的主要职责是：文献信息资料收藏、检索、借阅等日常公益性服务，以及文献收藏、文献研究、业务指导和培训、阅读推广等。中型馆的主要职责是：文献信息资料的借阅、业务指导和培训、大众文化传播等日常公益性服务。小型馆的主要职责是：文献信息资料借阅、大众文化传播等日常公益性服务。

---

[1] 建设规模2万平方米以上的为大型馆，建设规模5500平方米至20 000平方米为中型馆，建设规模1200平方米至5500平方米为小型馆。

表3–1 公共图书馆建设规模与服务人口数量对应指标

规 模	服务人口（万）
大型	150以上
中型	20~150
小型	20及以下

这是一个比较粗的划分，处于其他区间人口数量的地区，该如何计算、确定新馆的建设面积？《图书馆建筑设计规范》要求，按照千人面积比例，来计算图书馆的建设规模和建筑面积，它规定：服务人口在3万～10万的地区，其千人面积控制在23～27平方米，新馆建筑面积控制在800～2300平方米；服务人口在10万～20万的地区，其千人面积控制在22.5～23平方米，新馆建筑面积控制在2300～4500平方米；服务人口在20万～50万人的地区，其千人面积控制在15～22.5平方米，新馆建筑面积控制在4500～7500平方米；服务人口在50万～100万人的地区，其千人面积控制在13.5～15平方米，新馆建筑面积控制在7500～13 500平方米；服务人口在100万～150万人的地区，其千人控制面积在13.3～13.5平方米，新馆建筑面积控制在13 500～20 000平方米；服务人口在150万～400万人的地区，其千人面积控制在9.5～13.3平方米，新馆建筑面积控制在20 000～38 000平方米；服务人口在400万～1000万人的地区，其千人面积控制在6～9.5平方米，新馆建筑面积控制在38 000～60 000平方米（表3–2）。

表 3-2　公共图书馆建设规模与服务人口对应表

服务人口（万人）	千人面积（平方米）	建筑面积（平方米）
3 ~ 10	23 ~ 27	800 ~ 2300
10 ~ 20	22.5 ~ 23	2300 ~ 4500
20 ~ 50	15 ~ 22.5	4500 ~ 7500
50 ~ 100	13.5 ~ 15	7500 ~ 13 500
100 ~ 150	13.3 ~ 13.5	13 500 ~ 20 000
150 ~ 400	9.5 ~ 13.3	20 000 ~ 38 000
400 ~ 1000	6 ~ 9.5	38 000 ~ 60 000
1000 万以上	—	60 000 以上

对于服务人口超过 1000 万的地区，可参照 1000 万服务人口的标准执行。对于服务人口小于 3 万的地区，建议不建设独立的公共图书馆，应与文化馆等其他文化设施合并建设，其用于图书馆部分的面积，参照服务人口 3 万的标准执行。

六、公共图书馆用地标准

建设图书馆在规划时争论比较多的问题，除了建设规模、选址外，用地指标也是一个争论比较厉害的问题。公共图书馆建设用地主要包括四部分：公共图书馆建筑用地、集散用地、绿化用地及停车场用地。用地面积量与建筑面积、服务人口、藏书量、活动空间等因素成正比。根据《公共图书馆建设用地指标》建标〔2008〕74 号、《公共图书馆建设标准》建标 108—2008、《图书馆建筑设计规范》（JGJ 38—2015）的规定，各地无论建设大型馆、中型馆、小型馆，其容积率、建筑密度和用地面积量应当符合表 3-3 ~ 表 3-5 规定的内容。

表 3-3　小型馆图书馆建设用地容积率、建筑密度、用地面积量

服务人口（万人）	藏书量[万册(件)]	建筑面积(m^2)	容积率	建筑密度(%)	用地面积(m^2)
5	5	1200	≥ 0.8	25~40	1200~1500
10	10	2300	≥ 0.9	25~40	2000~2500
15	15	3400	≥ 0.9	25~40	3000~4000
20	20	4500	≥ 0.9	25~40	4000~5000

注：①表中服务人口指小型馆所在城镇或服务片区内的规划总人口；②表中用地面积为单个小型馆建设用地面积。

表 3-4　中型馆图书馆建设用地容积率、建筑密度、用地面积量

服务人口（万人）	藏书量[万册(件)]	建筑面积(m^2)	容积率	建筑密度(%)	用地面积(m^2)
30	30	5500	≥ 1.0	25~40	4500~5500
40	35	6500	≥ 1.0	25~40	5500~6500
50	45	7500	≥ 1.0	25~40	6500~7500
60	55	8500	≥ 1.1	25~40	7000~8000
70	60	95 000	≥ 1.1	25~40	8000~9000
80	70	11 000	≥ 1.1	25~40	8500~10 000
90	80	12 500	≥ 1.2	25~40	9000~10 500
100	90	13 500	≥ 1.2	25~40	9500~11 000
120	100	16 000	≥ 1.2	25~40	10 000~13 000

注：①表中服务人口指中型馆所在城镇或服务片区内的规划总人口；②表中用地面积为单个中型馆建设用地面积。

表 3-5　大型馆图书馆建设用地容积率、建筑密度、用地面积量

服务人口（万人）	藏书量[万册(件)]	建筑面积(m^2)	容积率	建筑密度(%)	用地面积(m^2)
150	130	20 000	≥ 1.2	30~40	11 000~17 000
200	180	27 000	≥ 1.2	30~40	14 000~22 000
300	270	40 000	≥ 1.3	30~40	20 000~30 000
400	360	53 000	≥ 1.4	30~40	27 000~38 000
500	500	70 000	≥ 1.5	30~40	35 000~47 000
800	800	104 000	≥ 1.5	30~40	46 000~69 000
1000	1000	120 000	≥ 1.5	30~40	52 000~80 500

注：①表中服务人口指大型馆所在城镇或服务片区的规划总人口；②表中用地面积为单个大型馆建设用地面积；③大型馆总藏书超过 1000 万册的，可按照每增加 100 万册藏书，增补建设用地 5000m^2 进行规划。

七、公共图书馆群落的设置原则

在财力允许的经济发达地区或经济社会发展水平比较高的地区，或者当地党委政府高度重视公共图书馆事业的地区，由于隶属于不同的行政关系，或者在同一行政区域内，为了给老百姓提供更加便捷的文献信息服务，有可能出现两个大型馆或一个大型馆、若干中小型馆或者一个中型馆、若干小型馆的情况。例如，某省的所辖区县，就有可能出现这种情况。笔者见到某辖区内，有一个省级大馆、一个市级中型馆、一个区级中型馆、若干乡镇分馆和若干社区服务点。类似这种图书馆网络或群落，在规划时，要以服务半径为依据，合理规划公共图书馆的地址、用地量。一般说来，在大型馆覆盖的 9.0 km 服务半径内不应再设置中型馆；大、中型馆覆盖的 2.5 km 服务半径内不应再设置小型馆，避免扎堆设置、服务不均衡的现象。具体

内容见表 3–6。

表 3–6 公共图书馆群落的设置原则

服务人口（万人）	设置原则	服务半径 (km)
≥ 150	大型馆：设置 1~2 处，但不超过 2 处；服务人口达到 400 万时，宜分 2 处设置	≤ 9.0
	中型馆：每 50 万人口设置 1 处	≤ 6.5
	小型馆：每 20 万人口设置 1 处	≤ 2.5
20~50	中型馆：设置 1 处	≤ 6.5
	小型馆：每 20 万人口设置 1 处	≤ 2.5
5~20	小型馆：设置 1 处	≤ 2.5

第二节　制订《公共图书馆章程》的责任

一、《公共图书馆章程》

《公共图书馆章程》是各级公共图书馆设立的法定依据，是公共图书馆成立、运行、发展、变更、终止的总纲和基本指南，是明确单位属性、划分责权范围、规范管理方式、廓清业务行为、理顺内外关系的根本性规章，是政府、社会和图书馆责、权、利的统一，是各级公共图书馆规范管理、依法办馆、民主决策、服务社会的全局性、纲领性文件，也是政府和社会公众对公共图书馆进行考核监管和监督评价的基本依据。《公共图书馆章程》在彰显法人地位、规范运行规则、承载公益属性等方面具有重要作用。因此，加强《公共图书馆章程》的建设工作，强化章程在公共图书馆依法实施自主管理和履行职能方面的基础作用显得尤为重要。

随着事业单位管理体制改革的不断深入和现代治理体系的

建立完善，章程建设越来越受到重视，不仅事业单位要建立章程，而且各企业单位、社会团体都要建立章程并发挥越来越重要的作用。每个图书馆都应该有自己的章程，而且是规范标准、符合实际的章程，

根据《公共图书馆法》和《事业单位登记管理暂行条例实施细则》规定，在申请事业单位法人设立登记时，应当向登记管理机关提交事业单位章程。

二、《公共图书馆章程》的主要内容及制定要点

(一)《公共图书馆章程》的主要内容

《公共图书馆法》第二章第十六条规定，《公共图书馆章程》应当包括七项内容：名称、馆址、办馆宗旨、业务范围、管理制度及有关规则、终止程序和剩余财产的处理方案等事项。这些事项是公共图书馆章程中最基本、最重要的要素，它决定着公共图书馆章程是否科学合理、全面细致。

各公共图书馆制定自己章程的时候，既要保证这些最基本要素，同时，更要根据当地和本馆实际，制定出具有本馆特色又科学完备的章程。

(二)《公共图书馆章程》的制定要点

根据《关于印发〈事业单位章程示范文本〉的通知》(中央编办发〔2012〕11号) 精神，章程文本由十章组成：第一章总则、第二章宗旨和业务范围、第三章举办单位、第四章理事会、第五章管理层、第六章资产的管理与使用、第七章信息披露、第八章终止和剩余资产处理、第九章章程修改、第十章附则。

《事业单位章程示范文本》是一个通用的格式化文件，用于

实施了法人治理结构的事业单位。各公共图书馆在制定章程时，一定要紧密结合自身实际，特别是要结合本馆的办馆历史、办馆理念和文化积淀，制定出科学的、全面的、系统的、有特色的、有效能的、能够很好贯彻执行的章程，只有章程科学合理、有特色、能执行，才能保证高质量地推动章程的实施，才能保证在章程指导下扩大图书馆的竞争力和影响力，才能实现公共图书馆的可持续发展，才能产生更好的社会效益，才能更好地为读者服务、为社会服务。因此，各图书馆在制定章程时，一定要把握好以下要点。

(1) 总则通常包含的内容有：制定章程依据、单位名称、地址、经费来源、登记机关等。制定章程的依据为：《中华人民共和国公共图书馆法》《事业单位登记管理暂行条例》及其实施细则、国家有关法律法规；关于单位名称即图书馆的馆名，不能忘记填写英文名称，它对以后开展国际合作与对外交往作用很大；关于单位地址，应当具体、明确地标明图书馆所在的行政区域和具体街巷及门牌号。如果设有多个分馆，应当将每个分馆的详细地址写清楚，不能略写，也不能表述不详细或不准确。

(2) 办馆宗旨是公共图书馆的价值存在、历史担当、社会责任和行为准则的综合体现，是图书馆拟实现的愿景和团结一心的奋斗目标，是指导公共图书馆建设和发展的核心思想和不竭动力，是一个公共图书馆的办馆初心，同时也是全体员工承担的使命。充分反映了公共图书馆的职能定位和愿景目标。字数不一定多，但应高度概括、立意深远、字字千钧、突出特色。

(3) 业务范围应当立足于本馆特色和本馆实际，从文献采集、文献组织、文献保存、读者服务、重点文化工程等方面入手，对本馆的服务内容、服务方式、服务手段等内容做出比较详细而又重点突出、简明扼要的说明。

(4) 理事会和管理层。在目前公共图书馆的管理制度中，主要存在两种管理模式：法人治理结构管理模式和传统的政府集中管理模式。据调查，目前大部分省级公共图书馆、近半数的市州公共图书馆和少部分县级公共图书馆，采用的是法人治理结构管理模式；少部分省级公共图书馆、近半数的市州公共图书馆和大部分县级公共图书馆，仍然采用的是传统的政府集中管理模式。根据不同的管理模式，写明理事会和管理层的成员。

第一，法人治理结构管理模式。这是在全面开展事业单位分类改革、深入推进法人治理结构形势下，很多图书馆主动适应形势变化采用的一种新型管理模式。这种管理模式的主要特点就是实行三层管理，即决策层、管理层、监督层。决策层即理事会，主要由政府部门代表、本单位党政主要负责人、举办单位代表、图书馆专家、社会代表等人士组成，是管理的核心机构，主要负责审议本单位发展战略和发展规划，审定年度工作计划和重大业务活动计划，审议并提名馆长、副馆长人选等。管理层是理事会的执行机构，主要由举办单位馆长、党委书记、副馆长等人士组成，承担执行理事会决议、负责本单位的日常运行管理等职责，实行馆长负责制。监督层作为监督机构，主要由监事会成员担任，负责监督检查本单位各项事业、各项业务的开展情况、监督检查管理层执行理事会决议和履行职责情况等。在章程中要明确规定：理事会的构成及职责、理事的任职资格、职权与义务；理事长的产生方式、职权与义务；监事的产生方式、职权与义务；理事会会议程序、会议记录等内容。

第二，传统的政府集中管理模式。这种模式主要是由上级主管部门负责规划图书馆的人事、财力和物力，通过行政手段对图书馆的事务进行管理。由馆长、副馆长组成的行政领导班子和党委领导班子组成管理层，实行领导班子集体议事制度，研究讨论重大事项，并作出决策。

(5) 资产的管理与使用。其主要包括本单位的合法资产受法律保护，任何单位、个人不得侵占、私分、挪用；本馆的经费使用应符合本单位的宗旨和业务范围；本馆执行国家统一的事业单位会计制度，依法接受税务、会计、审计等主管部门监督；本馆财务人员按照有关法律法规和会计制度的规定配备、管理；本馆人员的工资、社保、福利待遇按照国家有关规定执行；理事会换届和理事长离任前，应当进行经济责任审计。

(6) 信息披露。此项工作是图书馆制定章程过程中一项比较重要的工作。制定章程的目的就是要推进分类改革，推行法人治理结构，实施现代管理，图书馆加强信息公开、信息披露，是自觉接受读者和社会监督、与社会互动的具体措施。在章程中应真实、完整、及时地对本馆的章程、基本情况、发展规划、工作计划、工作绩效、突出成果、存在的问题、需要社会支持和理解的事项、读者的权利和义务等进行披露，体现图书馆主动接受各方监督的意愿。

(7) 终止和剩余资产处理、章程修改以及附则。此项按照标准的章程文本格式办理即可，没有需要进行特别说明和特别描述的内容。

《事业单位章程示范文本》是由中央编办印发的全国通用的格式文本，它所规定的只是普遍适用的内容，同时强调，为完善事业单位自主管理、自我约束的体制、机制，反映行业特点及单位特色，根据有关法律法规及行业相关规定，各单位可根据需要，自行增加符合章程规定的条款。据此规定，各公共图书馆在制定章程时，应当把图书馆的文献资源收集、整理、保存、服务、处置规则与办法写入章程。各图书馆的文献信息收集、整理、保存、服务和处置，是公共图书馆的重要职能，是核心业务，也是基础业务。公共图书馆在制定本馆的文献信息收集、整理、保存、服务、处置规则时，应根据国家文献工作标准化的要求以及本馆的一些工作细则拟定章程中相应的条款，使相关工作首先在业务规章制度上得到保证，减少随意性。《公共图书馆服务规范》对相关服务工作进行了说明，可以作为章程制定的参考。对于文献信息的收集、整理、保存与处置，有的图书馆设立了藏书建设委员会或文献资源建设委员会，负责确定图书馆文献资源建设的方向、结构、体系、特色，负责协调文献资源建设过程中出现的各种问题；有的图书馆成立了学术委员会，负责审议图书馆学术研究方向及中长期的建设目标和发展规划，对涉及重要学术问题的其他事项进行论证和咨询。

各公共图书馆在制定章程时，一定要解放思想、着眼未来，既要突出独一无二的办馆理念和与众不同的办馆特色，又要为本馆以后的可持续发展预留足够的空间和平台。同时还要遵循规范、严谨、科学的原则，在起草公共图书馆章程的时候要着重关注其内容是否全面、结构是否合理、相关内容的表述是否做到了前后一致、程序是否公正、是否保证了公共图书馆章程具有合法性等。

另外，要对外及时发布公共图书馆章程，接受社会监督。公共图书馆章程既是公共图书馆的“名片”，也是公共图书馆对社会和读者的承诺。公共图书馆应当及时通过本馆网站或者其他渠道，向社会和读者公开本馆章程的内容，主动接受社会各界监督本馆依章办馆的情况。这样可以促进公共图书馆的管理者按照制定和公布的章程对图书馆进行严格管理，使公共图书馆的各项日常事务运行起来有章可循，从而避免章程刚一制定便被束之高阁的情况发生。

案例：《安徽省图书馆章程》着力体现公共图书馆的行业特点和本馆特色

安徽省图书馆制定章程时，将理事会定位为决策机构，职权范围主要包括：把控图书馆业务发展方向，确定中短期工作部署，研究内部机构设置和内部收入分配方案等重大事项，参与对本单位的考核评价工作，促进本单位与政府、社会公众等机构或个人的沟通等。

章程确定安徽省图书馆理事会理事人数为13名，其中政府有关部门的代表为1名，服务对象和其他有关方面代表6名，本单位代表6名。

《安徽省图书馆章程》明确设立独立监事，明确规定由举办单位根据业务、财务监督管理的需要直接委派监事。

《安徽省图书馆章程》将办馆宗旨归纳为“保存文献信息、传承人类文明；服务社会公众、启迪国民智慧；弘扬先进文化、推动社会进步”。其从保存文献信息、服务人民和弘扬文化三个层面，展现安徽省图书馆作为省级公共图书馆的职能定位和发展愿景。

安徽省图书馆在章程中明确读者享有以下权利：“免费享有本单位基本公共文化服务；平等获取馆藏文献信息资源”。

章程中明确在“读者服务”条款中提出“秉承‘服务第一、读者至上’的服务宗旨，按照平等、开放、共享的要求向社会公众提供服务”。

章程在“公众参与和社会合作”一章，鼓励捐赠、开展合作，倡导文化志愿服务，彰显公共图书馆依托社会、服务社会的特点。

安徽省图书馆章程专设了第六章“基础业务建设和质量管理”，从文献信息资源建设、读者服务、历史文献保护与利用、信息化建设、业务研究、人才队伍建设六个方面对该馆的基础业务工作进行归纳表述。在界定基础业务工作的同时，安徽省图书馆章程突出该馆十年来持续贯彻 ISO 9000 质量管理体系标准的管理特色，将“本单位业务建设按照 GB/T 19001—2016 / ISO 9001：2015《质量管理体系要求》进行质量管控”，以及将“馆藏丰富、管理科学、环境优美、服务文明、读者满意”质量方针明确写入章程。体现了该馆对质量管理工作的重视和长期坚持贯彻质量管理标准体系的决心，为提升服务绩效奠定基础。

《安徽省图书馆章程》通过设定“馆党委书记为当然理事”“理事会和管理层中的本单位党员领导人员应作为党委委员候选人预备人选通过选举进入党委领导班子”等条款，体现“双向进入、交叉任职”的管理要求，为保持理事会和党组织工作的协调统一奠定基础。

第三节　依法登记的责任

《公共图书馆法》第二章第十七条明确规定：“公共图书馆的设立、变更、终止应当按照国家有关规定办理登记手续。”

“按照国家有关规定办理登记手续”的实质就是公共图书馆的法人登记管理。公共图书馆的法人登记管理就是依照法定权限、范围、条件和程序，遵循公开、公平、公正的原则，对由政府举办的、以社会公益为目的的各级公共图书馆，经登记管理机关核准符合法人条件的事项后，通过登记颁发事业单位法人证书，使被许可人的合法权益受到保障，符合法制化的要求。

对事业单位实行登记管理是贯彻落实党的十八届三中全会

精神[1]，完善社会治理体系，保障事业单位[2]的合法权益，提高事业单位工作效能，发挥事业单位更大作用而实施的现代管理方式的要求，其具有科学化、规范化、标准化等特点。

依据《事业单位登记管理暂行条例》规定，事业单位法人登记事项包括：名称、住所、宗旨和业务范围、法定代表人、经费来源（开办资金）等情况。公共图书馆在申请事业单位登记的时候，应当具备以下五个条件：①经审批机关批准设立；②有自己的名称、组织机构和场所；③有与其业务活动相适应的从业人员；④有与其业务活动相适应的经费来源；⑤能够独立承担民事责任。同时，向登记部门提交以下文件：①登记申请书；②审批机关的批准文件；③场所使用权证明；④经费来源证明；⑤其他有关证明文件。通常，登记部门在收到登记申请书起30日内作出决定。准予登记的公共图书馆，发给《事业单位法人证书》；公共图书馆再凭《事业单位法人证书》去刻制印章，印章式样要报登记部门备案，最后申请开立银行账户，登记工作至此结束。

根据《事业单位登记管理暂行条例》规定，如果公共图书馆的登记事项需要变更的，要向登记部门办理变更登记手续。要提交变更理由、变更事项以及批准变更事项的文件。

如果公共图书馆因合并、撤销或其他情况而被终止时，应该在审批机关的指导下完成单位的清算工作，清算工作结束15日内，再向登记机关申请办理注销登记手续，同时提交撤销或者终止图书馆的文件和清算报告，登记机关收回《事业单位法人证书》和印章并向社会予以公告，注销手续办理完毕。

---

[1] 党的十八届三中全会通过了《中共中央关于全面深化改革若干重大问题的决定》，明确提出“建立各类事业单位统一登记管理制度”。

[2] 事业单位，通常是指国家为了社会公益目的，由国家机关举办或者其他组织利用国有资产举办的，从事教育、科技、文化、卫生等活动的社会服务组织。

第四节　提供空间和场地的责任

公共图书馆的空间和场地是公众阅览及参加图书馆各项活动的载体，这种空间和场地必须对社会成员开放，满足人们的公共活动，这种空间既具有其他建筑物公共空间的承载功能，又具有其特殊的阅读及文化服务功能。

一、图书馆空间的发展历程

图书馆空间和场地的演变正如阮冈纳赞“图书馆学五定律”所指出的“图书馆是一个生长着的有机体”一样。“这个有机体”的“生长”是随着文献载体、业务需求和服务功能的不断变化而渐次发展。

我国传统图书馆的物理空间是“藏书楼”，管理模式以“藏”为主，不对全社会开放，仅限少数人使用。

20 世纪初，在西学东渐的背景下，我国开始出现现代图书馆，建筑空间发生了新的变化，藏书室和阅览室开始有了功能区分，空间管理由“以藏为主”开始向“藏阅一体”转化。随着开架借阅的逐渐实施，图书馆空间管理的“藏阅一体”开始向“藏借阅一体化”空间转变。21 世纪以来，随着信息化建设的加快和 web3.0 技术的成熟，尤其是经过图书馆 1.0 的“提供”、图书馆 2.0 的“参与”、图书馆 3.0 的“引导”[1]，图书馆的空间管理有了新的飞跃，开始转向数字化与共享空间、创意空间、虚拟空间，注重交流、讨论、体验、参与。这使现代图书馆的物理空间不仅是一个“藏借阅一体化”的实体空间，更是一个融现代、绿色、低碳、环保、人文等理念于一体的、高大上的、与

[1] 高峰．公共图书馆 3.0：打造“城市办公室”[J]. 图书馆论坛，2017(12)：20-25.

周边环境协调发展的知识服务综合体。不仅有藏书空间、借阅空间、办公空间、业务空间、展示空间、技术设备空间、保障空间，更有虚拟空间的延伸和拓展，创新出信息共享空间、学习空间、娱乐空间、休闲空间、交流空间、体验空间、创客空间，等等。

所以，在进行现代图书馆的空间设计时，要注意把握五个要点：一是减少传统服务方式如藏书、借还、阅览服务的空间比例。加大信息、数字、网络、体验、交流、休闲的空间比例，实现空间的交叉和综合利用，在确保传统服务的前提下，强化数字服务、信息服务、智能化服务的空间和比重。藏书、借还、阅览这三项业务在传统图书馆里几乎占了65%甚至70%的空间，这个比例，不符合现代图书馆的服务实际，务必加强数字服务能力，扩大数字服务空间，实现传统业务与数字服务的平衡。二是严格实行“三分开”。“三分开”是指：在整个图书馆所有空间里，大的功能板块要相对分开，即读者服务区与办公区、保障区相对分开；读者“闹”的区域与“静”的区域相对分开，不同用户功能的区域相对分开。三是以“最优化的空间效果”分配空间。要充分利用自然的光照、通风效果，以达到最大化的环保、节能成效。四是模块设计。在图书馆的空间设计过程中，充分考虑空间的开放性、灵活性、便利性、科学性，在拟定基本使用功能的基础上，保留转换为其他空间的可能性。五是方便读者使用。设计时要考虑到年龄分区、避免互相干扰等问题。

二、图书馆公共空间的技术标准和优秀案例

(一) 藏书空间

公共图书馆的藏书空间主要以书库为表现形式。书库是图

书馆保存文献的重要阵地。按不同的分类标准，就有不同类型的书库。按借阅制度划分，就可分为阅览书库、开架流通书库和闭架典藏书库；按图书特征划分，可分为普通书库、主题书库和特藏书库；按载体形式划分，可分为印刷本书库、电子书库、音视频文献库、缩微文献库；按书库建设方式划分，可分为本馆书库和合作书库。

阅览书库是读者只能馆内阅览图书而不能外借的书库，有的图书馆也称为“内阅区”。开架流通书库是读者能够进入并将图书外借的书库。闭架典藏书库是读者不能进入但可以通过馆员将图书外借的书库。样本书库是从全部或部分入馆图书中抽出一册（套）副本作为样本书单独保存起来的书库。样本书库也称保存本书库或基藏书库，一般来说不能外借，属于阅览书库。主题书库是为了满足读者的某一特定文献需求，将某类图书集中保存以便读者使用的书库，如新书书库、茅盾文学奖书库、动漫书库、工具书书库、专业书库、外文书库，等等。特藏书库是保存某些来源、用途、内容、保存条件特殊的文献书库。特藏书库一般要求闭架借阅，使用者也有一定限制。其外延很广泛，包括古籍书库、善本书库、地方文献书库、捐赠书库、基金会专藏书库等。普通书库是图书内容没有明显特点、没有特定要求的图书。印刷本书库是指保存印刷本图书的书库。电子书库是文献载体以数字形式存储于网络服务器中，形象地称为电子书库。电子书库与印刷本书库相比不受时间、空间的限制，但受到知识产权、使用设备的限制。合作书库是指多个图书馆或两个以上的单位，为了解决书库空间不足的问题，共同建设一个书库，以集中保存各自多余的不常用的图书。

不同的图书馆因不同的设计和空间分布，形成在不同的书库。不同的书库有不同的技术标准和要求。这部分很重要，请同行们在建设新图书馆的时候，一定要熟悉这些技术标准与要求。

1. 密集书库

密集书库是很多图书馆普遍采用的一种文献保存方法，是通过密集型排架法排列书籍或收藏文献的一种书库。其主要特点是“密”与“集”，在一个面积约为 $1000m^2$ 的密集书库中，大约可存放 50 万册普通图书。在建设密集书库时，要把握以下 10 点。

（1）书库位置：密集书库最好安排在图书馆建筑的下层部位，因为密集书库的荷载很大，同时搬运图书的工作量非常大。

（2）书库大小：要设计所需书库的大小，首先要知道本馆有多少文献要进入密集书库，再除以每标准书架的藏书量，就得出标准书架的数量，再用标准书架的数量乘以每个标准书架的占地面积，再预留一部分空间，就算出密集书库的面积。这种计算方法很适合在进行规划设计时使用。用这种方法计算时，请预留一定时间的入载空间，反之，也是一样，可以算出藏量。

（3）书库结构：密集书库的结构形式虽然多种多样，但常用柱网尺寸是按 1.20m 或 1.25m 的倍数设计施工的，多为 7.20m × 7.20m 或 7.50m × 7.50m。

（4）书库净高：一般不小于 2.40m。有梁或管线的部位，其底面净高不宜小于 2.30m。标准密集柜的规格是，高 2.3m × 宽 0.9m × 深 0.55m/ 节。

（5）书库荷载标准值：$12kN/m^2$。kN：“千牛”的意思。1kN 等于 102.04 千克。

（6）书库新风量：$10m^3/(h \cdot p)$，通风换气次数为 1 ~ 3 次 /h。

（7）书库照明要求：参考平面及其高度 0.25m 垂直面，照度标准值 50 lx，一般显色指数 80Ra。“lx” 是英文缩写，照度的国际单位。1流明的光通量均匀分布在1平方米面积上的照度，就是一勒克斯。可以标作勒克斯，简称勒。80Ra中的“Ra”是显色指数。

（8）书库天然采光值：采光等级Ⅲ级，侧面采光系数标准值3%，侧面采光天然光照度标准值450 lx，侧面采光窗地面积比为1/5，顶部采光系数标准值2%，顶部采光天然光照度标准值300 lx，顶部采光窗地面积比为1/10。

（9）书库安全：应采取专门的防火保护措施，应用防火墙与其他部位隔离，当防火墙上开设洞口时，应设甲级防火门。

（10）密集书库围护结构构件的耐火极限，应符合现行国家标准《建筑设计防火规范》（GB 50016）的有关规定，分隔墙体应达到防火墙的耐火极限要求，防火墙上开设的洞口应设甲级防火门。

2. 开架书库

开架书库是现代公共图书馆图书保存、借阅的主要呈现形式，在计划、安放、设置开架书库时，要把握以下20点。

（1）书库位置：在图书馆阅览区各层楼均可设置。二层至五层的开架书库应设置书刊提升专用电梯，特别提示：在进行规划设计时，千万不要把书刊提升电梯遗忘了。笔者在某个知名图书馆了解到，其馆没有设置文献提升电梯，也没有设计货运专用电梯，给后来的使用带来很大的不便。书库的提升设备一般设在书库与出纳台相邻的适当位置，使之既便于采编部门把加工好的新书成批地运送入书库，又便于各部门日常提书、送书的密集运输。特别提醒：六层及六层以上的开架书库要设置专用货梯，这是国家标准的强制性规定。

（2）书库大小：由每标准书架的藏书量和单位使用面积的容书架量两个指标，准确计算出上架图书量，再预留一定的藏书量，就算出书库的面积。

（3）书库净高：采用普通书架的开架书库净高不小于2.40m，有梁或管线的部位，其底面净高不宜小于2.30m。采用积层书架的书库，结构梁或管线的底面净高不应小于4.70m，通常积层书架下层高2.40m，上层高2.15m，书架层板厚0.05m，故采用积层书架的书库净高最低不小于4.70m。

（4）书库的结构形式：常用柱网尺寸[1]按1.20m或1.25m的倍数，多为7.20m × 7.20m或7.50m × 7.50m。

（5）书架排列：以有利于通风、采光、方便查书、上架、提书、运书、防火、疏散以及入库阅览等为原则，确定排列方向和书架数量。一般情况下，两端有走道的开架书架连续排列不超过9档，一端有走道的开架书架连续排列应为5档（表3–7）。但是随着现代图书馆的建设，大开间、大空间、无隔断的实施，也可以因地制宜、因馆制宜，在实际运用中，大于这个标准。

表3–7　书库书架连续排列最多档数表（档）

条件	开架	闭架
书架两端有走道	9	11
书架一端有走道	5	6

（6）书架的间距：常用开架主通道书架之间的距离为1.5m，不常用主通道书架之间的距离为1m；常用开架次通道书架之间的距离为1.1m，不常用次通道书架之间的距离为0.6m；常用开架档头走道书架之间的距离为0.75m，不常用档头走道书架之间的距离为0.6m；常用开架行道书架之间的距离为1m，不常用行道书架之间的距离为0.6m（表3–8）。

[1] 柱网尺寸是指柱网的跨度和排距。

表 3-8　书架之间以及书架与墙体之间通道的最小宽度（m）

通道名称	常用书架		不常用书架
	开架	闭架	
主通道	1.50	1.20	1.00
次通道	1.10	0.75	0.60
档头走道（即靠墙走道）	0.75	0.60	0.60
行道	1.00	0.75	0.60

（7）书架的摆放方式：原则上适宜垂直于开窗的外墙布置。书库采用竖向条形窗时，窗口应正对行道，书架档头可靠墙。书库采用横向条形窗且窗宽大于书架之间的行道宽度时，书架档头不应靠墙，书架与外墙之间应留有通道。

（8）书库荷载标准值：5kN/m²。

（9）书库照明灯具与书刊资料等易燃物的垂直距离：不应小于 0.50m。这是一个重要的指标，要严格遵守。如果小于 0.5m，就存在安全隐患。

（10）书库新风量：为 10m³/（h · p）。通风、空气调节系统的风管在进出各类书库时，应设置防火阀（表 3-9）。

表 3-9　图书馆主要用房和空间的设计新风量一览表

房间名称	新风量 [m³/(h · p)]	房间名称	新风量 [m³/(h · p)]
开架书库	10	目录、出纳厅（室）	10
陈列室		门厅	
珍善本、舆图阅览室	30	报告厅（多功能厅）	30
普通阅览室		会议室	
缩微阅览室		内部业务办公室	
电子阅览室		读者休息室	
开架阅览室		装裱、修整室	
视听室		研究室	

（11）书库采暖：热媒宜采用不超过95℃的热水，管道及散热器应采取可靠措施，严禁渗漏。

（12）书库通风换气次数：1～3次/h。应保持气流均匀。当采用机械通风时，空气流速不要大于0.5m / s。当流速大于0.5m / s时，就有可能吹动读者看的书，甚至自动翻页，给读者造成不便。且进风口宜设置过滤装置。

（13）书库照明：参考平面及其高度0.25m垂直面，照度标准值50 lx，一般显色指数80Ra。

（14）书库的天然采光值：采光等级Ⅲ级，侧面采光系数标准值3%，侧面采光天然光照度标准值450 lx，侧面采光窗地面积比为1/5，顶部采光系数标准值2%，顶部采光天然光照度标准值300 lx，顶部采光窗地面积比为1/10。

（15）书库标准湿度：30%～65%。这个数值既有利于文献资料保存的耐久性，又不利于有害生物（包括图书害虫、书库霉菌和家鼠）的生长和繁殖。超越这个限定时，应通过建筑隔热、保温或以空调设备的手段解决。

（16）书库楼梯：书库内工作人员专用楼梯的净宽不小于0.80m，坡度不大于45°，并采取防滑措施。同层的书库与阅览区的楼地面宜采用同一标高，目的是保证水平运书的通畅。

（17）书库防水：屋面排水宜采用有组织外排法，避免排水管道从库内穿过，防止因管道渗漏产生隐患。笔者见过一个大型图书馆，居然把排水管安在基藏书库的顶部，造成很大的安全隐患。

（18）书库防潮：一般采用控制新风量、温度和湿度防潮。但对书库底层和围护结构要采用特别的办法。书库底层地面采用填实铺设防潮层和架空地面的办法来防潮。填实铺设防潮层要根据地下水位的高低来决定。采用架空地面、让基层和库房地面之间隔开一定的空间，使潮气和地下水不能直接通过地面层渗入库内，从而防潮效果更为可靠。在室内外温差较大的地区，书库的围护结构[1]需采取有效的保温和隔潮措施，避免围护结构内部和表面都出现结露现象。

（19）书库防尘：包括避免库内围护结构（主要是地面）起尘和防止库外灰尘的进入，因此书库的楼面及墙面需选用光滑、平整、不易起尘的饰面材料。书库门窗需有良好的密闭性能。

（20）书库防火：开架书库均属于藏书空间，存放着大量的书籍和珍贵的文献，要建设防火墙与其他部位隔离，书库的围护结构构件的耐火极限应符合现行国家标准《建筑设计防火规范》（GB 50016）的有关规定，分隔墙体应达到防火墙的耐火极限要求，防火墙上开设的洞口应设甲级防火门。

3. 基本书库

基本书库是许多大型馆、中型馆为便于文献传承而设置的书库，也有部分小型馆设置了基本书库。在规划和设置基本书库时，要把握以下 15 点。

（1）书库位置：根据各馆情况，各楼层均可。如果基本书库设置在二层至五层，则要设置提升设备。如果设置在六层及六层以上，则要设立专用货梯。书库的提升设备一般设在书库与出纳台相邻的适当位置，便于送书、入库，等等。

（2）书库大小：根据文献量决定书库的面积。通常由每标准书架的藏书量和单位面积使用的书架量两个指标，来计算上架书量，再预留一定的藏书量，就算出书库的面积。

（3）书库净高：和其他书库一样，采用普通书架的，净高不

[1] 围护结构是指建筑物及房间各面的维护物，分为透明和不透明两种类型；不透明围护结构有墙、屋面、地板、顶棚等；透明围护结构有窗户、天窗、阳台门、玻璃隔断等。按是否与室外空气直接接触，又可分为外围护结构和内围护结构。在不需要特别加以指明的情况下，围护结构通常是指外围护结构，包括外墙、屋面、窗户、阳台门、外门，以及不供暖楼梯间的隔墙和户门，等等。

应小于 2.40m，有梁或管线的部位，其底面净高不宜小于 2.30m。采用积层书架的书库，结构梁或管线到底面净高不小于 4.70m。

（4）书库的结构形式：仍然按 1.20m 或 1.25m 的倍数进行柱网规划和设计，普遍的都是 7.20m × 7.20m 或 7.50m × 7.50m。

（5）书库荷载标准值：不低于 $5kN/m^2$。

（6）书架排列：以仍然按有利于通风、方便查书、上架、提书、运书、防火、疏散以及入库阅览等为原则进行设计和摆放。外墙开窗的书库，常采用对正书架行道的做法。行道净宽通常为 0.80m，窗宽通常不超过 0.8m。有时为了扩大采光效果，可进一步降低窗台，构成狭长的条形窗。窗户可采用能拆卸或可启闭的纱窗，便于无蚊蝇期卸下或开启。常用主通道书架之间的距离为 1.2m，常用次通道书架之间的距离为 0.75m，常用档头走道书架之间的距离为 0.6m，常用行道书架之间的距离为 0.75m。

（7）书库温度：不低于 5℃且不宜高于 30℃。

（8）书库湿度：不小于 30%且不大于 65%。

（9）书库采暖、湿度、风速：室内温度 14℃，冬季的干球湿度不小于 14℃，相对湿度 30% ~ 60%，风速小于 0.2m/s，夏季的干球湿度不大于 28℃，相对湿度 40% ~ 65%，风速小于 0.3m/s。

（10）书库通风换气次数：1 ~ 3 次 /h。书库应保持气流均匀，当采用机械通风时，进风口宜设置过滤装置，空气流速不应大于 0.5m / s。

（11）书库天然采光值：采光等级 V 级，侧面采光系数标准值 1%，侧面采光天然光照度标准值 150 lx，侧面采光窗地面积比为 1/10，顶部采光系数标准值 0.5%，顶部采光天然光照度标准值 75 lx，顶部采光窗地面积比为 1/23。

（12）书库防火：应建防火墙与其他部位隔离。当防火墙上开设洞口时，应设甲级防火门；集中通风、空气调节系统的风管在进出书库时，应设置防火阀；书库的围护结构构件的耐火极限应符合《建筑设计防火规范》（GB 50016）的有关规定，分隔墙体应达到防火墙的耐火极限要求，防火墙上开设的洞口应设甲级防火门。同层的书库与阅览区的楼、地面宜采用同一标高，目的是保证水平运书的通畅。

（13）书库防水：屋面排水宜采用有组织外排法，避免排水管道从库内穿过，防止因管道渗漏产生后患。

（14）书库防潮：一般采用控制新风量、温度和温度防潮。但对书库底层和围护结构要采用另外的办法。书库底层地面仍然采用填实铺设防潮层和架空地面的办法来防潮。填实铺设防潮层要根据地下水位的高低来决定。采用架空地面、让基层和库房地面之间隔开一定的空间，使潮气和地下水不能直接通过地面层渗入库内，从而防潮效果更为可靠。在室内外温差较大的地区，书库的围护结构需采取有效的保温和隔潮措施，避免围护结构内部和表面都出现结露现象。

（15）书库防尘：包括避免库内围护结构（主要是地面）起尘和防止库外灰尘的进入，因此书库的楼地面及墙面需选用光滑、平整、不易起尘的饰面材料。书库门窗需有良好的密闭性能。

4. 特藏书库

特藏书库是保存具有较高价值图书的书库。如古籍中的孤本、善本，地方文献书库的地方志、家谱，著名人士的手稿、言札，等等。特藏书库的保管制度严格、保存条件优越就是为了能长期保存各种珍贵文献。

（1）书库位置：楼层不限，但不宜设置在建筑物顶层和上层。根据功能划分和空间布局，应单独设置。

（2）书库大小：根据特藏文献量、文献种类和排架方式确定。

（3）书库净高：采用普通书架的净高不小于2.40m，有梁或管线的部位，其底面净高不小于2.30m。采用积层书架的，净高最低不小于4.70m。

（4）书库的结构形式：按1.20m或1.25m的倍数，多为7.20m × 7.20m或7.50m × 7.50m。

（5）书库荷载标准值：$5kN/m^2$。

（6）书架排列：以有利于通风、采光、方便查书、上架、提书、运书、防火、疏散以及入库阅览等为原则。行道净宽通常为0.80m。

（7）书库温度：温度16℃（冬季）~ 22 ℃（夏季），环境的温度应相对稳定，24h内温度变化不大于 ±2℃。

（8）书库湿度：45%（冬季）~60%（夏季），环境湿度应相对稳定，24h内湿度变化不应大于 ±5%。

（9）特藏书库的通风及空气调节系统应净化处理。通风换气次数：1~3次/h。

（10）特藏书库的空调设备：应当单独设置机房，空气调节设备不少于2台，当其中一台停止工作时，其余空调设备的负荷宜满足总负荷的80%。当其文献数量太少，或只有房间时，或确实因其他条件限制，确认须放置在一个空间时，其空调设备应具备漏水检测报警等安全功能。

（11）书库天然采光值：采光等级Ⅴ级，侧面采光系数标准值1%，侧面采光天然光照度标准值150 lx，侧面采光窗地面积比为1/10，顶部采光系数标准值0.5%，顶部采光天然光照度标准值75 lx，顶部采光窗地面积比为1/23。如果光源中紫外线含量超过75μW/lm，每个灯都应安装紫外线过滤器减少紫外线的

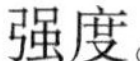

强度。

（12）书库防火：特藏书库的耐火等级为一级。应用防火墙与其他部位隔离，当防火墙上开设洞口时，应安装甲级防火门；集中通风、空气调节系统的风管在进出书库时，应当设置防火阀；围护结构构件的耐火极限应符合现行国家标准《建筑设计防火规范》（GB 50016）的有关规定，分隔墙体应达到防火墙的耐火极限，防火墙上开设的洞口应设甲级防火门。同层的书库与阅览区地面宜采用同一标高，目的是保证水平运书的通畅。

（13）书库防水：屋面排水应采用有组织外排法，避免排水管道从库内穿过，防止因管道渗漏产生后患。

（14）书库防尘：特藏书库对环境中的灰尘和有害气体的含量限制要求较高，灰尘和有害气体会严重损坏藏品。因此，须安装固定窗户，同时设少量开启扇时，须采用密闭窗。

（15）特藏书库的防鼠防虫：主要是通过书库的密闭措施实现，密闭程度高，可以阻断虫、鼠向库内扩散。因此，要求特藏书库的密闭措施要好，密闭程度要高。配置必要的消毒设施，对图书的消毒处理，防止将外面害虫带入库内。用建立冷库和化学消毒室相结合的办法杀菌和消毒。用冷冻杀虫，操作简单、安全，效果良好，再用化学消毒法杀灭霉菌和病毒。

5. 缩微文献库房

随着图书馆缩微技术的进一步应用，缩微胶片保存量越来越多，而保存缩微品环境的温、湿度及其变化，对缩微品保存寿命有很大的影响，特别是湿度对缩微品的影响更大，因此，缩微库房的设置有其自身的特殊性及其规律。特别是空调系统的要求较高，要考虑“湿度优先”的原则。同时，把握好以下12点。

（1）书库位置：根据各馆实际，科学设置，楼层不限。既可以是特藏书库的一部分，也可以单独设置。如需单独设置，应建在远离污染源的空气洁净地区。

（2）库房大小：根据各馆缩微胶片的数量与排架方式确定。

（3）库房净高：采用普通书架的净高不应小于2.40m，有梁或管线的部位，其底面净高不宜小于2.30m。

（4）库房的结构形式：按1.20m或1.25m的倍数，多为7.20m × 7.20m或7.50m × 7.50m。

（5）库房荷载量：5kN/m²。

（6）书架排列：以有利于方便查阅、上架、防火、疏散以及入库阅览等为原则进行排架。行道净宽通常为0.80m。

（7）房库温湿度：温、湿度特别是湿度对缩微胶卷胶片的影响非常大。温度常年保持在14摄氏度左右最适宜。而湿度是有差别的，不同介质的湿度值要求不同。缩微胶卷胶片及照片长期（100年以上）保存要求是：感光层为银—明的，则干球湿度不大于21℃，相对湿度为20% ~ 30%；感光层为胶型，干球湿度不大于15℃，相对湿度为20% ~ 40%；感光层为干银，干球湿度不大于10℃，相对湿度为20% ~ 50%；中期（10年以上）保存的要求是，感光层为微泡，干球湿度不大于25℃，相对湿度为20% ~ 50%；感光层为重氮，干球湿度不大于25℃，相对湿度为20% ~ 50%。长期（100年以上）保存，感光层为彩色，有三种情况：当干球湿度不大于2℃时，相对湿度为20% ~ 30%；当干球湿度不大于 -3℃，相对湿度为20% ~ 40%；当干球湿度不大于 -10℃，相对湿度为20% ~ 50%；中期（10年以上）保存要求是：感光层为彩色，干球湿度不大于25℃，相对湿度为20% ~ 50%。唱片、光盘库的干球湿度不大于15 ~ 20℃，相对湿度为25% ~ 45%（表3-10）。

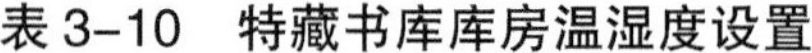

表 3-10 特藏书库库房温湿度设置

<table>
<tr><th colspan="3" rowspan="2">房间名称</th><th rowspan="2">感光层</th><th colspan="2">干球温度（℃）</th><th colspan="2">相对湿度（%）</th><th colspan="2">风速 (m/s)</th></tr>
<tr><th>冬</th><th>夏</th><th>冬</th><th>夏</th><th>冬</th><th>夏</th></tr>
<tr><td rowspan="6">特藏书库</td><td colspan="2">珍善本书库</td><td>—</td><td colspan="2">14~24</td><td colspan="2">45~60</td><td>—</td><td>—</td></tr>
<tr><td rowspan="4">缩微胶卷胶片及照片</td><td>长期
（100 年以上）
保存</td><td rowspan="2">银－明胶型干银微泡重氮</td><td colspan="2">≤ 21
≤ 15
≤ 10</td><td colspan="2">20~30
20~40
20~50</td><td>—</td><td>—</td></tr>
<tr><td>中期
（10 年以上）
保存</td><td colspan="2">≤ 25</td><td colspan="2">20~50</td><td>—</td><td>—</td></tr>
<tr><td>长期
（100 年以上）
保存</td><td>彩色</td><td colspan="2">≤ 2
≤ −3
≤ −10</td><td colspan="2">20~30
20~40
20~50</td><td>—</td><td>—</td></tr>
<tr><td>中期
（10 年以上）
保存</td><td>彩色</td><td colspan="2">≤ 25</td><td colspan="2">20~50</td><td>—</td><td>—</td></tr>
<tr><td colspan="2">唱片、光盘库</td><td>—</td><td colspan="2">15~20</td><td colspan="2">25~45</td><td>—</td><td>—</td></tr>
<tr><td colspan="3">少年儿童阅览室</td><td>—</td><td>18~20</td><td>25~27</td><td>30~60</td><td>40~65</td><td>< 0.2</td><td>< 0.3</td></tr>
<tr><td colspan="3">普通阅览室</td><td>—</td><td>18~20</td><td>25~27</td><td>30~60</td><td>40~65</td><td>< 0.2</td><td>< 0.3</td></tr>
<tr><td colspan="3">缩微阅览室</td><td>—</td><td>18~20</td><td>25~27</td><td>30~60</td><td>40~65</td><td>< 0.2</td><td>< 0.3</td></tr>
<tr><td colspan="3">电子阅览室</td><td>—</td><td>18~20</td><td>25~27</td><td>30~60</td><td>40~65</td><td>< 0.2</td><td>< 0.3</td></tr>
<tr><td colspan="3">开架阅览室、开架书库</td><td>—</td><td>18~20</td><td>25~27</td><td>30~60</td><td>40~65</td><td>< 0.2</td><td>< 0.3</td></tr>
<tr><td colspan="3">基本书库</td><td>—</td><td>≥ 14</td><td>≤ 28</td><td>30~60</td><td>40~65</td><td>< 0.2</td><td>< 0.3</td></tr>
<tr><td colspan="3">视听室</td><td>—</td><td>18~20</td><td>25~27</td><td>30~60</td><td>40~65</td><td>< 0.2</td><td>< 0.3</td></tr>
<tr><td colspan="3">报告厅</td><td>—</td><td>18~20</td><td>24~27</td><td>30~60</td><td>40~65</td><td>< 0.2</td><td>< 0.3</td></tr>
<tr><td colspan="3">会议室</td><td>—</td><td>16~18</td><td>25~27</td><td>30~60</td><td>40~65</td><td>< 0.2</td><td>< 0.3</td></tr>
<tr><td colspan="3">目录、出纳厅（室）</td><td>—</td><td>18~20</td><td>25~27</td><td>30~60</td><td>40~65</td><td>< 0.2</td><td>< 0.3</td></tr>
<tr><td colspan="3">研究室</td><td>—</td><td>18~20</td><td>25~27</td><td>30~60</td><td>40~65</td><td>< 0.2</td><td>< 0.3</td></tr>
<tr><td colspan="3">内部业务办公室</td><td>—</td><td>18~20</td><td>25~27</td><td>30~60</td><td>40~65</td><td>< 0.2</td><td>< 0.3</td></tr>
</table>

续表

房间名称	感光层	干球温度（℃）		相对湿度（%）		风速（m/s）	
		冬	夏	冬	夏	冬	夏
装裱、修整室	—	18~20	25~27	30~60	40~65	< 0.2	< 0.3
美工室	—	18~20	25~27	30~60	40~65	< 0.2	< 0.3
公共活动空间	—	18~20	25~27	30~60	40~65	< 0.2	< 0.3

（8）缩微库房的通风及空气调节系统应净化处理。通风换气次数：1 ~ 3 次 /h。

（9）缩微库房的防火：库房内和库房周围严禁火种，消防器材齐备；耐火等级为一级；应用防火墙与其他部位隔离，当防火墙上开设洞口时，应安装甲级防火门；集中通风、空气调节系统的风管在进出书库时，应设置防火阀；围护结构构件的耐火极限应符合现行国家标准《建筑设计防火规范》（GB 50016）的有关规定，分隔墙体应达到防火墙的耐火极限要求，防火墙上开设的洞口应设甲级防火门；重要的胶片库房，应安装防火报警装置；缩微品的包装物和各种装具都应使用不易燃的材料。珍贵的缩微品，一般可存放在隔热密封容器内或防火保险柜内。

（10）书库防水：避免给排水管道从库内穿过，防止因管道渗漏产生后患；杜绝建筑物的漏水、渗水现象，贮藏柜应垫高，使其最下一隔或抽屉高于地面 15.24 厘米（6 英寸）。

（11）书库防尘：用除尘效率高的空气过滤装置将进入库房的灰尘除掉，坚决防止灰尘和有害气体对胶片的危害。

（12）书库的防鼠：通过密闭措施实现阻止老鼠向库房扩散。因此，要求缩微库房的密闭性能一定要好。

6. 珍善本书库

古籍是中华民族珍贵的历史文化遗产，是图书馆保存各类文献中最为珍贵、最为重要的文献，需要永久保存，世代流传。我国的古籍书库分普本书库和珍善本书库。珍善本书库是专门收藏经鉴定为国家或地方级的珍贵文献，主要是刻本、写本、稿本、拓本、书画等文献，是精品中的精品。珍善本书库对保存条件、环境变化、保护措施的要求更加严格。

(1) 书库位置：一般不设在馆舍的顶层和上层，其余楼层不限，既可以是特藏书库的一个组成部分，也可以单独设置。因为文献极其珍贵，当温、湿度突然变化时，易发生损害。因此，珍善本书库与其相邻房间之间的出入口须设置缓冲间，并分别在缓冲间两侧各设一道密闭门。

(2) 书库大小：根据各馆珍善本的数量与排架方式确定。

(3) 书库荷载标准值：5kN/m²。

(4) 书架排列：按古籍排架规则排列。

(5) 书库温度：要单独设置独立的恒温恒湿中央空调系统或恒温恒湿空调机组，以保证书库温度能够控制在标准要求的范围内。环境温度通常为 16 ~ 22 ℃；有条件的图书馆可以采用更严格的温度标准，如 1 ~ 4℃、8 ~ 12℃等，但最低温度不宜低于 0℃。温度日较差不大于 2℃，设置温湿度监测仪器，全年监测和记录温湿度的变化情况。

(6) 书库湿度：通常为 45 % ~ 60 %，日较差不应大于 5%。

(7) 书库通风及空气调节系统：应具有空气过滤和净化措施，能滤除空气中的灰尘和二氧化硫、二氧化氮、挥发性有机化合物等有害气体。应保持气流均匀平稳，空调出风口的风速应小于 0.3 m/s。

(8) 书库新风量：为 10m³/(h·p)，通风换气次数：1 ~ 3 次 /h。

(9) 书库照明：安装专业无紫外线照明光源；安装具备防紫外线功能的窗帘；宜选用乳白色灯罩的白炽灯。当采用荧光灯时，应有过滤紫外线和安全防火措施；灯具与文献藏品等易燃物的垂直距离应不小于 0.5 m；明光源的紫外线含量应小于 75MW/lm；分区设置节能型自动开关。

（10）书库防火报警：书库设置门禁系统、防盗报警系统；水灾、火灾自动报警系统；七氟丙烷气体灭火系统。同时，根据《图书馆古籍特藏书库基本要求》，古籍书库、阅览室及楼道等关键部位配备监控摄像机与中央监控系统连接，实行 24h 监控。安装恒温恒湿空调系统；安装电子防盗门，加装防盗网，电子监控摄像头。配置空气净化器，进一步降低了污染物浓度，保证恒温恒湿条件下空气的清新、流通，有效延缓文献纸张的酸化和老化。库房耐火等级为一级；书库与毗邻的其他部分之间的隔墙及内部防火分区隔墙应为防火墙，防火墙的耐火极限应不低于 4.0h，书库及其内部防火墙上的门为甲级防火门，设置火灾自动报警系统和气体灭火系统。

（11）书库防盗：应设置自动防盗报警系统；入口和库内主要通道应设置电视监控装置；如有窗户，应设置可靠的防盗设施和安全监控系统。

（12）书库防水：避免给排水管道从库内穿过，防止因管道渗漏产生后患；杜绝建筑物的漏水、渗水现象，设置水灾自动报警系统。

（13）书库的防鼠：通过密闭和投鼠药的方式，阻击老鼠和消灭老鼠。

（14）书柜材质：应采用阻燃、耐腐蚀、无挥发性有害气体的材料制作，涂覆材料应稳定耐用；善本配置木质书盒。

7. 书库容书量的计算

如何计算书库的藏书量？主要掌握两个指标：一是每标准书架的容书量。二是书库单位使用面积的容书架量。这两个参数掌握以后，随时就可计算出书库的藏书量。

（1）标准书架容书量设计估算指标（册／架），见表3–11。

表3–11　标准书架容书量设计估算指标（册／架）

<table>
<tr><th colspan="2" rowspan="2">图书馆类型藏书方式</th><th colspan="2">公共图书馆</th><th colspan="2">高等学校图书馆</th><th>增减度</th></tr>
<tr><th>中文</th><th>外文</th><th>中文</th><th>外文</th><th>—</th></tr>
<tr><td rowspan="3">开架</td><td>社科</td><td>500</td><td>360</td><td>430</td><td>320</td><td rowspan="6">±25%</td></tr>
<tr><td>科技</td><td>470</td><td>330</td><td>410</td><td>300</td></tr>
<tr><td>合刊</td><td>220</td><td>240</td><td>200</td><td>220</td></tr>
<tr><td rowspan="3">闭架</td><td>社科</td><td>580</td><td>360</td><td>510</td><td>310</td></tr>
<tr><td>科技</td><td>540</td><td>330</td><td>480</td><td>300</td></tr>
<tr><td>合刊</td><td>260</td><td>240</td><td>230</td><td>220</td></tr>
</table>

注：①双面藏书时，标准书架尺寸定为1000mm×450mm，开架藏书按6层计，闭架按7层计，其中图书填充系数均为75%；②少年儿童容书量指标按照每架（360～450）册／架计算；③盲文容书量按表中指标1／4计算；④密集书架容书量约为普通标准架藏书量的1.5～2.0倍；⑤合刊是指期刊、报纸的合订本。期刊为每半年或全年合订本；报纸为每月合订本，按四开版面版计。每平方米报刊存放面积可容合订本（55～85）册。

（2）书库单位使用面积容书架量，国家也有一个标准，见下表3–12。

表3–12　书库单位使用面积容书架量设计计算指标（架／m^2）

藏书方式	设出纳台	不设出纳台
开架藏书	0.50	0.55
闭架藏书	0.60	0.65

（3）失败案例书库内安装排水管。《公共图书馆建设标准》明确要求，排水管不能穿过图书书库。但笔者在某大型图书馆见过，排水管从一楼书库的顶端穿过。恰在开馆前的某天，水

管突然破裂，大水迅速灌满整个库房。庆幸的是，由于工期太紧，图书还没来得及搬入库房，不然，后果不堪设想。

(二) 阅借空间

借阅空间包括“外借空间”和“阅览空间”。外借空间又包括办证区、检索区、出纳区、图书借还消毒区。阅览空间又包括中文图书阅览区、中文报刊阅览区、外文图书阅览区、外文报刊阅览区、古籍阅览室、善本阅览室、民国文献阅览室、缩微阅览室、地方文献阅览室、民族文献阅览室、工具书阅览室、家谱阅览室、视听文献阅览室、多媒体阅览室，等等。

1. 办证区

办证区一般设在图书馆的正门大厅，有的图书馆把办证窗口与总咨询台合为一体，组成一个总服务台，这是一个很好的做法，值得推广。

(1) 办什么证？首先弄清一个概念，办证区该办什么证？有的图书馆称读者证，有的图书馆称借书证、借阅证、借书卡、阅读卡，甚至有的图书馆还有成人借阅证、少儿借阅证、老年借阅证等，证出多门，非常烦琐。笔者曾经在某个图书馆见过六种证，读者保存不方便，用起来也不方便。

在服务至上、开放包容、科技发达的今天，一个图书馆最好集合成一个读者证甚至一个读者码就可以了。注册后，直接用人脸识别技术处理相关业务，用信用担保，省去了押金、滞纳金、甚至保证金的烦恼。

(2) 建好办证窗口。办证窗口是图书馆面向社会、面向读者、为读者提供优质服务的前沿阵地，是读者走进图书馆后接触的第一个部门，也是读者离开图书馆时的最后一个部门，关系着读者走进图书馆的第一印象，也关系着读者离开图书馆时留下的最后印象，所以，办证窗口提供的服务至关重要。

建好办证窗口主要抓好两个要素，即“人”“机”合一。“人”就是工作人员，“机”就是办证设备。要抽调积极向上、责任心强、工作能力突出、耐心细致、脾气温和、气质较佳的工作人员到窗口服务。要加强对他们进行基础业务、职业道德、文明礼仪和心理素质等方面的系统培训，要让每个工作人员熟悉办证规则和办证流程；了解全馆的空间布局、功能划分、文献分布和馆藏特点；了解读者最关心和最需解答的问题，担当起宣传员和咨询员的角色；要和颜悦色、谦虚礼貌、热情友好地接待每一位读者，针对读者在办证过程中遇到的难题，要给予及时周到的服务，实施“最多跑一次”、办证“不打烊”制度，要让读者高兴而来，满意而归。

要用最新技术成果服务办证，努力提升办证效率和服务水平。现在办证方面，自助办证机技术、人脸识别技术、二维码技术、条形码技术均已成熟，不少图书馆都在使用。但是我们国家地域辽阔，情况复杂，也有部分图书馆还在使用人工办证，希望这部分图书馆能够早日使用最新科技成果。

与传统的办证方式相比，自助办证机的办证速度更快、办证效率更高、更加节约人力，对读者来讲随到随办、方便快捷。自助办证机和办证规则一般放在正门大厅人流量最大、读者最集中、最便捷、最显眼的位置，让读者一走进图书馆就可以了解到图书馆的办证规则，读者就可以凭有效身份证、人脸识别等方式自助办理。

人脸识别技术实施后，读者出入、借还图书等更加方便。读者在图书馆出入口，通过人脸智能识别机，就可以实现“人证合一”身份核验，只要在闸机处“刷脸”就可以通过，免去忘带证件的尴尬或者补办证件的麻烦。二维码技术、条形码技术的成熟，使网上申请读者证，数字化办证件成为现实，在图书馆的入馆处设置识别二维码和条形码设备，读者就可以自由出入图书馆，自助完成图书借阅过程。让图书馆的办证、借阅过程变得更加简单，不需要带证件到馆，只需要带一个手机即可，将办证的过程从线下转移到线上，让读者不受时间和空间的限制。

办证区相关技术标准：采暖温度16℃；声环境：闹区，允许噪声级A级，不超过50dB。

案例1：上海图书馆上门办证、服务到家

随着上海“一卡通”业务的深化和发展，2008年10月起上海图书馆办证处推出了“汽车移动现场办证”新模式，先后到嘉定、青浦、南汇、奉贤、松江、金山等区上门办证，行程2000多千米，办理读者证2300余张，实现了异地即办即取，极大地方便了远郊读者，受到了各区图书馆特别是郊区图书馆的欢迎。

2. 检索区

文献检索是图书馆建设和服务的重要内容，是读者获取文献信息和借阅文献的必经步骤，是一种满足读者文献需求的特定服务方式。在图书馆的发展过程中，文献检索起着非常重要的作用。

(1) 检索的概念及其分类。检索是指依据一定的方法，从已经组织好的大量文献集合中，查找并获取特定文献的过程。也是指读者运用已经编制好的检索工具或检索系统，查找出满足读者要求的特定信息的过程。

检索的种类很多，根据不同的标准就有不同的类别。根据文献检索的手段，分为手工检索和计算机检索；根据检索结果的内容，分有三种：文献检索、数据检索和事实检索。文献检索：是以文献原文为检索对象的检索。数据检索是以文献中的数据为对象的检索。例如，查找某市2019年某种农作物的产量，某种液体的沸点，国家某个阶段的钢产量，等等。事实检索：以文献中的事实为对象，检索某一事件发生的时间，地点，或过程等；如查找唐宋八大家的出生时间，等等。

（2）文献检索的发展过程。文献检索是一项与实践紧密结合、创新性很强的检索行为。在图书馆的不同发展阶段，有不同检索方式。图书馆在经历了第一代、第二代、第三代的变迁后，文献检索方式也由最原始的卡片检索、关键词检索过渡到现在的智能检索。

传统文献检索经常使用到的工具是索引卡片，即将文献资料的信息记录在索引卡片上。卡片上一般会记载文献的题名、作者、主题词、摘要等信息。在查找文献资料时，先要去查找索引卡片，然后找到其馆藏位置，最后索取资料，过程复杂、费时费力且效率低下。

现在的智能检索方式方便快捷，检索入口功能增多，除了按关键词、书刊名、作者、索书号、责任者、主题词、ISBN/ISSN、题名拼音、责任者拼音以外，还可以语义检索、图像检索，还可提供语种选择、图书入藏时间检索等，为读者提供更加便利的检索条件。

不仅文献检索功能增加，而且用户界面更加友好，努力提升用户使用的幸福感，积极提供各种检索帮助。有的系统提供了检索历史、保存检索页面记录；有的系统提供了中文与西文检索的分类统计、通用分类浏览、检索历史、上次检索；有的系统提供了导航栏，展示图书分类、文献类型、馆藏地等；还有的系统提供了检索结果可按照降序或升序排列，给用户极大的幸福感。

（3）文献检索的方法。文献检索是以文献原文为获取对象的一种检索，是最常见、用途广泛的检索方式，形成了较为完整的理论体系和操作体系。常见的文献检索语言包括分类语言、主题语言、关键词语言和自然语言；常用的检索途径包括著者途径、题名途径、分类途径、主题途径、引文途径、序号途径、代码途径、专门项目途径；常用的方法包括直接法、追溯法和循环法。直接法又叫常用法，是指直接利用检索系统（工具）检索文献信息的方法。它又分为顺查法、倒查法和抽查法。顺查法是指按照时间的顺序，由远及近地利用检索系统进行文献信息检索的方法。这种方法能收集到某一课题或某一事件的系统文献，它适用于较大课题的文献检索。例如，已知某课题的起始年代，需要了解其发展的全过程，就可以用顺查法从最初的年代开始查找及至最后，形成系统性很强的检索成果。

倒查法是由近及远，从新到旧，逆着时间的顺序利用检索工具进行文献检索的方法。使用这种方法可以最快地获得最新资料。抽查法是指针对项目的特点，选择有关该项目的文献信息最可能出现或最多出现的时间段，利用检索工具进行重点检索的方法。追溯法是指不利用一般的检索系统，而是利用文献后面所列的参考文献，逐一追查原文（被引用文献），然后再从这些原文后所列的参考文献目录逐一扩大文献信息范围，一环扣一环地追查下去的方法。它可以像滚雪球一样，依据文献间的引用关系，获得更好的检索结果。循环法又称分段法或综合法，它是分期交替使用直接法和追溯法，以期取长补短，相互配合，获得更好的检索结果的方法。文献检索的步骤，一般分为四步：明确检索目的与要求；选择检索工具；确定检索途径和方法；根据文献线索，查阅原始文献。

（4）建设检索台的技术标准。检索台位置：宜靠近读者主出入口，应与出纳空间毗邻，是为了便于读者查询和借阅图书。

随着计算机技术的发展，采用在线公共目录查询系统的图书馆越来越多，检索台既可以集中布置，也可以分散布置，还要尽可能分散布置，读者到哪里，检索就在哪里。

检索台的高度：坐式计算机检索台的高度一般为0.70～0.75m，立式计算机检索台的高度宜为1.05～1.10m。乘轮椅读者使用检索台的高度：表面距地面高度宜为0.7～0.85m，检索台下部宜留出至少宽0.75m、高0.65m、深0.45m的空间，供乘轮椅者的膝部和足尖部移动。检索台前应有轮椅回转空间，回转直径不小于1.50m，并符合《无障碍设计规范》(GB 50763) 关于低位服务设施的规定。

检索台声环境：较静区，允许噪声级A级，不超过45dB。采用计算机检索时，每台计算机所占使用面积为2m²/座。

检索台集中采暖参数：20℃，冬季的干球湿度18～20℃，相对湿度30%～60%，风速小于0.2m/s，夏季的干球湿度25～27℃，相对湿度40%～65%，风速小于0.3m/s。

检索台新风量：10m³/（h·p)，通风换气次数：1～2次/h。

检索台照明要求：参考平面及其高度0.75m水平面，照度标准值300 lx，统一眩光值19UGR，一般显色指数80Ra，照明功率密度9W/m²。

检索台天然采光值：采光等级Ⅳ级，侧面采光系数标准值2%，侧面采光天然光照度标准值300 lx，侧面采光窗地面积比为1/6，顶部采光系数标准值1%，顶部采光天然光照度标准值150 lx，顶部采光窗地面积比为1/13。

3. 出纳区

出纳区是出纳台内工作人员工作及活动的区域。在这个空间里，除办理传统的借书、还书手续外，还要负责读者咨询，解答读者随时提出的各种问题，处理各种突发事件，轮流整理书架，等等。

（1）出纳台的设置：要根据图书馆的具体情况确定。如果是大中型馆，除了在大厅设置总出纳台以外，每个阅览室都有必要设置出纳台；如果是中型馆或小型馆，可灵活设置出纳台，不一定每个阅览室都有，可以借助计算机技术，少设出纳台，但每个图书馆一定要设置一个中心出纳台或总出纳台。

（2）设置出纳台的技术标准：一般说来，总出纳台宜靠近读者主出入口，能与检索空间毗邻最好，是为了便于读者查询、借阅图书和咨询。在实行传统服务方式的图书馆和闭架阅览室典藏室里，出纳台应和书库靠近并连通，主要是便于为读者取书、提高工作效率，减轻工作人员的劳动强度。书库与出纳台之间不设踏步或坡道，主要是为了便于书车通行，避免工作人员跌伤。当高差不可避免时，应采用坡度不大于1∶8的坡道。书库通往出纳台的门应向出纳台方向开启，其净宽不应小于1.40m，不宜设置门槛，门外1.40m范围内应平坦、无障碍物，便于书车通行、调头，等等。出纳台的大小按每个工作岗位1.50m长计算，宽度不小于0.6m，高度一般为0.70～0.85m计算，进深尺寸（含出纳台宽度在内）不小于4m；出纳台兼有咨询、监控、检索等服务功能，出纳台工作人员所占面积：每一个工作岗位的面积不小于6m²。

出纳台外面的空间主要是读者借还书、咨询的活动范围。读者活动范围的大小，应按出纳台内每一工作岗位所占面积的1.2倍计算，且不小于18m²。柜台长度至少1.50m，即满足每次接待3个读者同时并排还书取书、办理手续、咨询等要求。已实现自助借还的图书馆，这一功能可以适度减少，但也要考虑到自助设备发生故障或停电的时候，多个读者同时还书、咨询等拥挤阻塞的情况。出纳台特别是总出纳台前应保持不小于3m的进深，这个空间能满足高峰时读者排队等候的状况。出纳台集中采暖温度是：20℃，冬季的干球湿度18～20℃，相对湿度30%～60%，风速小于0.2m/s，夏季的干球湿度25～27℃，相对湿度40%～65%，风速小于0.3m/s。新风量：10m³/（h·p），通风换气次数：为1～2次/h。照明要求：参考平面及其高度0.75m水平面，照度标准值300 lx，统一眩光值19UGR，一般显色指数80Ra，照明功率密度9W/m²。

（三）阅览空间

阅览空间主要是指图书馆各种各样的阅览室和阅览区域。

阅览室是图书馆为读者在馆内阅读文献、使用文献而提供的专门场所，是图书馆的基础服务之一，标准英文名为：Reading Room。

早期的图书馆没有专门的阅览室，没有独立的阅览空间，通常在书架旁或书架中间摆放几张阅览桌，供工作人员临时查阅整理书籍。1857年英国不列颠博物院图书馆的圆形阅览室建成开放，首次将阅览室同书库、办公室、后勤保障分开，成为当时世界上第一个单独的阅览室，也是当时座位最多、设备最好的阅览室。

1904年中国第一个具有现代意义的图书馆——古越藏书楼建成。它在楼下中厅设立了60个座位供读者阅读，成了我国第一个专门供读者看书的阅览室。随后兴建的各类图书馆中，都建立了专门的阅览室，并根据不同主题和标准，建立了不同的阅览室，极大地方便了读者。当今随着计算机技术和网络技术的发展，图书馆的功能由重收藏向重利用重服务转变，尤其是开架制度实施后，藏借阅一体化迅速普遍及，阅览室的设施设备和环境条件也越来越舒适和高雅。

1. 阅览室的分类

一个图书馆有多种或多个阅览室。按照不同的划分标准，就有不同类型的阅览室：按照出版物种类划分，就有图书阅览室、报纸阅览室、期刊阅览室、光盘阅览室、唱片阅览室、缩微阅览室、电子文献阅览室、多媒体阅览室；按文献语种划分，分为中文阅览室和外文阅览室；按文献的年代划分，就有古籍文献阅览室、民国文献阅览室、当代文献阅览室；按科学分类来划分，分为自然科学阅览室、社会科学阅览室；按文献主题划分，不同的主题可成立一个阅览室或阅览区，比如工具书阅览室、参考文献阅览室、家谱阅览室、廉政文化阅览室、红色文化阅览区等；按国别来划分，分为中国文献阅览室和外国文献阅览室；按地域和民族划分，可分为北美文献阅览室、南美文献阅览室、欧洲文献阅览室、非洲文献阅览室、亚洲文献阅览室、东南亚文献阅览室、地方文献阅览室、民族文献阅览室等；按读者年龄划分，可分幼儿阅览室、少儿阅览室、成人阅览室、老年阅览室；按读者专业职务划分，可分为普通阅览室和专家阅览室；按读者身体健康状况划分，可分为普通阅览室和特殊人群阅览室。

2. 建立阅览室的原则

各个图书馆在建立阅览室的时候，一定要本着因地制宜、实事求是，既要突出文献规律，又要体现当地特色的原则。既不能简单地照搬以上标准机械地进行划分，也不能挖空心思、别出心裁地建立一些没有实用价值的阅览区域，而是应根据图书馆的建设规模、阅览空间的大小、当地读者的阅读兴趣和本馆的馆藏体系、馆藏特色进行设立，比如将出版物类型与文献语种进行组合，可成立中文图书阅览区、中文报刊阅览区、外文图书阅览区、外文报刊阅览区、港澳台图书阅览区、港澳台报刊阅览区等；将文献主题与地域相结合，可成立北美文学阅览区、南美文学阅览区、亚洲文学阅览区、东南亚文学阅览区，等等。

3. 阅览座席数量与每个座席的面积

（1）阅览座席是阅览室的基本条件。一个图书馆应当设多少个座席比较合理，《公共图书馆建设标准》有明确规定，具体内容如下：服务人口在3万～10万人的图书馆，其千人阅览坐席数在1.3～2座，总阅览座席量控制在60～130座；服务人口在10万～20万的图书馆，其千人阅览座席在1.2～1.3座，总阅览座席控制在130～240座；服务人口在20万～50万人的图书馆，其千人阅览座席在0.9～1.2座，总阅览座席控制在240～450座；服务人口在50万～100万人的图书馆，其千人阅览座席为0.9座，总阅览座席控制在450～900座；服务人口在100万～150万人的图书馆，其千人阅览座席在0.8～0.9座，总阅览座席控制在900～1200座；服务人口在150万～400万人的图书馆，其千人阅览座席在0.6～0.8座，总阅览座席控制在1200～2400座；服务人口在400万～1000万人的图书馆，其千人阅览座席在0.3～0.6座，总阅览座席控制在2400～3000座（表3-13）。

表3-13　阅览座席与服务人口对应表

服务人口（万人）	千人阅览座席（座）	总阅览座席数（座）
3～10	1.3～2	60～130
10～20	1.2～1.3	130～240
20～50	0.9～1.2	240～450
50～100	0.9	450～900
100～150	0.8～0.9	900～1200
150～400	0.6～0.8	1200～2400

续表

服务人口（万人）	千人阅览座席（座）	总阅览座席数（座）
400 ~ 1000	0.3 ~ 0.6	2400 ~ 3000
1000 万以上	—	3000 以上

上图说明：服务人口 1000 万以上的图书馆，参照 1000 万服务人口图书馆的千人阅览座席数执行。服务人口 3 万以下的地区，一般不建设独立的公共图书馆，应与文化馆等文化设施合并建设，其图书馆的千人阅览座席指标参照服务人口 3 万地区的千人阅览座席数执行。服务人口处于两个数值区间的，采用直线内插法确定其阅览座席指标。

（2）每个阅览座席应占的使用面积。每个阅览座席占多大的面积比较合适，国家有一个指导标准，请以表 3–14 为根据进行设计、规划、计算。在具体实践中，不完全拘泥于这个标准，可根据实际情况适度扩大。

表 3–14　阅览室每座占使用面积设计计算指标（m^2／座）

名称	面积指标
普通报刊阅览室	1.8~2.3
普通阅览室	1.8~2.3
专业参考阅览室	3.5
非书资料阅览室	3.5
缩微阅览室	4.0
珍善本书阅览室	4.0
舆图阅览室	5.0
集体视听室	1.5
个人视听室	4.0 ~ 5.0
少年儿童阅览室	1.8

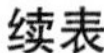

续表

名称	面积指标
视障阅览室	3.5

注：本表中使用面积不含阅览室的藏书区及独立设置的工作间的面积；集体视听室包含控制室时，可按 2.00 ~ 2.50m^2 / 座计算；除本表所列用房外，其他用房按实际需要确定。

4. 阅览家具

图书馆要提供阅览服务，就必须要提供相应的阅览家具。阅览家具通常分为用于收藏文献的家具和提供服务的家具。在各种家具中，既有传统风格的，又现代时尚的；既有朴素经济的，又有简约大方的。传统的阅览家具主要包括阅览桌椅、书架、书柜、出纳台、办公家具、推书车等，特点是经济适用、坚固耐磨、美观舒适、便于修理、易于搬动、需求量大。现代化家具主要是各种自动化和现代化设备，如文献自动化传送装置，文献防盗设备，计算机及与之配套的各种设备，复印设备，缩微制品和音像制品的存储、复制和使用设备，联结图书馆自动化系统或网络的各种通信设备等。

图书馆的阅览家具的大小、高低、材质等技术标准要符合《家具柜类主要尺寸》(GB/T 3327—2016)、《家具桌、椅、凳类主要尺寸》(GB/T 3326—2016)、《木家具通用技术条件》(GB/T 3324—2017) 等标准文件的规定。

阅览桌椅与书架的布置。随读者对象和管理方式的不同而采用不同的布置形式，一般有三种：一是集中式，即阅览桌椅集中布置在书架的一边，特点是容纳读者多，便于管理，多用于普通阅览室。二是分散式，即阅览桌椅分散设置在书架之间，这样能给读者提供良好的阅览小环境，多用于专门阅览室。三是书库式，即在书库内书架的四周摆放一些阅览桌椅，其特点是容纳藏书较多，适用于古籍阅览和专题阅览。

5. 普通阅览室的技术标准

如何才能把阅览室建设好，请把握好以下要点。

（1）阅览室的位置：图书馆应按其性质、任务及不同的读者对象设置相应的阅览室或阅览区。各层楼都可设置阅览室，一般不设在负一层及以下楼层。

（2）阅览室书架的摆放：可参考开架书库书架的摆放方式。但要注意，如果开架阅览室采用大窗时，书架与外墙之间留出档头走道，即书架档头不直接紧靠外窗，以避免藏书受到日晒或雨淋，以及给开窗、关窗造成不便或对防盗安全及室外观瞻不利。

（3）阅览室阅览桌椅排列的最小间距：应符合表3–15的规定。

表 3–15　阅览桌椅排列的最小间距表（m）

条件		最小间距尺寸		备注
		开架	闭架	
单面阅览桌前后间隔净宽		0.65	0.65	适用于单人桌、双人桌
双面阅览桌前后间隔净宽		1.30~1.50	1.30~1.50	四人桌取下限，六人桌取上限
阅览桌左右间隔净宽		0.90	0.90	—
阅览桌之间的主通道净宽		1.50	1.20	—
阅览桌后侧与侧墙之间净距	靠墙无书架时	—	1.05	靠墙书架深度按 0.25m 计算
	靠墙有书架时	1.60	—	
阅览桌侧沿与侧墙之间净距	靠墙无书架时	—	0.60	靠墙书架深度按 0.25m 计算
	靠墙有书架时	1.30	—	

续表

条件		最小间距尺寸		备注
		开架	闭架	
阅览桌与出纳台外沿净宽	单面桌前沿	1.85	1.85	—
	单面桌后沿	2.50	2.50	—
	双面桌前沿	2.80	2.80	—
	双面桌后沿	2.80	2.80	—

(4) 阅览室的相关技术标准：集中采暖温度参数：20℃，冬季的干球湿度 18 ~ 20℃，相对湿度 30% ~ 60%，风速小于 0.2m/s，夏季的干球湿度 25 ~ 27℃，相对湿度 40% ~ 65%，风速小于 0.3m/s。

(5) 阅览室新风量应为 $30m^3$/（h · p），阅览室应保持气流均匀，当采用机械通风时，空气流速不应大于 0.5m / s。

(6) 阅览室通风换气次数：2 次 /h。

(7) 阅览室照明要求：参考平面及其高度 0.75m 水平面，照度标准值 300 lx，统一眩光值 19UGR，一般显色指数 80Ra，照明功率密度 $9W/m^2$。国家图书馆、省级图书馆的照明要求应为：参考平面及其高度 0.75m 水平面，照度标准值 500 lx，统一眩光值 19UGR，一般显色指数 80Ra，照明功率密度 $15W/m^2$。

(8) 阅览室天然采光值：采光既要充足，又不能过强，且要均匀，不产生光影和暗角，平面布置中应争取阅览室有良好的朝向。采光等级Ⅲ级，侧面采光系数标准值 3%，侧面采光天然光照度标准值 450 lx，侧面采光窗地面积比为 1/5，顶部采光系数标准值 2%，顶部采光天然光照度标准值 300 lx，顶部采光窗地面积比为 1/10。在书架区域的光环境的光照主要集中在书脊上，以便于识别。如果书脊的光照度很低，就会影响读者的识别，只有灯光在书脊上直接照射，才能够使书脊上的字清晰可见。通常图书馆会把光照的重点集中在阅览室，而忽视了书架的光照度。沈阳建筑大学新校区图书馆则在书架区域的灯光上进行了调整，特别是室内的棚顶灯之间的距离，使书架上书脊上面的字清晰可见。

(9) 阅览室声环境：静区，允许噪声级 A 级，40dB(表 3–16)。要坚决避免噪声特别是交通噪声的干扰。确实无法避免时，应从平面布置和隔声两方面采取措施。电梯井道及产生噪声的设备机房应采取吸声、隔声及减振措施，阅览区宜采用软质材料地面、吸声顶棚、吸声墙面等有助于减低噪声的措施。

表 3–16　图书馆各类用房或场所的噪声级分区及允许噪声级

噪声级分区	用房或场所	允许噪声级（A 声级・dB）
静区	研究室、缩微阅览室、珍善本阅览室、舆图阅览室、普通阅览室、报刊阅览室	40
较静区	少年儿童阅览室、电子阅览室、视听室、办公室	45
闹区	陈列室、读者休息区、目录室、咨询服务、门厅、卫生间、走廊及其他公共活动区	50

6. 特藏阅览室的技术要求

特藏阅览室一般与特藏书库毗邻。24 小时内温度差不宜超过 ±2℃，24 小时内相对湿度差不宜超过 ±10%，集中采暖温度参数：20℃。

空气流动速度：不大于 0.3m / s，应保持气流均匀。当采用机械通风时，空气流速不应大于 0.5m / s。通风换气次数：1 ~ 2 次 /h。照明要求：参考平面及其高度 0.75m 水平面，照度标准值 300 lx，统一眩光值 19UGR，一般显色指数 80Ra，照明功率密度 9W/m²。声环境：静区，允许噪声级 A 级，40dB。

7. 善本阅览室特殊要求

善本阅览室应与善本书库毗邻。外窗应有遮光设施。采暖温度参数：20℃。新风量：30m³/（h·p），应保持气流均匀，当采用机械通风时，空气流速不应大于0.5m / s。通风换气次数为2次/h。照明要求：参考平面及其高度0.75m水平面，照度标准值300 lx，统一眩光值19UGR，一般显色指数80Ra，照明功率密度15W/m²。采光值：采光等级Ⅳ级，侧面采光系数标准值2%，侧面采光天然光照度标准值300 lx，侧面采光窗地面积比为1/6，顶部采光系数标准值1%，顶部采光天然光照度标准值150 lx，顶部采光窗地面积比为1/13。声环境：静区，允许噪声级A级，40dB。

8. 舆图阅览室特殊要求

舆图阅览室要配备大舆图台：有的舆图篇幅很大，舆图阅览室至少配备一张大舆图台。舆图台的尺寸约2.80m（长）×1.60m（宽）×0.80m（高）。除此之外还需留出整片墙面和悬挂舆图的固定设施。外窗应有遮光设施。采暖温度参数：20℃。新风量：30m³/（h·p），应保持气流均匀，当采用机械通风时，空气流速不应大于0.5m / s。通风换气次数为2次/h。照明要求：参考平面及其高度0.75m水平面，照度标准值300 lx，统一眩光值19UGR，一般显色指数80Ra，照明功率密度15W/m²。天然采光值：然采光值：采光等Ⅳ级，侧面采光系数标准值2%，侧面采光天然光照度标准值300 lx，侧面采光窗地面积比为1/6，顶部采光系数标准值1%，顶部采光天然光照度标准值150 lx，顶部采光窗地面积比为1/13，声环境：静区，允许噪声级A级，40dB。

9. 缩微阅览室特殊要求

缩微阅览室宜与缩微资料库相连通，其室内家具设施应满足缩微阅读的要求。集中采暖温度参数：20℃，冬季的干球湿度18～20℃，相对湿度30%～60%，风速小于0.2m/s，夏季的干球湿度24～27℃，相对湿度40%～65%，风速小于0.3m/s；缩微阅读室新风量：为30m³/（h·p）。

案例2：苏州第二图书馆不仅为读者提供高质量安静学习空间，还提供私密性静读空间

苏州第二图书馆虽以创建大规模开放式公共空间为特色，但仍在空间内部设立多样化小空间，如不同样式的多人桌、半开放式的讨论仓、带隔板学习桌，7×24小时开放的隔音小间，以及配有火车车厢式座位的静读室。为强化静读功能，馆方主要采取三类策略：一是增加明显的空间标识与隔音设施，使在安静学习空间学习的读者免受公共空间的干扰。二是基于空间利用率最大化原则，拓展静读空间的功能边界，读者不仅可以在其中安静阅读，还能利用各类设施进行办公与实验。三是强化以心静为导向的空间环境，通过创建功能趋同的安静学习空间，有助于读者间形成积极向上的静读文化。

（四）展示空间

展示空间主要包括陈列厅、展览厅、报告厅、会议室。

1. 陈列厅

可以单独设置陈列厅，也可把图书馆的门厅、走廊、读者休息处兼作陈列厅，但千万不能影响读者进出和安全疏散；图书馆陈列厅具有向读者推荐新书、介绍最新科技知识、展示艺术作品等功能。陈列厅设计需注意以下几点：须设置在读者经常通过或逗留的地方，以吸引更多读者的注意。避免陈列场所产生的噪声影响阅览。考虑展示墙面的延续性和避免阳光直射，采光均匀。

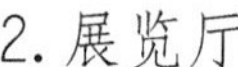

2. 展览厅

展览厅是专门用于举办各种展览的展示空间，会经常举办专题展、主题展，宜采光均匀，并应防止阳光直射和眩光。同时应当符合下列技术要求：集中采暖系统室内温度设计参数是14℃；新风量应为10m³/（h·p），通风换气次数为1～2次/h；照明要求：参考平面及其高度0.75m水平面，照度标准值300 lx，统一眩光值19UGR，一般显色指数80Ra，照明功率密度9W/m²。天然采光值：采光等级Ⅳ级，侧面采光系数标准值2%，侧面采光天然光照度标准值300 lx，侧面采光窗地面积比为1/6，顶部采光系数标准值1%，顶部采光天然光照度标准值150 lx，顶部采光窗地面积比为1/13；声环境：闹区，允许噪声级A级，50dB。

3. 会议室

会议室集中采暖系统室内温度设计参数是18℃，冬季的干球湿度16～18℃，相对湿度30%～60%，风速小于0.2m/s，夏季的干球湿度25～27℃，相对湿度40%～65%，风速小于0.3m/s。新风量：30m³/（h·p）。

天然采光值：采光等级Ⅲ级，侧面采光系数标准值3%，侧面采光天然光照度标准值450 lx，侧面采光窗地面积比为1/5，顶部采光系数标准值2%，顶部采光天然光照度标准值300 lx，顶部采光窗地面积比为1/10。

4. 报告厅

图书馆报告厅主要用于图书馆宣传、辅导、培训、会议、举办各类学术、展览活动。由于人员集中，安全性能要求高，应和阅览区保持一定的距离或进行分隔。当超过300座时，报告厅需与阅览区分开设置，以避免干扰。报告厅要求设单独出入口，以便于对外单独使用。报告厅应设休息区、接待室及厕所；应设置无障碍轮椅席位。报告厅集中采暖系统室内温度设计小于参数是18℃，冬季的干球湿度18～20℃，相对湿度30%～60%，风速小于0.2m/s，夏季的干球湿度24～27℃，相对湿度40%～65%，风速小于0.3m/s。新风量应为10m³/（h·p），通风换气次数为2次/h。天然采光值：采光等级Ⅳ级，侧面采光系数标准值2%，侧面采光天然光照度标准值300lx，侧面采光窗地面积比为1/6，顶部采光系数标准值1%，顶部采光天然光照度标准值150 lx，顶部采光窗地面积比为1/13。报告厅的扩声系统、视频显示系统及相关控制系统必须完备且功能齐全。

（五）业务空间

1. 采编区

采编区是图书馆业务用房的重要组成部分。由于它要进行一系列的采编编目加工，所以需要比较安静的环境，所在位置需与读者活动区分开或设门分隔。由于经常有大量新书进，经过编目加工之后直接入库或进入各阅览室，所以它尽可能设在底层并和书库有方便的水平、垂直运输联系，以减轻工作人员的劳动强度。

采编工作有其固定的工作流程，包括采访、到货、拆包、验收、登录、分类、编目、加工等程序。实践证明，采用一种大空间的布局形式非常适合采编用房的特点。进书量大的图书馆需专设拆包间，拆包间的大门与卸货平台相通。如室内外高差较大时，门口应设卸货平台。同时注意四点：①采编区应与读者活动区分开，并应与典藏室、书库、书刊入口有便捷联系；②平面布置应满足采访、到货、拆包、验收、登记、分类、编目和后期加工等流程的要求；③拆包间应邻近工作人员入口或专设的书刊入口，进书量大的拆包间入口处设卸货平台；④工作人员的人均工作面积不小于10m²。

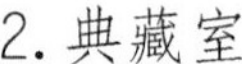

2. 典藏室

典藏室因图书进出数量多、频率高，占用的空间较大，因而典藏用房需保证较大的工作面积。①当单独设置典藏室时，应位于基本书库的入口附近；②工作人员的人均使用面积不小于 6m²，且房间最小使用面积不宜小于 15m²；③典藏室的照明要求：参考平面及其高度 0.75m 水平面，照度标准值 300 lx，统一眩光值 19UGR，一般显色指数 80Ra，照明功率密度 9W/m²。

3. 研究室

研究室冬季的干球湿度 18 ~ 20℃，相对湿度 30% ~ 60%，风速小于 0.2m/s，夏季的干球湿度 25 ~ 27℃，相对湿度 40% ~ 65%，风速小于 0.3m/s。新风量：30m³/（h · p），通风换气次数为 1 ~ 2 次 /h。照明要求：参考平面及其高度 0.75m 水平面，照度标准值 300 lx，统一眩光值 19UGR，一般显色指数 80Ra，照明功率密度 9W/m²。

研究室天然采光值：采光等级Ⅲ级，侧面采光系数标准值 3%，侧面采光天然光照度标准值 450 lx，侧面采光窗地面积比为 1/5，顶部采光系数标准值 2%，顶部采光天然光照度标准值 300 lx，顶部采光窗地面积比为 1/10。研究室声环境：静区，允许噪声级 A 级，40dB。

4. 音像视听室

视听室是通过直观手段（听觉视觉），以图像和声音表达的文献室。要求安静，同时要求不影响其他阅览用房，因此所在位置应和一般阅览区有一定的分隔。音像视听室通常由视听室、控制室和工作间组成，并自成区域。外窗应有遮光设施。音像视听室集中采暖温度参数：20℃，冬季的干球湿度 18 ~ 20℃，相对湿度 30% ~ 60%，风速小于 0.2m/s，夏季的干球湿度 24 ~ 27℃，相对湿度 40% ~ 65%，风速小于 0.3m/s。新风量：30m³/（h·p），阅览室应保持气流均匀，当采用机械通风时，空气流速不应大于0. 5m/s。通风换气次数为2次/h。照明要求：参考平面及其高度0.75m水平面，照度标准值300 lx，统一眩光值19UGR，一般显色指数80Ra，照明功率密度9W/m²。声环境：较静区，允许噪声级A级，45dB。

5. 读者休息室

读者休息室集中采暖系统室内温度设计参数是20℃，冬季的干球湿度18～20℃，相对湿度30%～60%，风速小于0.2m/s，夏季的干球湿度25～27℃，相对湿度40%～65%，风速小于0.3m/s。新风量：30m³/（h·p），通风换气次数为3～5次/h。室声环境：较静区，允许噪声级A级，45dB。

6. 专题咨询和业务辅导用房

专题咨询和业务辅导用房的大小以工作人员人均使用面积为基础。根据国家标准，专题咨询和业务辅导工作人员的人均使用面积不小于6m²；业务辅导用房还包括业务资料编辑室和业务资料阅览室；业务资料编辑工作人员的人均使用面积不小于8m²；业务资料阅览室可按8～10座位设置，每座所占使用面积不宜小于3.50m²；公共图书馆的咨询和业务辅导用房，宜分别配备不小于15m²的接待室。在设立了专题咨询和业务辅导用房的图书馆，可根据国家标准进行适度的增减。

7. 古籍修复室

集中采暖系统室内温度设计参数是18℃，冬季的干球湿度18～20℃，相对湿度30%～60%，风速小于0.2m/s，夏季的干球湿度25～27℃，相对湿度40%～65%，风速小于0.3m/s。通风换气次数为1～2次/h，采光天然光照度：标准值300 lx，顶部采光窗地面积比为1/10。

8. 装裱室要求

①室内宽敞、光线充足，并应配备机械通风装置；②应设置给水、排水设施和加热用的电源；③每工作岗位人均使用面积不小于 $10m^2$，且房间的最小面积不小于 $30m^2$。

9. 缩微复制室

缩微用房应该单独设置，并且其建筑设计应满足缩微复制工艺流程和设备的操作要求；缩微复制用房要有防尘、防振、防污染措施，室内配备电源和给水、排水设施，并宜根据工艺要求对室内温度、湿度进行调节控制；如果采用机械通风时，还安有空气净化措施。

微缩底片在冲洗过程中使用的显影剂是酸性溶液，定影剂是碱性溶液，却对金属管道及配件有腐蚀作用。因此，设计时要考虑上述管道及配件的防腐蚀措施。微缩量大的图书馆，在微缩复制冲洗间室外需设置污水处理池。缩微复制无论在原材料贮存、照相拍片、冲洗烘干，以及封藏保存等各个阶段都不允许受到灰尘和有害气体的侵蚀和污染。灰尘吸附在胶片上会造成胶片划伤，有害气体如二氧化硫、硫化氢、氨基酸性气体等对胶片会起腐蚀作用。未干的油漆气味对胶片的损害也很大，甚至严重影响制品质量，缩短制品寿命。按现行行业标准《档案缩微品保管规范》（DA/T 21）的规定，需使用过滤装置滤掉输入胶片库空气中的尘埃，同时，缩微复制间应远离化学污染物等有害气体源，当存放场所可能受到化学污染时，应采取相应的过滤或吸收装置将有害气体从空气中除掉。集中采暖系统室内温度设计参数是 20℃，通风换气次数为 1 ~ 2 次 /h。

10. 照相室

摄影工作间应防紫外线和可见光，门窗应设遮光措施，墙壁、顶棚不宜用白色反光材料；冲洗放大室的地面、工作柜面和墙裙应能防酸、碱腐蚀，室内应配置给水、排水和通风换气设施；应根据规模和使用要求分别设置胶片库和药品库。

11. 音像控制室

采取幕前放映方式时，控制室应当设于观众厅的后部；采取幕后放映方式时，控制室设在观众厅的前部。两种放映方式的控制室位置有不同要求，如幕前放映方式要求控制室地面高出演播室后部地面不少于2m，是为了避免后部通道有人走动时不致遮挡光束；幕后放映方式的控制室，地平只略高于演播室地平0.30~0.50m即可。另外，幕后放映方式由放映机射出的影像是通过一个反光镜射到银幕上的，反光镜靠近后墙安放，与放映机之间需要按镜头焦距调整距离，至少相距3m左右，故控制室的进深不小于4m。由于音像控制室面积一般均较小，安放的设备较多，为了便于安装和维护，控制室的地面尽可能采用活动地板。幕前放映的控制室，其进深和净高均不小于3m。控制室的观察窗应视野开阔，兼作放映孔时，其窗口下沿距控制室地面为0.85m，距视听室后部地面大于2m；幕后放映的反射式控制室，进深不小于2.70m，地面采用活动地板。

12. 系统网络机房

图书馆采用计算机网络系统日渐广泛，除用于读者服务外，还担负全馆的安全系统、设备运行管理系统和通信系统的管理，安全性要求高，因此，需要远离易燃、易爆物存放场所，且机房设计应符合现行国家标准《电子信息系统机房设计规范》（GB 50174）的规定。系统网络主机房的空调设备要单独设置机房，当不具备条件时，空调设备应具有漏水检测报警等功能。图书馆内的系统网络机房温度、湿度参数及其他设计要求必须符合现行国家标准《电子信息系统机房设计规范》（GB 50174）的规定。

13. 化学消毒室

消毒室面积不小于 $10m^2$，建筑构造应密封；地面、墙面应易于清扫、冲洗，并设置机械排风系统；废水、废气的排放必须符合国家规定。通风换气次数为 5 ~ 10 次 /h。

14. 复印室

集中采暖系统室内温度设计参数是 18℃，冬季的干球湿度 18 ~ 20℃，相对湿度 30% ~ 60%，风速小于 0.2m/s，夏季的干球湿度 25 ~ 27℃，相对湿度 40% ~ 65%，风速小于 0.3m/s。

15. 业务办公室

办公室集中采暖温度参数是 20℃，冬季的干球湿度 18 ~ 20℃，相对湿度 30% ~ 60%，风速小于 0.2m/s，夏季的干球湿度 25 ~ 27℃，相对湿度 40% ~ 65%，风速小于 0.3m/s。照明要求：参考平面及其高度 0.75m 水平面，照度标准值 300lx，统一眩光值 19UGR，一般显色指数 80Ra，照明功率密度 $9W/m^2$。新风量：$30m^3$/（h・p），声环境：较静区，允许噪声级 A 级，45dB。天然采光值：采光等级Ⅲ级，侧面采光系数标准值 3%，侧面采光天然光照度标准值 450lx，侧面采光窗地面积比为 1/5，顶部采光系数标准值 2%，顶部采光天然光照度标准值 300lx，顶部采光窗地面积比为 1/10。

（六）公用空间

公用空间是指各专业空间以外的公共活动部分，主要包括门厅、寄存处、走廊、卫生间、楼梯间等。

1. 门厅

门厅是读者进入图书馆后的第一空间，应适度大气、典雅，体现本图书馆的核心思想和图书馆文化；另要根据管理和服务的需要，设置验证、咨询、收发、寄存和门禁监控等功能设施；

多雨地区或多雨季节，在门厅内安置存放雨具的设施；严寒地区图书馆的门厅应设门斗或采取其他防寒措施。门厅的集中采暖系统室内温度设计参数是16℃，新风量应为$10m^3/(h \cdot p)$，照明要求：参考平面及其高度0.75m水平面，照度标准值300 lx，统一眩光值19UGR，一般显色指数80Ra，照明功率密度$9W/m^2$。声环境：闹区，允许噪声级A级，50dB。

2. 寄存处

寄存处应靠近读者出入口，存包柜数量可按阅览座位的25%确定，每个存包柜的使用面积应按$0.15 \sim 0.20m^2$计算。声环境：闹区，允许噪声级A级，50dB。

3. 走廊

集中采暖系统室内温度设计参数是16℃，冬季的干球湿度18～20℃，相对湿度30%～60%，风速小于0.2m/s，夏季的干球湿度25～27℃，相对湿度40%～65%，风速小于0.3m/s。天然采光值：采光等级V级，侧面采光系数标准值1%，侧面采光天然光照度标准值150lx，侧面采光窗地面积比为1/10，顶部采光系数标准值0.5%，顶部采光天然光照度标准值75 lx，顶部采光窗地面积比为1/23。声环境：闹区，允许噪声级A级，50dB。

4. 卫生间

不能设置在书库内部及其直接上方。供读者使用的厕所洁具应按男女座位数各50%计算，洁具数量应符合现行行业标准《城市公共厕所设计标准》（CJJ 14）的规定。集中采暖系统室内温度设计参数是16℃，通风换气次数为5～10次/h。天然采光值：采光等级V级，侧面采光系数标准值1%，侧面采光天然光照度标准值150 lx，侧面采光窗地面积比为1/10，顶部采光系数标准值0.5%，顶部采光天然光照度标准值75 lx，顶部采光窗地面积比为1/23。声环境：闹区，允许噪声级A级，50dB。

5. 楼梯间

集中采暖系统室内温度设计参数是16℃，冬季的干球湿度18～20℃，相对湿度30%～60%，风速小于0.2m/s，夏季的干球湿度25～27℃，相对湿度40%～65%，风速小于0.3m/s。天然采光值：采光等级V级，侧面采光系数标准值1%，侧面采光天然光照度标准值150 lx，侧面采光窗地面积比为1/10，顶部采光系数标准值0.5%，顶部采光天然光照度标准值75 lx，顶部采光窗地面积比为1/23。声环境：闹区，允许噪声级A级，50dB。图书馆各类用房设计参数如表3-17～表3-21所示。

表3-17　图书馆集中采暖系统室内温度设计参数表

房间名称	室内温度（℃）	房间名称	室内温度（℃）
少年儿童阅览室	20	会议室	18
普通阅览室		报告厅（多功能厅）	
舆图阅览室		装裱、修整室	
缩微阅览室		复印室	
电子阅览室		门厅	16
开架阅览室、开架书库		走廊	
视听室		楼梯间	
研究室		卫生间	
内部业务办公室		基本书库	14
目录、出纳厅（室）		特藏书库	
读者休息室		陈列室	

表 3–18　图书馆主要用房和空间的设计新风量

房间名称	新风量 [m^3/(h・p)]	房间名称	新风量 [m^3/(h・p)]
开架书库	10	目录、出纳厅（室）	10
陈列室		门厅	
珍善本、舆图阅览室	30	报告厅（多功能厅）	30
普通阅览室		会议室	
缩微阅览室		内部业务办公室	
电子阅览室		读者休息室	
开架阅览室		装裱、修整室	
视听室		研究室	

表 3–19　图书馆建筑各类用房或场所照明设计标准值

房间或场所	参考平面及其高度	照度标准值 (lx)	统一眩光值 UGR	一般显色指数 *R*	照明功率密度 (W/m^2)
普通阅览室，少年、儿童阅览室	0.75m 水平面	300	19	80	9
国家、省级图书馆的阅览室	0.75m 水平面	500	19	80	15
特种阅览室	0.75m 水平面	300	19	80	9
珍善本阅览室、舆图阅览室	0.75m 水平面	500	19	80	15
门厅、陈列室、目录厅、出纳厅	0.75m 水平面	300	19	80	9
书库	0.25 垂直面	50	—	80	—
工作间	0.75m 水平面	300	19	80	9
典藏间、美工室、研究室	0.75m 水平面	300	19	80	9

表 3-20　图书馆内各种用房的通风换气设计参数

房间名称	通风换气次数（次 /h）	房间名称	通风换气次数（次 /h）
陈列室	1~2	缩微阅览室	2
研究室		装裱、修整室	
目录、出纳厅（室）		会议室	
缩微复制用房		书库	1~3
普通阅览室		少年儿童阅览室	
内部业务用房		读者休息室	3~5
报告厅	2	复印室	5~10
视听室		消毒室	
电子阅览室、舆图阅览室		卫生间	

表 3-21　图书馆各类用房或场所的天然采光标准值表

用房或场所	采光等级	侧面采光			顶部采光		
		采光系数标准值（%）	天然光照度标准值（lx）	窗地面积比（A_c/A_d）	采光系数标准值（%）	天然光照度标准值（lx）	窗地面积比（A_c/A_d）
阅览室、开架书库、行政办公、会议室、业务用房、咨询服务、研究室	Ⅲ	3	450	1/5	2	300	1/10
检索空间、陈列厅、特种阅览室、报告厅	Ⅳ	2	300	1/6	1	150	1/13
基本书库、走廊、楼梯间、卫生间	Ⅴ	1	150	1/10	0.5	75	1/23

（七）创客空间

创新是图书馆事业发展的永恒主题，伴随着信息技术的发展，图书馆的空间形态不断演变与创新，从物理空间到共享空间到创客空间到智慧空间，一步步更加注重“人”的因素。

当信息技术“遇到”创意生产，就催生出生机蓬勃、魅力无限的“创客运动”。创客运动所运用的空间就是创客空间。创客空间的兴起成为图书馆空间转型与超越传统服务的重要抓手。

1. 什么是创客空间?

所谓“创客”，就是指那些将创意灵感转化为实物的行动者、实践者。随着计算机技术的发展，很多人特别是青年人热衷于创意、设计、制造，并把一时的想法经过自己的双手，加工成实物。他们所运用的空间，就是创客空间。创客空间是由来自社会各领域、乐于创新、敢于创造、勇于实践，善于在“互联网”背景下，把自己的创意变成现实的社会成员组成的一个集创新、实验、学习、交流等功能于一体的开放式“工场”（workshop），也是一种全新的开放式实验室平台。各行各业的人聚集在一起，通过交流分享，确立一个点子，然后把设想的东西做成实物。它是激发参与者动手实践和自主学习潜能，启发参与者创意，分享知识、协同工作、创造新事物的实体实验室。它既能使图书馆用户获取先进技术、汇聚创新思路、体验创造产品的艰辛过程，又使参与者通过现场操作获得实践经验，提升创业能力，分享创业快乐、帮助创业的良好机会。

创客空间也可以理解为“互联网 +DIY”，即人们在互联网背景下，不管你是否具备专业技能或技术经验，只要你有好的创意，并且愿意实践，都可以和同伴一起，去努力实现，即人人都像科学家、发明家那样，利用线上和身边的软件、硬件、材料、设备、专家、同伴等各种资源，将自己的创意变成现实，人人参与的“DIY”(Do It Yourself)。

创客空间具有创新性、实践性、关联性、开放性等特点。

2.创客空间的发展过程

创客空间最早起源于欧美。最初的创客（Maker）是利用自家车库，凭借自己和同伴的力量，把自己或他人的构思生产出理想的个性产品。这个时期的创客空间是个体生产创作的私密空间，缺少社会交流、展示平台、共享功能，具有小规模、自主化、实用性、试验性等特点。随着新兴技术特别是互联网技术在制造业的广泛应用，DIY 参与者不再局限于个体封闭的小空间，而是希望大联合、大交流、大展示，希望充分利用各种实体空间，通过团队协作、创意分享、交流互补等方式实现创新实验，实现更大的想法，吸引更多的人参与。

创客空间建设最早的国家是美国，2008 年，“创客之父” Mitch Altman 在旧金山开设第一家创客空间。费耶特维尔图书馆是世界上第一个建立创客空间的图书馆。随后经过较长时间的积淀和升华，创客空间如雨后春笋般地发展起来，这种通过创新创造提升参与者动手能力和信息素养的实践活动，契合了互联网模式下人们的创新欲望，重塑了图书馆创新服务的新模式，突破了传统服务模式的困顿与困惑，受到了世界各国图书馆同人的欢迎，特别是高校图书馆同仁的欢迎，他们先后建立了若干具有代表性的创客空间，如 Maker Space、3D Lab、TechShop、Hackspace、Digital Media Center、Innovation Lab、M aker Lab、Living Lab 等不同称谓的创客空间。

与此同时，中国也加入创客空间建设的行列。2010 年，国内首个创客空间“新车间”在上海静安寺建成，开创了中国“创客空间”的先河。2015 年，国务院《关于发展众创空间推进大众创新创业的指导意见》《关于大力推进大众创业万众创新若干政策措施的意见》等文件下发后，全国掀起了创业高潮，创客空间建设上升为国家战略，也得到了广大创新爱好者的积极响应，并迅速发展成为具有中国特色的创客空间建设模式。

北京、上海、广州、深圳、杭州、南京、武汉、苏州、成都等创新创业氛围活跃，涌现了一大批各具特色的众创空间，北京的创客空间、上海的 WeWork、墨迹空间、武汉的光谷创客空间、深圳的柴火空间、杭州的洋葱胶囊、西湖创客汇、成都的创客坊等创客空间纷纷建立。至 2017 年，全国共有“创客空间”达 4000 余家[1]。

在林林总总、精彩纷呈的创客空间中，有一定影响力、并且特色突出的创客空间代表案例有以下四个。

（1）北京创客空间。北京创客空间是 2011 年 1 月，在北京宣武门附近成立。虽然当时的空间面积只有 20 平方米左右，但 3D 打印机、多点触摸桌等新技术产品陈列其中，空间通过豆瓣等社交网站发出活动邀请，每周三举办工作坊，吸引了许多来自不同领域、不同背景的 DIY 爱好者。他们的想法在这里交汇，迸发出新的创意，并通过实践把这些创意变成现实。

现在，北京创客空间创造了自有的品牌 Kitize。空间的活动也由原来每周一次的分享会变为每周六次活动。从周二到周日，天天都有技术讲座、交流会、展示会、手工时间、3D 打印体验。每个月的第三个周末，创客空间还在 798 艺术区的“尤伦斯当代艺术中心”举办工作坊，让更多人体验动手制作的魅力，在中关村优惠政策的支持下，创客空间又从 200 平方米扩展成 1000 平方米，有了更大的空间和展示平台及孵化能力。

（2）深圳的柴火创客空间。柴火创客空间成立于 2010 年，

[1] 孙哲 . 众创空间 . 新车间：为房租发愁的创客潜行者 [EB/OL].2017-07-20.

是深圳市第一家创客空间，是深圳创客们聚集的“创意会所”，面积1000平方米，寓意是“众人拾柴火焰高”。创客空间为创客提供了自由开放的协作环境，和谐浓烈的创新氛围，丰富多样的硬件软件，鼓励跨界融合与交流，努力促进创意的实现以至产品化。空间还提供了原型开发设备、电子开发设备、机械加工设备等专业设备20余台（套），每台设备背后都涵盖着制造、供应链、产业和市场的多方资源，助力创新资源与传统产业的链接，拥有开源硬件、Linux 及嵌入式开发、物联网、绿色能源、城市农场等多个主题。

经常组织创客聚会和各种级别的工作坊，分享创客们最近的创意成果或者关注到的最新技术，不定期举办专业设备培训课程，帮助更多创客实现成果落地，每周都要举办技术分享会、成果品鉴会。成立至今，已经吸引2万多人参加活动。2015年1月4日李克强总理考察柴火创客空间，充分肯定了他们的奇思妙想和丰富成果，并愿意成为柴火创客的荣誉会员。

（3）上海新车间。上海新车间成立于2010年10月，秉持“让想做东西的人做成东西”的理念，向DIY爱好者和所有喜欢自己动手创造新事物的人提供一个开放式创新社区。

这里不仅提供了创造空间和基础设备，而且还有兴趣相投的人一起拆装各种电子和物理产品，共同实施一些好的设计和想法。它会举办电子、嵌入式系统、编程、机器人等不同主题的研讨会和培训班，定期分享各自的创新成果和学到的最新技术。同时，新车间还提供了融资和管理平台，支持人们实施自己的作品和项目，并早日形成产品。活动丰富、生动有趣，每周一晚是机器人，隔周二晚是无人机，每周三晚是开放夜，技术分享大会；每周四晚是3D 打印，每周五晚是程序编写，隔周六是小四轴及其他硬件，每周日是树莓派。这里曾经孵化出

“生意专家”这样的团队，这个团队已成长为一个正式的公司，公司的估值已达到一亿元。

（4）杭州的洋葱胶囊。洋葱胶囊（Onion Capsule）成立于2011年11月，是我国第一个由艺术院校学生建立的创客空间，坐落于中国美术学院。它的目标是努力成为一个友好的、开放的交流平台，一个为热爱新媒体艺术、互动艺术、机械DIY学生、艺术爱好者及业内高手搭建的开发、创作、演出、展示于一体的交互社区、开放实验室。空间提供了完备的基础设备、课程、讲座、工作坊和艺术项目等，和其他创客空间相比，突出特点就是其艺术性，工作坊的成熟作品，会定期放到洋葱胶囊的网站上。洋葱胶囊团队时常用社交网站发布讲座与活动信息，汲取有创意的想法，在网站平台上宣传推广作品，“指纹唱片机”“错象”以及“TVman”等都是他们研制的杰出创意。这种“互联网 + 盟友”“互联网 + 艺术”“互联网 + 机械”的模式极大整合了丰富的资源，让他们用想象力就能实现创业。

（八）智慧空间

2019年6月，工业和信息化部正式发放了5G商用牌照，标志着我国正式步入5G时代。新一代5G技术的高速、移动、安全、泛在服务将为图书馆发展带来新的契机。有专家指出，智慧空间将成为继物理空间、共享空间、学习空间、创客空间之后，又一种新的图书馆空间形态。在这种形态中，将实现物与物、物与人、人与人之间的互联互通，即无论何人、何时、何地、以何种方式均能便捷、高效地获取信息和服务。这种服务方式和工作模式，决定了图书馆必然有一个全方位的改变和适应。

要真正实现这些目标还有一个比较长的过程。目前，有很多图书馆已经在运用人工智能技术，对智慧图书馆进行探索和运用。如有的图书馆引入智能机器人，实现对馆藏资源的迅速定位、分拣与管理；有的机器人根据用户的提问，主动调取相关信息答疑解惑；美国学术图书馆应用专家选书系统 GOBI，可以联合图书馆后台管理系统共同完成采购、编目、上架等业务，提高了文献采访的智能化水平；有的依托支付宝芝麻信用平台和智能借阅服务机，通过扫码、人脸识别等技术，实现免押金注册、办证、图书借阅、信息查询等服务。众多公共图书馆强化了网络服务功能，可以让读者不受时间、空间限制，通过网络实现图书检索、预约、续借、办证、咨询、阅览电子文献和数字资源等功能。有的图书馆在咖啡厅与阳台设置智能聊天机器人，以提升特殊读者群体的使用黏度。有的图书馆在阶梯阅读区使用融合无线射频技术与物联网技术的图书分类机器人，辅助读者快速搜寻目标图书。有的图书馆通过 RFID 技术来智能管理图书馆内部设施，使其变成一个智慧感知系统。有的图书馆利用 VR 技术为读者提供模拟空间场景，使读者远程体验实体空间，或者模拟纸本翻阅。有的图书馆借助智能化技术，实现对物理空间温度、光照等因素的调节，根据读者偏好改变图书馆内部单一的装饰风格，融入新型设计理念与材料，打造绿色、幽静、健康的服务空间。有的图书馆和企业合作研制出一种智能照明系统，可以根据读书者的手势提供照明方案，自动采集、分析、预测读者需求，为读者创造舒适的光照环境。有的图书馆在电梯、大厅等显眼位置，安装人工智能导航设备，借助体感交互、语音识别等技术，替代传统的静态标识，方便读者以人脸识别、文字输入等方式登录服务系统，随时查询路线和检索信息资源。有的图书馆充分利用 VR/AR 技术、RFID 技术、机器人技术，让读者通过视听触嗅等感知来获得良好的阅读体验。有的图书馆正在通过协调技术（人工智能技术＋大数据技术）、资源（数据、信息、文化、文献、知识）与人（读者、馆员）之间的关系，创建一个凝聚智慧、创造智慧、分享智慧的精神空间。这些技术的应用极大解放了人力资源，也提高了图书馆设备的整体运行效率，成为未来智慧图书馆的雏形。

（九）交流空间

今天的图书馆正在以平等、开放、包容的服务理念成为人们的交流空间，成为人们心灵的栖息地和交流的舒适场所。

交流是一种心理需求，也是一种现实需要。交流包含知识交流、思想交流、信息交流、情感交流、创新交流等。提供分享与交流的平台是图书馆3.0发展的重要方向，要求图书馆尽可能营造协作交流的良好氛围，在具有开放性、交互性与公开性特征的区域提供学习共享、知识传递与文化交流等功能。

交流的空间形态多种多样，请结合各地实际，创新性创设一些交流空间和场所。有的图书馆在一层设置会客区、多功能厅、家庭图书馆等，有的图书馆开辟设有小圆桌与布艺板凳搭配的闲聊空间，在工作间配备投影、可移动白板，还利用靠窗台的空间摆放一体机及座位，便于读者长时间学习。有的图书馆设置娱乐休闲区、艺术展览区、社交咖啡厅、餐厅、小型超市等非常规功能区，为人们提供集社交、娱乐、知识和思想分享的场所。还可以在传统的会议室、研讨室、报告厅的基础上，增加封闭、半封闭式小区域空间，满足不同群体对话交流。还有的图书馆提供了录音室和摄影室服务，开展录音体验以及录音创作服务，为广大音乐爱好者提供了创作、交流、体验、展示的空间；摄影室为摄影爱好者提供了创作设备和交流空间，让图书馆成为3.0时代交流的主阵地。

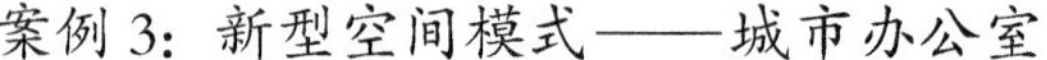

案例 3：新型空间模式——城市办公室

“城市办公室”最早起源于芬兰赫尔辛基市图书馆。源于社会上流行的“联合办公”，即来自不同公司的个人或团队为了降低办公室使用成本而共享办公空间的模式，是互联网时代的产物。受到具有灵活性、开放性、共享性等，更受到创业公司或商务人士的欢迎，个人或团体用户既可以独立完成各自的工作任务，又可以共享办公空间和设施。除项目任务外，用户之间也可以互相分享知识与技能、交流思想与观点、拓宽社交与人脉。联合办公模式随着共享经济而被熟知，创业人群的增多提高了对联合办公空间的需求。芬兰赫尔辛基市图书馆的“城市办公室”在这样的环境下应运而生。坦佩雷、科沃拉等地的图书馆也提供这种新型服务。用户通过预约图书馆提供的办公空间、计算机设备、扫描打印设备以及其他办公设施与用品等进行短期办公，图书馆电脑可免费使用，打印和复印则要收费。

与此类似的是美国近年兴起的“联合办公微社交”，去办公化、社交化已成为其关键词，因其特别适合于初创小团队、独立工作者、创意团队等群体而流行。也有所谓的“办公游牧民”，即那些花不起高昂的费用租用写字楼，却希望拥有自己的办公空间的自由职业者。作为“城市办公室”的图书馆可以为他们提供网络、会议室、办公场所等设施。美国杜克大学图书馆为学生用户和社区用户提供电话会议系统、打印机、录音间等设备并提供技术支持。日本有图书馆为用户提供多功能的工作空间，除了各种设备，甚至可以代发信函、代为邀请嘉宾等。

案例 4：图书馆内外观设计的代表

丹麦哥本哈根皇家图书馆，别称“黑钻”，以黑色抛光花岗岩和不规则角度得名，建筑中间的中庭采用玻璃材质，为室内读者带来了充足的阳光和很好的景观，被世人誉为“黑钻石”，是哥本哈根的建筑瑰宝之一(图 3–2)。

图 3–2　丹麦哥本哈根皇家图书馆

广州图书馆大楼呈东西走向，南北塔楼独特的“之”字优雅造型，体现了岭南建筑艺术特色。大门处贯穿于南北塔楼的中庭为读者提供了开阔视野、自然采光和良好通风，同时把成人阅览区和少儿阅览区隔开，有效保证了不同年龄读者的阅览体验。在其少儿阅览室，咨询台整体呈飘浮的云朵形状，加上后面放置的植被和其后玻璃隔断上散落的云朵贴纸，不经意间将小读者的视觉空间从室内拓展到室外(图 3–3)。

杭州市图书馆新馆坚持“以人为本”和绿色开放，大楼外形呈三个连接的“人”采用大开间、软分隔、三重灯光等空间设计，古朴的木质桌椅，加上阅览桌上小伞形状的白色台灯，营造出独树一帜的家居式阅览环境(图 3–4)，是杭州市地标之一。

图 3–3　广州图书馆正门

图 3–4　杭州市图书馆新馆外景

苏州图书馆总馆大楼庄重典雅分为北、中、南三大区域，中区有古籍馆和近代园林建筑“天香小筑”；东部沿张思良巷设有古典园林式长廊，内侧雕刻苏州历代名家书画；沿人民路一侧设有长约 60 米的空透式长廊和绿化带，廊内雕刻苏州籍两院院士格言录，是江苏省爱国主义教育基地（图 3–5）。

图 3–5　苏州图书馆总馆内花园

墨西哥 José Vasconcelos 图书馆大楼整体，像大船航行于花园之上，建筑包括一个公共图书馆和一个植物花园，是一个由玻璃外表包裹着的长 250 米的混凝土结构，外面环绕着绿色和水体，自然采光和通风遍布其中，读者身处阅读区便可以亲身体验自然（图 3–6）。

（a）Vasconcelos 图书馆外景

（b）Vasconcelos 图书馆正门入口

图 3–6　Vasconcelos 图书馆

深圳图书馆新馆现代生态，位于风景秀美的莲花山前，大楼南侧的黑色建筑状若三本翻开的图书，而东面柔美变化的水幕和三维玻璃曲面犹如委婉韵律的竖琴。三维玻璃内是贯通整个建筑的开放楼梯，宽敞明亮的楼梯中线和靠玻璃一侧整齐摆放的绿植和鲜花。三维玻璃外是大片草坪与绿树，突破室内狭小空间的局限，阳光透过玻璃洒在楼梯上、花草上和沉醉于阅览的读者身上，为各个楼层的读者带来了开阔的视野、自然的气息和诗意的阅览体验（图3–7）。

图3–7　深圳图书馆外景

桂林图书馆，其榕湖馆舍坐落在景色秀丽的榕湖之滨，读者在诗情画意的山水之间阅览学习，让心灵回归自然、自由放飞（图3–8）。

图 3-8　桂林图书馆外景

篱苑书屋，是网友们口中的“中国最美图书馆”，位于北京郊区的怀柔小镇，面积约 170 平方米。建筑采用柴禾杆、洋槐枝干、桑木枝干等，与周边环境浑然一体。室内错落的空间结构为阅览者增添了不少情趣，或坐、或靠、或半躺，读者以最惬意的姿势与图书、自然亲密接触（图 3-9）。

图 3-9　篱苑书屋外景

上述图书馆根据当地的环境、气候、人文等因素，在外形设计和设计出或雄伟或古典或时尚或庄重的外形和形象。空间布局方面突出特色、服务与管理理念，巧妙运用独具当地特色的元素布局，营造出诗意化的公共图书馆场地与场景。

案例 5：图书馆能源利用的样板

美国沃克图书馆的建筑立面最大限度地采用不锈钢和玻璃墙。玻璃的角度各不相同，却能取得同样理想的采光效果，为开敞式的阅览空间提供了丰富的自然采光。更为奇妙的是，他们在天花板上安装了 9 个屋顶光源监视器，根据太阳的位置、方向调整亮度，颜色可从黄色变为蓝色，加上多种开关组合，能为读者提供良好的照明环境，为图书馆注入源源不断的生气。

天津图书馆文化中心馆，建筑设计立意为“智慧乐园”，造型简洁大气又不失现代气息，设计特别关注了防灾、节能、书本流线等技术。建筑内部为非对称的大敞开空间，结合阅览功能设置了七个采光中庭，最大限度地利用自然光。首层设置了南北贯穿的通廊式共享空间，两端连接的是北侧湖畔广场和南侧城市空间，既方便读者自由进出，又与大自然连接互通。

黑龙江省图书馆，建筑造型简洁明快、典雅美观，突出知识品味和时代特征，外立面采用玻璃，内部装修使用吸声材料，既保证了自然光的充足，又减少了噪声的烦扰。一层入口处与中央共享部分先抑后扬的空间处理，使进馆的读者豁然开朗，起到了调节心情的作用，有助于提升阅览体验。三层的中庭，开口更大，直抵六层，空间通透感进一步加强，自然光线透过屋顶的采光井洒向二楼，满足更多读者的日间自然光需求。

案例 6：与乡土文化环境融为一体的代表——四川美术学院图书馆

四川美术学院图书馆的建筑形式源于当地的乡土建筑。建筑简洁、空间灵活，外墙为灰色砖块，色彩和纹理与裸露的混凝土结构部件相呼应，具有四川东部传统的房屋空间结构特色。建筑注重天人合一，室外和室内都采用木材，与建筑整体的色调和谐一致。两侧的山墙立面和屋顶都使用了玻璃，将根植于山地环境中的建筑融入自然之中，同时将自然美景引入室内。这种富含传统房屋空间结构的图书馆建筑本身就是当地的人文符号，人们在其中能够充分感受乡土气息。根植于自然、融合于自然，打造自然化的图书馆空间，为读者带来超越物质与空间的“还乡”体验，满足人们对于美好生活的更高层次追求。

案例 7：国际儿童图书馆——光环境设计的示范

国际儿童图书馆位于山东省青岛市，该馆在规划设计时，充分考虑光环境的营造，室内的光线主要来自半透明的幕布。当读者进入国际儿童图书馆时，就会感受到图书馆内部的光线非常柔和，给人以舒适感。在阅览室的光环境设计上，更为注重阅览室的顶棚。顶棚的玻璃采用了浅色系，这种玻璃具有很高的纯度和明亮度。阅览室内的灯光为天蓝色，使儿童在蓝色的光纤氛围下能够让活泼的心安定下来，并专注于阅读。整个阅览室都会让人感觉到冷静，特别是阅览室的墙体色调都是浅色系，色彩的明亮度非常高，与阅览室顶棚的光照色度遥相呼应。阅览室的天花板和地板所采用的色调以中性色彩为主，与顶棚的冷色调和墙面的暖色调对比鲜明，使得整个室内环境给人以雅致的感觉。在国际儿童图书馆中还设计有其他的各种灯类，包括墙体上方的射灯和楼梯口道的射灯，还有各种小顶灯，这些灯光都采用了暖色调。整个国际儿童图书馆运用了冷色调的灯光和暖色调的灯光进行叠加，读者在这样的光环境下阅览，可以起到一定的缓解视觉疲劳的作用，有助于提高读者的阅读效率。

案例 8：智能化城市办公室典型

苏州第二图书馆位于苏州书香公园内，为三层长方不规则现代化造型。建筑空间呈现全开放特征：巧妙采用俯冲结构设计理念，将城市公共空间延伸至图书馆封闭的实体区域中，并在内部打造了一个以书为媒介的集知识、情感和信息共融的“第三文化空间”[1]。空间服务主要体现在以下三个方面。

（1）立足于人与环境的整体性，打造读者与图书馆和谐相处的空间生态场。图书馆一楼被定位为“读者互动交流的公共空间”，不仅设置了咖啡厅、餐厅、电影院，而且允许举办读者交流会、音乐会和各类演出活动。图书馆二楼被定位为“用户创意工作实践活动区”，以支持读者创新创业，提供放映室、音乐室、媒体室、游戏房等个性化技术体验设备与资源。图书馆三楼被定位为“书的天堂与公民观景区域”，有大面积采光台阶式区域供读者自由阅读，而且大厅以流动的曲线进行空间分割，确保读者拥有全景式的空间视野。

（2）合理规划现有资源，将藏书空间让渡于具有开放、自由、多元和便利功能的复合型空间，以适应读者定制化与个性化的空间功能需求。

（3）用基于动静互补原则来平衡公共空间与私密空间的功能缺陷，用虚实结合原则赋予实体空间交流、体验、休闲、展览等衍生功能。设计了颇具人文功能的“公民阳台”，为读者带来开放式景观的体验感。结合空间布局的结构与功能，提供了三类服务内容：一是协作与社交服务，构建了供读者充分互动与分享交流的公共区域，读者可在其中进行社交、娱乐与学习。二是创新与创意体验的小众服务，即践行“多功能城市办公室”服务理念，提供联合办公服务。如读者可通过预约使用图书馆

[1] 张峰．大学图书馆长的地位和作用 [J]. 阜阳师范学院学报（社会科学版），2007(2)．

提供的办公空间及高技术制造设备进行短期办公。三是保姆式智能化知识服务。基于智能化的图书管理设备增加读者与文献的互动机会，读者可凭借互动展示屏和相应的手机程序来浏览和使用电子资源。

三、坚守公共图书馆场地空间公益性用途的责任

公共图书馆是向全社会免费开放的公共文化场所，是人民群众安静阅读、获取知识、提升素养、传承文化的载体，是各级政府保障人民群众的基本权益、加强公共文化服务体系建设的重要形式，是增强文化自信、建设文化强国的重要举措，是公共财政全额保障的公共文化机构，具有公益性、开放性、均等性等特点，因此，公共图书馆在对外开放的过程中，对于空间和场所务必履行以下职责。

第一，不得从事危害国家安全、损害社会公共利益和其他违反法律法规规定的职责。各级公共图书馆务必坚守文化阵地，务必牢固树立国家意识、大局意识、法治意识、公共意识，切实履行为人民服务、为读者服务、抓好全民阅读工作、传承中华优秀传统文化的担当，从自身做起、从本单位做起，发挥主人翁意识，高标准严要求，只做对国家、对集体、对人民、对公众、对他人、对发展有利的事情，坚决不做危害国家安全、毁损国家荣誉、破坏公共利益、侵犯他人权益的违法违规行为，图书馆要成为一块静地，更要成为一块“净”地。

第二，不允许其他组织、个人在馆内从事危害国家安全、损害社会公共利益和其他违反法律法规活动的职责。各级公共图书馆和所有图书馆职工要坚决捍卫国家利益、维护国家安全、保护他人合法权益、制止违法违规行为，决不允许任何组织、任何单位、任何人在图书馆内进行类似的活动，要有高度

的防范意识和周密的防范措施，让每个职工都有这方面的警惕性，一旦发现，立即报告，迅速处理，绝不能有半点马虎和懈怠。不能留有半点在公共图书馆从事非法活动的空间。

第三，切实履行公共图书馆的场地、设施设备不得用于与其服务无关的商业经营活动的职责。要坚持公益性原则，坚持读者至上、服务第一，认真做好阅读服务和知识服务，认真执行《事业单位国有资产管理暂行办法》[财政部令（2019）第36号]，不得以任何形式用占有、使用的国有资产举办经济实体和从事经营活动，不能擅自将图书馆的场地、设施设备、资源用于经营活动之中，所有与服务无关的商业活动都不能开展。与读者服务、与读者活动有关的商业活动是可以开展的，但要严格遵守收支两条线的规定，按时足额上缴经营收入。

第五节 保障设施设备的责任

图书馆的设施设备林林总总、多种多样，不同的设备有不同的用途，共同组成图书馆运行和服务的保障综合体。

一、设施设备的分类

根据不同的标准，图书馆的设施设备就分为不同的类型。按设备的用途分，分为建筑设备和技术设备；按图书馆业务类型分，分为阅览设备、信息化设备和保障设备，信息化设备又分为硬件设备和软件设备；按服务对象的年龄分，分为少儿阅读设备、老年读设备和成年阅读设备；按服务对象的身体状况分，分为健康人群阅读设备和特殊人群阅读设备；按设施设备的状态来分，分为固定设备和移动设备；按服务主体分，分为自助服务设备和他人服务设备；从设备功能，分为藏书设备、阅读设备、展示设备、交流设备、体验设备、创客空间设备和智慧空间设备。

图书馆的建筑设备包括给水排水、通风空调、强弱电及网络布线等设备，技术设备包括电子计算机、网络设备和相关外围设备，视听及音像控制设备，文献数字化加工与复制设备，图书防盗设备，文献消毒设备，流动图书车，缩微制品摄制、冲洗及阅读设备，视障和老龄阅读设备，装裱及文献修复设备，自助借还设备，书架、阅览桌椅、出纳柜台等家具设备，其他设备等11类。

图书馆的阅览设备主要包括阅览家具，即用于读者阅览所需要的设施和家具，有阅览桌椅櫈、书架、书柜、报架、刊架、期刊柜、古籍柜，等等。信息化设备是用于图书馆信息化、自动化、智慧化所需要的设备，如计算机及其网络系统等，保障设备主要是用于保障图书馆运行和服务的设备和系统，如水电气设备、消防设备、防盗设备等；少儿阅读设备主要是保障青少年、幼儿阅读所提供的设备，如少儿学习机、电子书法本、电子绘画本等，老年阅读设备主要是用于老年人阅读的设备，如字体放大阅读器，等等。

阅览桌椅是图书馆内读者接触频率最高的家具。图书馆在家具的造型设计、使用功能、材料应用、色彩搭配等方面都应体现读者至上、以人为本的理念，都应体现出对读者的尊重和人文关怀。不仅要满足读者在学习、研究方面的需求，更要尊重读者在生理、心理方面的需求，主要体现为“五性”：实用性、科学性、舒适性、经济性和艺术性。实用性是指阅览家具的使用价值，即能满足读者或图书馆服务读者某方面的需要；科学性是指图书馆的阅览家具在设计和制造时，要以人体工程学为基础，将家具的造型、尺寸、材质与读者的行为模式充分契合，既有利于读者的身体健康，又利于提高读者的阅读和工作效率；舒适性是指家具材料的温度感、硬度、造型、结构等因素，非常适合人的行为模式与行为方式，让读者阅读时舒适并且有益于健康；经济性就是家具的使用价值与性价比；艺术性主要指家具的造型、色彩、装饰等方面要蕴含一定的艺术内涵。造型简洁流畅、装饰质朴明朗、美观大方，色彩要在稳定中蕴含生机，给人以安静、沉静的感觉。有条件的图书馆可以根据阅览室的不同性质配以不同款式的家具。

二、提供流动服务设施的责任

《公共图书馆法》第三十四条规定：各级公共图书馆，特别是政府设立的公共图书馆应当通过流动服务设施，建立流通服务点，为社会公众提供便捷服务。

任何一个实体图书馆，不管是大型馆、中型馆还是小型馆，都有一定的服务半径。服务半径内的人民群众，获得图书馆服务的方便程度和参加图书馆活动的概率比其他地区的民众要大得多，因此，为了加强公共文化服务体系建设，促进公共文化服务和全民阅读服务的均等化和便利化，公共图书馆法用通过增加流动服务设施，建立流通服务点的办法，来提高服务民众的便捷程序和均等程度。

公共图书馆的设施以其状态来分，可划分为固定服务设施和流动服务设施。固定服务设施就是指相对固定在图书馆的某个区域，发挥相应作用的设施。流动服务设施是指在流动中开展图书馆业务和全民阅读服务的服务载体。现阶段，最常见的流动服务设施是流动图书车，担负着流动图书馆、办理读者证、送书下乡、数字电影流动放映、推送公益性电影、讲座或报告会等任务，是固定服务的延伸和拓展。两者相互补充，共同组成图书馆的服务范围。

各地自然条件、覆盖面积、服务人口等因素不同，流动服务设施发挥的作用也不尽相同。在祖国西部和北部的很多地方，由于地域辽阔，人口稀少、居住分散，固定文化设施很难满足农牧民的精神文化需求，流动服务设施的作用就显得更加重要，成为当地图书馆延长服务半径，提高文化设施覆盖面，保障群众基本文化权益，推动社会和谐发展、促进民族团结的有效方式。因此，各地图书馆要结合本地的实际情况，加大财政投入、合理设置服务点，购买适当的流动服务设施，为当地民众提供更多更好的服务。

三、提供自助服务设施的责任

公共图书馆法规定：政府设立的公共图书馆应当购买自助服务设施、设立自助服务点，减少服务人员数量，为社会公众提供便捷服务。

随着社会的发展，信息化建设的加快，读者素质的提高，自助服务越来越受到读者的欢迎，读者对图书馆自助服务设施的需求日益增长，自助服务和智能化建设成为新型图书馆的必备条件。

图书馆自助服务是指读者根据自己的爱好、需求和自有时间，在图书馆指定的空间和业务范围内，在无须馆员参与的前提下，由读者自己借助相关设备和资源，自主完成申办新证、远程访问、书目查询、图书借还、资料复印、预约续借、浏览下载、资金处理等活动，从而完成自我服务的一种服务方式。这种服务方式具有效率高、易学习、操作简单、时间灵活、私密性强等特点，受到了广大读者的喜爱。

图书馆自助服务出现较早，在20世纪70年代，首台自助借还书机出现在美国。2007年，东莞图书馆开始使用ATM自助服务站，成为我国第一家系统使用自助服务设备的图书馆。一般说来，目前图书馆自助服务包括两大类：第一类是远程自助服务，主要是在网上进行。就是读者借助图书馆自助服务平台，主要是图书馆网站，完成诸如图书检索、网上咨询、网上续借、信息查询、阅读数据库、下载论文等服务。这种自助服务是图书馆最常见、最有效的服务方式。第二类自助服务就是现场自助服务。就是读者到图书馆来，在图书馆现场通过自助服务设备开展自助办理读者证、自助检索、自助借还纸质图书馆、自助借阅电子图书，等等。这两类方式各有优缺点。远程自助服务的优点是读者可以不受图书馆开、闭馆时间、不受天气、不受交通等因素的影响，不必亲临图书馆，只要点击图书馆主页，就能检索、查询、续借、阅读、预约等，非常方便非常自由。它的缺点是部分读者特别是老年读者因不会网上操作而无法实现。现场自助服务的优点是可以在现场得到工作人员的指导，免除因不会操作而产生的烦恼。不同的服务类型就要配备不同的自助设备，常见的自助设备包括智能分栋机、RFID盘点机、自助办证机、自助借还机、24小时自助借还机或城市书房、馆员工作站、OPAC系统、磁条防盗门、安检门，等等。

四、提供适合老年人、残疾人等群体需要的无障碍设施设备的责任

《公共图书馆法》第三十四条规定，政府设立的公共图书馆应当考虑老年人、残疾人等群体的特点，积极创造条件，提供适合其需要的文献信息、无障碍设施设备和服务，等等。这一规定赋予了公共图书馆为老年人、残疾人提供文献资源、设施

设备和周到服务的法定职责。

(一) 提供适合老年人群体需要的无障碍设施设备的责任

我国是世界上老龄人口最多的发展中国家，随着老龄化社会的到来，越来越多的老年读者开始走进图书馆，成为图书馆不可忽视的一支读者队伍。老年人群体是公共图书馆服务读者的一类特殊人群。由于此类读者的年龄较大，生理和机能逐渐衰退，视力较差、行动不便、反应不快、阅读速度较慢、理解能力逐步变差，因此，在服务老年人群体的时候，要根据其阅读特点，提供相应的服务方式和服务内容，满足老年读者的阅读需要。

(1) 老年读者喜爱的文献与活动。据调查，老年读者的阅读爱好一般偏向于报纸、期刊、影音制品、有声书、大字书等文献类型，在阅读内容上侧重于时事新闻、历史文化、人物传记、健康养生、运动休闲。因此，各图书馆在为老年读者采购文献资源的时候，要根据老年人的阅读爱好及文献类型采购。同时，针对老年人的兴趣和特点，开展丰富多彩的老年读者活动。老年读者活动通常分为三类：阅读活动、兴趣活动和健身活动。阅读活动常见的有自由阅读、集体朗读、朗诵比赛、征文比赛、书评等，兴趣活动主要根据读者个人的兴趣，组成若干兴趣小组开展活动或举行比赛，如烹饪厨艺、电影赏析、手工剪纸、写作比赛、卡拉 OK、戏曲表演、知识讲座、故事大赛、歌舞比赛等，健身活动包括太极功夫、广播体操、健身锻炼，等等。对部分由于特殊情况无法到馆享受服务的老年人，各级各类图书馆可根据各馆各地实际提供上门讲解、送书送报等服务。

(2) 老年阅读空间。老龄阅览室一般设置在图书馆一层，安静、光线充足、有良好的日照、自然通风和天然采光。阅览室简洁美观、温暖舒适、安全环保，富有人文气息，让老年读者到馆如同回家，增强他们的归属感、安全感。阅览室地面平整、走道畅通、阅览桌椅座位不宜经常移动并留有足够空间，保证老年人手杖、盲杖的使用净空间和老年读者轮椅的活动空间，室外设置坡道。铺设适合轮椅上下的缓步台。如果老年读者阅览室不在一楼，而在较高楼层时，应设置直达电梯，电梯安装低位按钮便于坐轮椅的老年读者使用。

(3) 老年读者阅览室常用的技术标准。冬季集中采暖系统室内温度设计参数是20℃，阅览室应保持气流均匀，当采用机械通风时，空气流速不大于0.5m / s。照明要求：参考平面及其高度0.75m水平面，照度标准值300 lx，统一眩光值19UGR，一般显色指数80Ra，照明功率密度9W/m²。天然采光值：采光等级Ⅲ级，侧面采光系数标准值3%，侧面采光天然光照度标准值450 lx，侧面采光窗地面积比为1/5，顶部采光系数标准值2%，顶部采光天然光照度标准值300 lx，顶部采光窗地面积比为1/10。如果图书馆规模很小，没有设置专门的老年阅览室，应设有老年读者阅览区或老年读者专用座席，邻近管理台布置，便于工作人员服务和管理。

(4) 老年读者的常用设备。图书馆应当为老年读者配备一定的设施设备，特别是自助设备和无障碍设施。为老年读者提供的设备通常有五类：一是阅读辅助设备，用于帮助老年读者阅读。主要有老花眼镜、放大镜、扩视机、字体放大阅读器、语音阅读器，等等。配置老年读者专用电脑，且共享馆藏各类资源。二是视听设备。主要是方便老年读者听音乐、听戏曲、看表演。配置有音乐、戏曲、戏剧的图书、光盘、影碟及放映设备。三是休闲设备，主要是为丰富老年读者的退休生活而提供的休闲类设备，如象棋、军棋、跳棋、五子棋和手工折纸、剪纸、书法、绘画、唱歌、表演，等等；四是运动设备，用于老年读者锻炼身体，如运动健身器材，等等；五是健康检测设备，主要用于为老年读者日常身体检测，如袖珍自助血压仪、提供健康咨询等服务。

(二) 提供适合残疾人群体需要的无障碍设施设备的责任

残疾人群体是祖国大家庭的一员，是我们的亲人和朋友。在加快建设公共文化服务体系的今天，他们和所有中国公民一样，享有基本、公益、均等、便利的公共文化权益，并应得到全社会的尊重和爱护。党的十八届五中全会指出：没有8500万残疾人的小康，就不是真正意义上的全面小康。《国务院关于印发“十三五”加快残疾人小康进程规划纲要的通知》提出：让残疾人和全国人民共同迈入全面小康社会……有条件的市、县公共图书馆应设立盲人阅览室，配置盲文图书、有声读物、大字读物及阅读辅助设备。2008年4月24日，第十一届全国人民代表大会常务委员会第二次会议通过了《中华人民共和国残疾人保障法》，并于2008 年7月1日起施行。2012年6月13日国务院第208次常务会议通过了《无障碍环境建设条例》并于2012年8月1日起施行。随后，建设部、工信部等先后发布了《城市道路和建筑物无障碍设计规范》、(JGJ 50—2001)、《特殊教育学校建筑设计规范》(JGJ 76—2003)、《无障碍设计规范》(GB 50763—2012)、《无障碍设施施工验收及维护规范》(GB 50624—2011)、《网站无障碍设计规范》(GB 50763—2012) 等各类现行无障碍标准。这些政策、法律、标准性规范强调了残疾人的合法权利，保障了残障读者公平使用图书馆的权利，进而成为图书馆无障碍环境建设的法律和政策基础。

(1) 无障碍图书馆的来历与服务对象。针对残疾人的服务，国内很多公共图书馆都遵从一种习惯，以残疾人的残疾部位来命名图书馆或图书室，如“盲人阅览室”“视障图书馆”、聋哑人阅览室、听力障碍图书室、残疾人阅览馆、特殊人群阅览室等名称。随着社会的发展，文明程度的提高，这种称谓不太适宜，应当采用更加中性化的词语表述，“无障碍图书馆”就成为很好的术语。无障碍图书馆的服务对象，通常有六大类：无法移动之残障人士；半移动之残障人士；视觉障碍者；听觉障碍者；平衡机能障碍者；老年人。此外还有部分多重残障人士。

（2）残障读者的设备配置。对不同类型残障读者配置不同的设备。对于肢体残疾读者：主要提供馆内外无障碍通道、无障碍卫生间、低位借阅台、低位书架等无障碍硬件环境。对于听障读者，主要提供助听器、人际交流、光感设备，等等。视力障碍被称为残中之残，社会活动范围受到极大限制，需要社会给予特别的关怀，图书馆提供的资源和设备主要有盲文图书、盲文期刊、盲文字典、大字本图书等盲文纸质文献；电子书阅读器、电子、光学助视器，盲文打字机、手持光学放大镜等阅读设备；盲用计算机、盲文点显仪、读屏软件、盲文编辑软件、盲文刻印机等计算机辅助设备；磁带、光盘、投影机、MP3、MP4 、听书郎等音视频播放设备；盲用五子棋、盲用扑克牌、盲用象棋等盲用小型文化娱乐工具；立体地图、3D 艺术品、模型等三维立体的辅助器具，可以帮助视障读者和视觉世界之间搭起一座桥梁。对于移动困难的多重残疾读者，提倡上门服务。

（3）无障碍阅览室的空间打造。无障碍阅览室是残障读者的学习交流平台，是他们阅读文献、获取知识的成长空间。由于他们丧失了部分身体机能，在设计时应该充分考虑残障读者的生理和心理特性，特别是多重残疾读者的实际困难和实际需要。阅览室的环境规划要符合安全、便捷、温馨及通用的原则。所以在空间的设计和建设方面要采用一些特殊方法为残疾人士提供细致的人性化服务。在馆舍无障碍环境建设时综合进行辅助设计，同时对所有读者开放，而不是将无障碍图书室与整体隔离，造成群体隔阂，这样既可以充分发挥设备的作用，也可以让残障读者与一般读者融合共处，互助互谅，让残障读者更好地共享人类文明成果。

（4）无障碍阅览室的设置：一般设置在图书馆一楼。安静、光线充足、有良好的日照、自然通风和天然采光。简洁大方、温暖舒适、安全环保，富有安全感。地面平整、走道畅通、阅览桌椅座位不宜经常移动并留有足够空间，保证残疾人士手杖、盲杖的使用净空间和轮椅的活动空间。如果阅览室不在一楼，而在较高楼层时，应设置直达电梯和低位按钮。

（5）无障碍阅览室的安全性配置。安全性是无障碍阅览室的首要条件。充分保障残障读者的行动安全是图书馆应尽的重要职责。具体表现在：馆外有台阶坡道的；坡道与阅览室内的无障碍通道、盲道贯通，无杂物、无障碍物；通道配置闪光振动器、声光警示器等安全预警及应急指示设备；室内整洁、地面平整、照明充足、布局合理、无尖角、墙壁立柱软质包裹、保证盲人手杖使用净空间；阅览书架、座位不宜经常移动，提供低位电梯按键、可升降桌椅、无障碍通道等专用设备；室内可以不铺设盲道，视障读者可通过馆员、志愿者引导，或者采用自助式手持智能设备进行声光引导。一般来说，视障读者在被馆员引导行走一次以后，即可畅通无阻地自由活动。室内配备有声光信号、大字体对比强烈的指示标志，等等。馆舍内外有连贯的盲道、扶手、灯光或语音作引导，定向引导设施应该规范无遮挡，立面通道设置无障碍电梯，方便残障读者独自可到达、可进出、可使用。

(6) 无障碍阅览室的服务配置。首先应当设置能够通览室内所有读者、工作人员、志愿者的服务台，便于工作人员知晓整个阅览室的状况。配置低位电话、低位电梯按键、可升降桌椅、专用卫生间、盲文复印机、刻印机及盲文编辑软件；提供备用轮椅；提供人工协助，协助读者获取馆内信息、归还图书、协助打印（复印）、操作指导等；提供知识辅助服务，为读者提供学科指南、研究指导以及研究数据管理等服务。室外设立无障碍通道、残疾人专用停车位。

(7) 无障碍阅览室的图书借阅配置。借阅区要求环境安静、光线充足，配置盲文刊物书架、柜等，配置一定量的盲文图书、期刊、有声读物、电子图书；书架不宜太高，读物应该放置于残障读者方便到达之处，提供专门空间与设施集中摆放；配置专门阅读桌椅、一键式阅读机、光学电子助视器、听书郎等，配置数字信息无障碍系统与 3D 触摸屏阅读器，可为阅读障碍人群带来直观便捷的阅读体验。

(8) 无障碍阅览室的信息服务配置。配置数字资源，提供有声读物、多媒体电脑和读屏软件；提供盲文点显器、屏幕放大阅读软件、电脑屏幕语音阅读软件、数字播放软件、思维导图软件、语音识别软件、书本阅读器、盲文翻译软件等；连接无障碍有声读物网站，特别是文化部建立的“心声·音频馆”有声读物网站最受欢迎。提供无障碍网络服务；建设三维的数字地图，搭建高安全性、高可用性、高性能、高精度的图书馆智能定位导航服务，利用语音、声光等辅助信息，向残障读者推送位置信息和图书。

(9) 无障碍阅览室的学习交流娱乐设施配置。提供若干交流空间和娱乐空间，配备若干投影、音响和一定数量的桌椅等，为残疾读者学习盲文，举办社团活动，播放无障碍电影提供条件。无障碍电影是专门为残障人士观看而经过特殊加工的电影节目，分为盲人专供版和聋人专供版2个版本。盲人专供版主要是通过重新剪辑，增补大量配音解说的方式，让视力障碍者完整了解整部电影的内容，享受电影艺术乐趣；聋人专供版主要是通过增配字幕的方式，让听力障碍者无障碍欣赏电影。图书馆还可帮助残疾读者在求学、就业等方面提供协助，如帮助制作简历、有针对性地开展就业培训，等等。

（10）无障碍阅览室的建设标准。无障碍阅览室集中采暖系统室内温度设计参数是20℃，阅览室应保持气流均匀，当采用机械通风时，空气流速不大于0.5m / s。照明要求：参考平面及其高度0.75m水平面，照度标准值300 lx，统一眩光值19UGR，一般显色指数80Ra，照明功率密度9W/m²。天然采光值：采光等级Ⅲ级，侧面采光系数标准值3%，侧面采光天然光照度标准值450 lx，侧面采光窗地面积比为1/5，顶部采光系数标准值2%，顶部采光天然光照度标准值300 lx，顶部采光窗地面积比为1/10。

残疾人群体是一个特殊的群体，需要特别的服务和特殊的关爱。因此，图书馆在服务残疾读者的过程中，要加强对服务无障碍障图书馆员的培训，要求他们热爱残疾人事业，热情主动服务残障读者；了解基本的手语、盲文知识；掌握基本的帮扶残障读者的知识，如不主动帮助盲人整理物品、为盲人引路时，要让盲人握着手肘行走，不能推拉盲人；了解无障碍阅读工具的使用方法，具有指导残障人员使用计算机等信息产品的能力，等等。营造融合的残障阅读环境和人文环境，让一般读者在日常的阅读学习中养成关爱残障读者的好习惯，建立一个无歧视、平等的学习环境。

第六节　保障足够资金并及时拨付的责任

《公共图书馆法》第四条规定：县级以上人民政府应当将公共图书馆事业纳入本级国民经济和社会发展规划，加大对政府设立的公共图书馆的投入，将所需经费列入本级政府预算，并及时、足额拨付。第十五条第五款规定：设立公共图书馆应当给予必要的办馆资金和稳定的运行经费来源。这两条规定明确了各级政府应当高度重视图书馆的建设，各级财政应当保障公共图书馆所需经费，充分体现了以下四条原则。

第一，公益性原则。公益性原则是公共图书馆最基本的原则。公共图书馆是社会主义公共文化服务体系的重要组成部分，是具有独立主体资格的法人单位，是公益性社会文化服务机构，是专门从事收集、整理、保存各类文献、传承优秀文化、开展社会教育、启迪民众心智、举办读者活动、对社会大众免费开放的知识服务场所，具有公益性、均等性、公有性、共享性、开放性等特点。其中，公益性是公共图书馆的基本属性。这既是图书馆服务社会、服务读者的基本准则，又是各级财政保障图书馆经费的法理依据，同时，还是公共图书馆不能向公众收取费用的政策依据。

第二，主体责任原则。法律明确指出，“县级以上人民政府应当将公共图书馆事业纳入本级国民经济和社会发展规划，加大对政府设立的公共图书馆的投入”。这充分说明，各级政府对公共图书馆建设负有主体责任，务必要高度重视图书馆事业，不是建不建设公共图书馆的问题，而是加大投入，建设得更好的问题。对于有的部门和有些习惯于传统思维的人来说，要切实跟上时代发展的步伐，要从满足新时代人民美好生活需求，保障人民群众文化权益、推动社会高质量发展、提高民族素质的高度，来认识建设公共图书馆的重要性。西方发达国家早已完成公共图书馆的建设时期，8000多万人的德国，有公共图书馆0.7万个；3.2亿人口的美国，有公共图书馆1.8万个；我国14亿人口，据2019年底统计，全国有公共图书馆3173个，并且从馆藏文献排名看，全世界最大的10个图书馆中，9个在发达国家，中国国家图书馆位居第10位，其差距之远，可见一斑。文化对民族素质的提高，对民族精神的振奋不是用金钱可以衡量的。因此，千万不要认为文化既不能推动经济发展，又不能直接产生经济效益，是次要的甚至不要的事，这是完全错误的，必须予以纠正。各级政府必须切实履行起主体责任，把将公共图书馆事业纳入本级国民经济和社会发展规划之中，建设现代的、温馨的、能切实为老百姓服务的公共图书馆或图书馆服务网络。

第三，足额保障原则。要将公共图书馆所需经费列入本级政府预算，并足额拨付，这是法律规定的法定义务，各级政府财政部门应当不折不扣地履行法律义务。这里面有两个要素：一是“所需经费”是哪些项目经费？包含哪些项目？二是“足额拨付”的“足额”是多少？多少经费才是“足额”？第十五条第五款指出，“必要的办馆资金和稳定的运行经费来源”。也就是说“办馆资金”必须由政府财政投入，“办馆资金”包括馆舍建设费、人员经费、文献购置费、设施设备及维护费等，“稳定的运行经费”通常包括四个方面：文献信息查询、借、阅服务所需经费；公共空间的正常开放与运转所需的经费；读者活动、全民阅读推广所需的经费；为基层服务及远程推送服务所需的经费等。当然，政府财政与当地经济发展水平有关联，经济基础决定上层建筑，具体项目要和当地财政部门充分沟通，保证“足额”。

第四，及时拨付原则。主要是强调时间的紧迫性和拨付的高效率。在现实工作中，确实发生过有时财政拨款缓慢、拨款不及时，上半年不拨款、下半年用不完；上半年等钱用，下半年催着用钱等现象；所以，公共图书馆馆长要经常向上级主管部门和财政部门多汇报、多沟通、多交流，及时理顺一些程序和手续方面的事情，为及时拨款提供条件。

当然也有两个问题可以探讨：一是公共图书馆的免费开放有没有边界？是所有的项目都免费还是只是基本服务免费？如果是全部免费？那复印费、文献借阅超期罚款还收不收？如果只是基本服务免费？那什么是基本服务？是不是第三十三条所规定的内容？第三十三条规定：公共图书馆应当免费向社会公众提供下列服务：(一) 文献信息查询、借阅；(二) 阅览室、自习室等公共空间设施场地开放；(三) 公益性讲座、阅读推广、培训、展览；(四) 国家规定的其他免费服务项目。如果以上内容是基本服务，那基本服务以外的服务又叫什么服务？它又包括哪些项目？哪些服务是公共图书馆免费提供的范围，哪些服务经费不属于财政保障范围，需要公民有偿负担的项目，需要进一步研究，所以，请各位图书馆同人一定要加以归纳总结提炼，为下一次《公共图书馆法》的完善提前做好准备。

按照国际国内的通行做法，应当设立基本服务与延伸服务，明确基本服务与延伸服务的具体项目。比如，美国的公共图书馆设置的收费项目，主要容包括旧图书和设备处理所得收入、图书借阅超期和损坏罚款、图书馆复印机使用所得收益等，同时也明确了图书馆收益必须用于图书馆建设。日本的《图书馆法》在保证基本服务免费的前提下，也设置了收费项目，主要收费项目包括：①罚款；②复印、打印图书馆资料的成本费；③馆际互借的邮寄费。国内许多图书馆也设置了收费项目。例如，《浙江省公共图书馆管理办法》规定，“公共图书馆读者享有下列权利：(一) 免费进行文献检索；(二) 凭借阅证免费借阅普通书刊；(三) 获得有关文献资料和阅读方面的咨询服务；(四) 参加各种读者活动；(五) 向公共图书馆或者主管部门提出建议和意见；(六) 依照有关规定获得其他服务。同时，履行下列义务：(一) 爱护文献资料和公共设施、设备；(二) 按规定日期归还所借阅文献资料，超过借阅期限的，按规定交纳滞还费等。总结起来，浙江省公共图书馆收费项目包括罚款，为读者收集专题信息，编写参考资料，提供音像制品、电子出版物借阅或者进行代查、代译、复印书刊资料。《重庆市公共图书馆管理办法》第二十三条规定，“公共图书馆应当免费开放公共空间的设施场地，免费向读者提供文献信息资源查询、借阅服务，一般性参考咨询，以及开展公益性讲座、培训、展览、书刊宣传推荐等全民阅读推广活动”。第十七条规定：“公共图书馆为读者收集专题信息，编写参考资料，提供古籍保护和修复或者进行代查、代译、复印、打印文献信息等服务时，可收取成本费用。”把基本服务和延伸服务及其项目，写得泾渭分明，一目了然，便于掌握也便于实施。二是图书馆的同人也应该支持财政的工作。在提出“足额”经费的时候，要适度足额，而不是脱离当地经济发展水平、当地财政收入水平的大“足额”、超“足额”。要因地制宜、实事求是、勤俭节约、适度超前，既能为人民群众提供良好的阅读条件，又不至于增加财政负担。因为政府的财政收入是有限的，而公共服务体系也是比较庞大的，包括公共卫生、公共安全、全民教育、经济发展、国家外交、科学技术、国防事业、农业、环境保护、社会保障等，每一项支出都是天文数字，有时候财政的压力非常大，所以，请各位同人也要体谅财政、政府的难处，共同协商着把公共图书馆事业做好、做出成效。

第七节　配备好馆长的责任

《公共图书馆法》第十九条规定：政府设立的公共图书馆馆长应当具备相应的文化水平、专业知识和组织管理能力。

一、馆长的地位和作用

馆长是图书馆的最高负责人，是图书馆领导集体的“核心”，是图书馆整个单位的“主心骨”，是图书馆事业发展的掌舵者、政策制定者和规划落实的督促者，负责图书馆的全面工作，对图书馆的发展举足轻重。馆长的位置不仅在公共图书馆很重要，在高校图书馆、科研院所图书馆的地位同样重要。在新中国成立前，大学的管理体系就是“三长治校”。“三长”就是高校的教务长、总务长和图书馆长，由“三长”治理学校，说明图书馆长在高校中的地位非同寻常。

馆长是图书馆内部事务的规划师。对内制订图书馆的发展规划，负责图书馆的行政管理、业务管理、人事管理、财产管理，行使领导、组织、指挥、监督、评价、奖惩等权力，制订本区域内图书馆事业规划，激发全馆员工的工作热情和创新精神，团结带领全体员工努力完成各项工作任务；根据图书馆的发展规划、发展方向和实际需求，制订馆内工作部门设置方案，确定岗位职责，并对人员进行考核、补充和交流，对全体馆员的综合表现进行评价、聘任、考核、调配、表彰、惩处；负责全馆文献资源建设、设施设备和经费预决算的落实，为建立学术规范、开展学术研究，争创优秀图书馆、创新图书馆、智能化图书馆、服务效能型图书馆而不懈努力！

馆长是对外形象的代言人。代表图书馆的形象、声誉和影响力，所以馆长在对外交往中，要谦逊、和蔼、大度、儒雅。图书馆也要制订对外交流交往互访互助计划，积极参加全国、全省、全市、区域性，甚至国际性的学术活动和文化交流活动，促进人文交往、学术交流、文化交融，增加文化自信和民族自豪感！

馆长的发展理念、办馆思路、价值观、用人之策，起着较大的方向性、感染性、全局性、引导性作用，对图书馆的创新发展影响巨大。在现实工作中，有许多自然环境、硬件条件、馆舍规模、人员素质基本相当或差距不大的图书馆或同一个图书馆不同任期的馆长，由于其文化水平、办馆理念、组织管理能力、创新意识不同，导致该图书馆的品牌建设、服务能力、服务水平、服务效能、群众满意度等相差甚远，因此，在本次颁布的公共图书馆法中，专门对政府设立的公共图书馆馆长的文化水平、专业知识、组织管理能力等任职条件进行了规范，对个人和其他组织设立的公共图书馆，馆长在任职方面没有提出这样的规范要求。

我们国家干部的产生通常是任命制和选举制。各级公共图书馆馆长的产生基本上都是任命制，都是各级组织人事部门或文化旅游部门按照干部任职权限进行任命，是科学合理的。一般说来，现在担任馆长一职都需要大学本科学历，在文化水平方面基本都能达到。差距就在于图书馆馆长的专业知识和组织管理能力。也就是说，在选拔图书馆馆长时，最好被选拔的图书馆馆长要懂一定的图书馆知识，要了解图书馆的发展规律，要知晓该馆的文献资源建设体系，具备一定的古籍知识和国学素养，具有相应的专业技术职称。不然，完全是门外汉，对于以后的工作比较被动。例如，《浙江省公共图书馆管理办法》就明确规定："公共图书馆实行馆长负责制。省、市公共图书馆馆长应当由具有高级专业技术职务任职资格的人员担任；县（市、区）公共图书馆馆长应当由具有中级以上专业技术职务任职资格的人员担任。”

二、馆长的素质与能力

图书馆馆长要有较强的组织管理能力和创新能力，要有一定的开拓精神和进取心，要善于把各种不同意见的人团结在一起，带领全馆职工齐心协力奋力前进。如果选拔的图书馆馆长组织管理能力较差，那工作局面就很难打开，就很难取得令人满意的成绩。因此，在选配图书馆馆长时，除按照组织人事部门所规定的选拔条件外，还应加强文化水平、专业知识和组织管理能力的选拔。同时，图书馆馆长还应成为五种人：政治强人、业务能人、管理高人、创新达人、廉洁圣人。

（1）政治强人。馆长既是图书馆的组织者和管理者，也是图书馆党组织的领导者和带头人。作为党组织的一员，馆长要牢记党的宗旨，时时刻刻心中有党，做政治上的明白人；心中有群众，做服务读者的贴心人；心中有责，做图书馆事业发展的带路人；心中有戒，做廉洁从政的干净人；讲党性、讲规矩、深化学习、砥砺前行，有崇高的信仰和坚定的信念，保持共产党人的先进性和纯洁性，自觉遵守政治纪律和政治规矩，践行宗旨、强化担当、身先士卒、以身作则，真正做到全心全意为人民服务，成为新时代优秀的党员干部。要有政治意识、大局意识、核心意识、看齐意识，讲原则、讲真理、讲信念、讲担当，思想有高度、读书有厚度、工作有力度、办事有速度，做一个为民办事、为读者服务的贴心人；要胸怀宽广、光明磊落、襟怀坦白、海纳百川、言行一致，表里如一、以人为本，正直公道，用目标凝聚人心、用智慧谋划未来、用真诚开启心扉、用成果惠及众人，不阳奉阴违、两面三刀，牢记“用人之长，天下无可充之人；用人之短，天下无可用之人”的古训，做一个包容心强，能平等、公正、善意地对待每个馆员、每位读者的知心人。创新性开展工作，把全部精力和心思都用在事业发展上，严格遵循各项规章、规则、规定，严于律己、宽以待人，要求别人做到的自己带头做到，要求别人不做的自己坚决不做，发挥每位馆员的积极性，深刻把握图书馆的发展规律，挖掘图书馆的各项潜力，集众家之长，聚全馆之力，做好图书馆的各项工作，让图书馆成为当地传承优秀传统文化，抓好全民阅读工作的重要阵地。

(2) 业务能人。要知晓图书馆的发展历程，了解图书馆的发展规律，熟悉图书馆的业务规范，预见图书馆的发展趋势；能科学制订图书馆的发展规划，建立独具特色又适合百姓需求的馆藏文献建资源设体系，正确把握纸质文献与数字资源的构成比例、阅读人群和读者意见以及下一步的发展方向，熟知中国图书分类法，具备一定的业务知识，建立合理的图书阅览、报刊阅览、古籍阅览、缩微阅览、数字资源阅览体系，提供方便、安全、科学的阅览设施和阅览环境，建立顺畅的外借通道、外借区域和外借设备；加强古籍保护和民国文献的研究，建立珍贵文献目录和珍贵文献库，用多种形式传承中华优秀传统文化；举办一系列特色鲜明、丰富多彩、内涵深刻、群众欢迎的全民阅读活动；开展有一定建树、有一定深度甚至行业前沿，且有实际效果的学术研究和学术活动；建设安全可靠、保障有力、协同和谐的安全保卫体系、后勤保障体系、行政综合体系，确保全馆安全、稳健、有效率地运行。加强区域合作和对外交流，学习发达地区和先进图书馆的做法和经验；发挥每个馆员的积极性和创造性，让每个馆员主动作为、踏实勤奋、立足岗位、不辱使命，共同努力把图书馆的业务工作做成一流，让服务效率更高、服务效能更突出。

(3) 管理高人。就是既要敢于管理，更要精于管理，善于管理。管理是一种能力，也是一种技巧，更是一门艺术，具有实效性、创造性、创新性。管理既要讲原则、讲责任、讲纪律、讲担当、讲规范、讲规定、讲规章、讲规矩，进行“硬”管理，又要讲情怀、讲人道、讲以人为本、讲文明和谐、讲具体问题具体分析，主要矛盾次要矛盾、矛盾的主要方面和矛盾的次要方面，讲上什么山唱什么歌、讲不能“一刀切”，讲“柔性”管理，以情感人，力求稳定和谐。因此，在图书馆的管理实践中，一定坚持原则性与灵活性的统一,一定要从大局出发，以发展的眼光，着眼于事业发展和效能提升，在坚持原则和坚持规矩的前提下，因地制宜、因馆制宜、因事制宜、因人制宜。图书馆馆长一定要有魄力，敢于管理，敢于坚持原则、敢于坚持真理、敢于较真、敢于红脸、敢于出汗，该出手时必出手，斩钉截铁、当机立断、决不含糊。当断不断必受其乱，当决不决不为豪杰，要展现图书馆馆长“刚”的一面，不然，就不是一个有威信、有威望的图书馆馆长。同时，图书馆馆长又要具备管理知识，精于管理，善于管理，深层次管理，能从全馆职工的具体问题出发、具体需求出发、具体困难出发，不搞“一刀切”，呈现“柔”的一面，刚柔相济，以情感人、以德服人，让管理促和谐、促发展、促凝聚力、促向心力，所以图书馆馆长一定要下功夫学习管理，全面管理、深度管理、精细化管理，因势利导、促进发展，让广大职工不守摊子、不混日子、不做样子，而是神清气爽、士气高昂地投入工作中。这就要求图书馆馆长不仅要讲政治、懂业务，还要善于管理，是管理的高手和高人。

(4) 创新达人。就是图书馆馆长是一个单位的引路人和带头人，要带领全体馆员团结一致、勠力同心、群策群力、并肩前行，要顺应时代的发展趋势和人民群众的阅读需求，抓住每一个良好的发展机会，千万不能思想僵化、故步自封、墨守成规、划地为牢，千万不能妄自菲薄、自暴自弃，要敢于创新、勇于创新、善于创新、精于创新，要有创新的勇气、创新的思维、创新的底气、创新的动能，捕捉图书馆发展过程中的任何一点对创新有利的蛛丝马迹，要结合图书馆业务，结合图书馆的服务人群，创新地开辟一些新理念、新课题、新领域、新方法、新路径、新方式。要结合科学技术日新月异迅猛发展的大趋势，结合智能化、智慧化、体验式图书馆建设，结合人民群众新时代的美好需求，结合便利化、快捷化服务方式的转变，加强图书馆设施设备的创新、工作方式的创新、工作思想的创新，用创新的思维、创新的理念推动图书馆事业的发展。

（5）廉洁圣人。图书馆馆长不仅要讲政治、懂业务、善管理、勇于创新，还要廉洁干净，清清白白做人。要带头坚持按章办事，让规矩思维践行在每一项工作之中，严格遵守财经纪律和廉洁自律规定，真抓严管，管好身边的人，管好本单位的项目，严格执行招投标程序，做到工作职责延伸到哪里，纪律规矩就落实到哪里。敢于坚持原则，又善于坚持原则，及时发现和纠正身边的不正之风，努力营造风清气正的单位场景和职业环境。坚定理想信念，加强思想武装，坚决抵制各种错误思想，坚决不能让信念让步于利益、规则让位于变通；要公私分明、克己奉公，崇廉拒腐，清白做人，尚俭戒奢，勤俭节约，吃苦在前、甘于奉献，立场坚定、旗帜鲜明，切不可让个人利益高于一切；时时自省、时时自警、时时自律。廉洁从政、廉洁修身、廉洁用权、廉洁齐家，加强思想道德修养、保持公仆本色、维护人民利益、树立良好家风，不说三道四、信口开河、随波逐流，不该说的话坚决不说、不该去的地方不去、不该拿的东西坚决不拿、不该要的坚决不要，把金钱看淡一些，在权力面前不低头，在利益面前不熏心，保持共产党人本色，做一个忠诚、干净、担当的人。[1]

第八节　配备馆员并提升专业知识的责任

《公共图书馆法》第十九条规定：公共图书馆应当根据其功能、馆藏规模、馆舍面积、服务范围及服务人口等因素配备相应的工作人员。公共图书馆工作人员应当具备相应的专业知识与技能，其中专业技术人员可以按照国家有关规定评定专业技术职称。这一条主要包含三个方面的内容：配备馆员；馆员要具备专业知识与技能；专业技术人员可评定专业技术职称。

一、图书馆员的配备

馆员是公共图书馆运行的主体，是开展读者服务的有生力量。他们不仅是图书馆物理空间的管理者和规划者，更是图书馆具体项目的实施者、服务创新的策划者、向前发展的推动者，不仅是一般的业务工作者，更是行业专家。如果一个图书馆没有一支品德良好、训练有素、业务能力强、尊重读者、热心图书馆工作、甘愿寂寞、乐于奉献的馆员队伍，要想推动图书馆的快速发展，特别要创建优秀图书馆几乎不可能。因此要根据图书馆的服务人口数配备数量适度、品质优良的图书馆员。

图书馆馆员的配置依据是《公共图书馆服务规范》(GB/T 28220—2011)。《公共图书馆服务规范》明确规定，公共图书馆

[1] 张峰．大学图书馆馆长的地位和作用 [J]. 阜阳师范学院学报（社会科学版)，2007(2)．

工作人员数量的确定，应以图书馆所在区域的服务人口数为依据，每服务人口 10 000～25 000 人配备 1 名工作人员。这是一个基本数据，各个公共图书馆在配备人员的时候，还应考虑该馆的馆舍规模、馆藏资源数量、馆藏资源种类、服务时间、年度读者服务量等因素。如果馆舍规模大或较大，属于大、中型图书馆，接待读者多，文献种类复杂，且非常珍贵，还开展了丰富多彩的读者活动，这样的图书馆，要考虑适度多配备一部分图书馆员，提高配额比例；相反，则适度少配备一部分图书馆员。配备的具体人数要争取当地人事部门的大力支持。

配备图书馆馆员时，还要注意两点：一是具有相关学科背景的专业技术人员应占本单位在编人员的 75% 以上，二是少数民族地区公共图书馆配备馆员时，应配备一定数量的熟悉本民族语言文字的专业技术人员。

二、图书馆员要具有与岗位相应的专业知识与专业技能

公共图书馆的工作人员在不同的岗位承担不同的职责，普通馆员担负起图书馆的日常管理、服务指导、基础活动等内容；学科馆员承担为读者提供知识导航、业务交流、创新指导、活动体验和参考咨询等内容；活动策划类馆员就是负责针对不同地域、不同年龄、不同特点、不同爱好的读者或读者群体，筹划、组织、实施众多内容丰富、形式多样、效果突出的读者活动，比如全民阅读活动、故事大赛、创意制作、文旅融合创意大赛等；技术类馆员负责馆内公共设施设备的安装、调试和维护，保障其正常运行；服务推广类馆员承担着帮助读者了解图书馆、接受图书馆、喜欢图书馆，并熟悉图书馆的整个服务过程的职责；公关类馆员主要负责与其他社会机构进行合作与共建，寻求合适的合作对象、寻找最佳的合作方式，求得最佳的

合作效果。每个工作人员不论身处何种岗位，都要努力学习相应的专业知识、掌握专业技能、熟知专业技巧，履行各自职责，做出优秀成绩。并且要紧跟时代的发展步伐，不断地更新自己的知识储备，不断提升自己的专业知识和专业技能，升华自己的专业态度，磨炼自己的专业意志，培养一批素质过硬的图书馆馆员，才能在智能化时代把图书馆的工作做得更好!

三、提高馆员专业知识的方法

(一)着力提高入职人员学历

图书馆行业是一个专业性较强的行业，有其他行业不具备的特殊性，在欧美许多国家，较早实行了图书馆职业准入制度。在美国，要成为图书馆馆员首先必须有相关专业学士学位，然后再到美国图书馆协会指定的院校攻读图书馆学或情报学硕士，在取得硕士学位后，再经过图书馆协会的考核，合格后才能取得图书馆馆员准入的资格，才能成为真正的图书馆馆员。因此，我们国家应当逐步推行职业准入制度。按照《事业单位岗位设置管理试行办法》的要求，明确区分管理岗位、专业技术岗位、工勤技能岗位三大类别，按照岗位选拔范围、选拔条件、任职资格、聘用程序进行严格管理，把品行端正、知识丰富、工作能力突出、热爱图书馆事业、热心为读者服务、擅长协调与管理的优秀人员选入图书馆系统，成为图书馆行业的优秀的馆员。

(二)深入实施继续教育

要立足岗位成才，提升专业素养，做一行爱一行，爱一行钻一行，日积月累、聚沙成塔。要适应社会的发展速度，快速更迭自己的知识储备，要坚持一边努力工作，一边学习专业知识，要下真功夫、下深功夫、下最大决心持之以恒地学习图书馆学基础、中国图书馆史、文献学概论、目录学概论、文献资源建设、文献分类法、文献编目、人文社会科学文献检索、科技文献检索、咨询与决策、图书馆运行与管理、中国古籍版本学、图书馆与信息中心管理、数字图书馆导论、图书馆系统维护与评价、地方文献学、全民阅读及活动、残障人士的阅读权益与服务保障等学科知识；虚心向老专家老同事学习，学习他们长期在专业岗位上积累的工作经验和工作体会；图书馆也应采取激励措施，鼓励馆员继续参加教育，改变传统观念，创新发展思维，不断丰富和扩大自身的知识面，具有信息分析和信息处理能力，提高馆员的竞争意识，调动馆员的积极性和工作热情。营造良好的工作氛围，举办专业技能竞赛等活动，加强团队合作，提升服务质量，定期举行经验交流、业务学习等集体活动，增强团队的合作精神和凝聚力，促进馆员学习各类知识。

（三）强化馆员日常培训

培训工作是图书馆的一项日常工作，也是一项非常重要的工作，对于提升馆员业务能力、端正工作态度、加强道德修养、保障服务效能非常重要。图书馆的培训项目很多，培训活动也很多。根据不同的分类标准，可以划分出不同类型的培训。依据图书馆的培训对象划分，可分为读者培训、馆员培训、馆长培训、图书馆学会会员培训等；根据培训时间长短划分，可分为短期培训或中长期培训，短期培训通常在两三天以内，长期培训可长达几年；根据培训人数多少和规模分，可分为大型培训、中型培训和小型培训；根据培训媒介划分，可分为线上培训和线下培训。线下培训又可分为授课培训、学科教育、导师制学习（或师徒学习）和交流实训。授课培训又可分为讲座、研讨、考察、互动演练、进修、观摩学习，等等。根据培训的内容划分，分为道德与礼仪培训、业务知识培训和综合培训，道德与礼仪培训包括思想道德建设、职业道德与职业精神、图书馆员行为规范、服务礼仪与规范、图书馆文化等；业务培训包括文献资源建设、分类编目、图书借还、全民阅读、少儿阅读、老年人阅读、地方文献、参考咨询、读者活动、文献检索、数字资源建设、古籍阅览与维护、读者意见的处理与反馈、服务效能的提升等；综合培训主要包括智能化图书馆建设、信息素养的提升、图书馆空间设计与运用、语言表达沟通技巧、写作能力、心理素质提升、法律知识普及、危机管理与应急能力、创新能力、外语能力，等等。根据馆员的层级划分，可分为入职人员培训、馆员岗位提升培训、高级馆员业务研修和中高层管理人员培训。入职人员培训主要包含图书馆馆情介绍、图书馆史、图书馆的主要业务与方向、图书馆基本理论、图书馆前沿科技与展望、公共图书馆行业基本概况、图书馆政策与法规、职业发展、职业道德要求、职业素养和工作使命、管理构架与业务流程、常见的业务流程与总结等，目的是帮助他们尽快了解、感受和融入公共图书馆工作。馆员岗位提升培训，目的是提高业务技能、为解决工作中遇到的问题提供方法指导，培训的主要内容有文献资源建设、数字化建设与服务、读者服务与阅读推广、文献保护与利用、文创产品开发、服务效能管理等方面的专业课程。高级专业技术人员的研修培训主要是针对图书馆行业发展中某些专业前沿问题进行深度的学术研究、制订某些业务标准和业务规范，集中智慧解决业务发展中的关键问题和难点问题，通过思想碰撞、互相启发，切实推动某项专业工作在本地区的发展。中高层管理者培训主要是针对整个行业前沿发展情况、图书馆政策法规、行业战略分析、团队建设、人员管理等方面的系统学习和研究。中高层管理人员是图书馆发展的核心，他们不仅要了解外部发展环境、熟悉业务工作，还要懂管理、带队伍，因此，他们的培训既要宏观，又要具体。

（四）图书馆员的培训时限和培训内容

图书馆馆员的培训时限和培训内容总体上遵从《公共图书馆服务规范》（GB/T 28220—2011）的要求。《公共图书馆服务规范》规定：公共图书馆应坚持实施针对全体工作人员的教育培训计划。每年用于人员教育培训经费预算，应占职工年工资总额的1.5%～2.5%。年人均受教育培训的时间应不少于72学时。要根据工作人员的岗位、业务和层次的不同进行不同系列、不同层级的培训。图书馆馆员培训又有其工作特点。根据馆员的工作类型划分，可分为管理人员培训、专业技术人员培训、工勤人员培训。管理人员培训主要是培训图书馆运行与管理模式、现代图书馆管理理论、现代图书馆管理实务与创新、图书馆与图书馆史等；专业技术人员主要培训图书馆运行与服务所需专业知识和专业技能；工勤人员培训主要培训行政管理系统、后勤保障系统的运行，计算机系统、强弱电系统、给排水系统、电气系统、供暖系统、消防系统、监控系统、电梯空调系统的安全维护、特定设备的安装使用，等等。

每次培训都要制订详细周到的培训方案，培训方案一般有培训目标、培训内容、培训形式、培训时间、培训地点、参训人员、授课老师、培训经费、培训纪律、授课评估、交通路线等部分组成。因此，各级公共图书馆要根据不同的特点、对象和要求进行培训。只有通过长期的系统的培训，才能有效提升馆员的专业知识和业务能力，才能推动图书馆的发展。

四、鼓励专业技术人员评定专业技术职称

职称（Professional Title）最初源于职务名称，理论上讲职称是指专业技术人员的专业技术水平、能力，以及取得成就的等级称号，是反映专业技术人员的技术水平、工作能力的标志。随着社会的发展，对专业技术人员的水平评价与聘任岗位逐步分离，即“评聘分离”。聘任的岗位称为“专业技术职务”，简称职务；而专业技术人员的水平则以“专业技术职务任职资格”来标识，简称职称。所以职称就成为反映一个专业技术人员工作能力和科研水平高低的标志。评审职称的目的就是通过充分肯定专业技术人员的专业水平、工作能力、社会价值和工作成绩，使专业技术人员在晋升相应职称的同时，获得相应的物质利益，以此激励其不断提高学识水平和工作积极性，鼓励其更加努力，去完成更高级的工作。即“评”是对职称申请者学术水平和工作能力的肯定，“聘”是依据申请者的学术水平对其工作业绩与工作态度的认可。

图书馆馆员长期从事文献采访、分类编目、信息咨询、决策参考、全民阅读、读者活动、文创开发、古籍修复、地方文献收集等专业性工作，是一项艰辛而复杂的脑力劳动，肩负着全人类知识的传承和文化血脉的延伸，担负着全民阅读的推广和全民族文化素质的提高，成年累月、兢兢业业、埋头苦干、默默无闻、无私奉献、甘为人梯，用自己的心血搭建中华优秀传统文化的血脉，用辛勤的汗水浇灌着全民阅读的花园，所以图书馆人更应该去申报相应的职称，这是党和政府的关怀，也是法律所赋予的义务。具体到每个图书馆该如何申报职称，请与当地人事部门联系，以当地人事政策为依据。但是在这里，笔者要积极支持、积极鼓励每位同事既要努力工作，又要积极申报。

第九节　设立少年儿童阅览区或少年儿童图书馆的责任

《公共图书馆法》第三十四条规定：政府设立的公共图书馆应当设置少年儿童阅览区域，根据少年儿童的特点配备相应的专业人员，有条件的地区可以单独设立少年儿童图书馆。

少年儿童是祖国的花朵，是中华民族的希望，是祖国的明天，是民族复兴的后备军。“少年强则国强，少年智则国智。”少年儿童今天所受的教育预示着明天应该扛起的担当，今天给予的营养蕴含着明天强壮的筋骨。全社会所有组织、所有部门、所有单位、所有的人都应当关心少年儿童的成长，关心少年儿童图书馆的建设。

少年儿童图书馆是我国图书馆事业的重要组成部分，是保护广大少年儿童的文化权益、建立健全公共文化服务体系的重要举措，是少年儿童塑造美好心灵、触动世界脉络、启迪健全心智的第二课堂，是少年儿童接触社会、全面学习、提高素质的社会教育基地，因此，各级各类图书馆务必加强少年儿童阅览区的建设，有条件的地方，务必加强少年儿童图书馆的建设。

一、少年儿童阅览区的建设

（1）位置：应当设在图书馆一楼，最好有良好的日照、自然通风和天然采光。少儿阅览区应与成人阅览区分开设置、动静分离，并应单独设立出入口，保证图书馆环境的整体安静和少年儿童的出入安全。如果条件允许，可以设置室外活动场地，并有单独的通道连接，让少年儿童尽可能多晒太阳，多参加户外活动。

（2）面积：少年儿童阅览室的藏书区与借阅区的面积之和，

至少占整个图书馆藏书和借阅区总面积的10%~20%，甚至更大。

（3）阅览室：安全是少年儿童阅览室的首要条件。阅览室与室外的通道无垃圾无障碍物，指示灯或引导标志清晰；地面整洁无杂物，桌椅柜无尖角，墙壁立柱软质包裹。色彩鲜艳，喜庆明快，保持安静，一般不超过45dB，声环境为较静区。

（4）区域划分：不同图书馆的少儿阅览区的面积不同，每个馆的办馆方向、工作重点、工作内容不同，所以，在区域划分上，各个馆的做法不一样，没有一个全国统一的标准。但最基本的动静分离是必须的。

辽宁省图书馆依据不同的少儿读者对象，设置了特殊群体服务中心、少儿天地、中外文文献借阅区等服务空间。深圳市盐田区图书馆总馆少儿区分为少儿图书借阅区、少儿多媒体阅览区和玩具图书馆。湖南省少年儿童图书馆专门组建了绘本馆，600平方米，绘本藏量达6800册，分为亲子阅览区、电子绘本区、英文绘本区和玩具游乐区。江苏省淮安市图书馆少儿馆分为绘本区和阅读区；少儿阅览活动区域包括绘本馆、玩具馆、手工馆、少儿T台、少儿影院，等等。

（5）文献配置：要针对少年儿童的特点，采购集知识性、趣味性、教育性于一体的图书、报刊、音像制品和电子出版物，要特别重视少年儿童喜闻乐见的动漫作品、多媒体作品、体验作品、玩具图书，切实保障少儿文献购置费，保证少年儿童文献藏量的逐步增长。

（6）技术标准：公共图书馆设立少年儿童阅览区时，除留出必要的工作联系通道外，需与成人进行分隔，以免相互干扰。少年儿童使用的书桌，高度一般不超过1.30m。集中采暖系统室内温度设计参数是20℃，冬季的干球湿度18~20℃，相对湿度

30%～60%，风速小于0.2m/s，夏季的干球湿度25～27℃，相对湿度40%～65%，风速小于0.3m/s。阅览室应保持气流均匀，当采用机械通风时，空气流速不大于0. 5m/s。通风换气次数为1～3次/h。照明要求：参考平面及其高度0.75m水平面，照度标准值300 lx，统一眩光值19UGR，一般显色指数80Ra，照明功率密度9W/m²。天然采光值：采光等级Ⅲ级，侧面采光系数标准值3%，侧面采光天然光照度标准值450 lx，侧面采光窗地面积比为1/5，顶部采光系数标准值2%，顶部采光天然光照度标准值300 lx，顶部采光窗地面积比为1/10。

二、少年儿童图书馆的建设

各地要充分认识建立少年儿童图书馆的重要性，积极鼓励有条件的地方，以《公共图书馆建设标准》为依据，建立独立建制的少年儿童图书馆。各级党委政府要把少年儿童图书馆的建设纳入当地国民经济和社会事业发展总体规划，纳入文化发展规划，不仅要建设，而且要高标准建设；不仅要建一个馆，而且还要在乡镇、街道、社区建设少年儿童图书馆分馆或少年儿童阅览室，努力构建包括少年儿童图书馆、少年儿童阅览室、少年儿童图书馆分馆在内的覆盖城乡的服务网络。

在建设少年儿童图书馆时，要充分保障残障儿童、农村留守儿童的文化权益，要给他们留有固定的空间和配置相应的设备。要配置流动图书车，坚持阵地服务与流动服务相结合，延伸服务链，扩大服务面，提升服务效益。

（1）独立建制的少儿图书馆面积，依据其服务的少年儿童人口数量，参照表3–22的指标执行。

表 3–22　独立建制的少儿图书馆规模配置参数

规模	服务人口（万）	建筑面积		藏书量		阅览座席	
		千人面积指标 (m^2/千人)	建筑面积控制指标 (m^2)	人均藏书（册、件/人）	总藏量（万册、件）	千人阅览座席（座/千人）	总阅览座席（座）
大型	400~1000	9.6~6	38 000~60 000	0.8~0.6	320~600	0.6~0.3	2400~3000
	150~400	13.3~9.5	20 000~38 000	0.9~0.8	135~320	0.8~0.6	1200~2400
中型	100~150	13.5~13.3	13 500~20 000	0.9	90~135	0.9~0.8	900~1200
	50~100	15~13.5	7500~13500	0.9	45~90	0.9	450~900
	20~50	22. 5~15	4500~7500	1.2~0.9	24~45	1.2~0.9	240~450
小型	10~20	23~22.5	2300~4500	1.2	12~24	1.3~1.2	130~240
	3~10	27~23	800~2300	1.5~1.2	4.5~12	2.0~1.3	60~130

（2）独立建制的少儿馆各类用房的比例，参照表 3–23 执行。

表 3–23　公共图书馆各类用房使用面积比例表

序号	用房类别	比例 (%)		
		大型	中型	小型
1	藏书区	30~35	55~60	55
2	借阅区	30		
3	咨询服务区	3~2	5~3	5
4	公共活动与辅助服务区	13~10	15~13	15
5	业务区	9	10~9	10
6	行政办公区	5	5	5
7	技术设备区	4~3	4	4

续表

序号	用房类别	比例 (%)		
		大型	中型	小型
8	后勤保障区	6	6	6

(3) 独立建制少儿馆的选址、空间设置，依据各地实际因地制宜，全国没有统一的规定和标准。这里举了北京、上海、深圳、河南少年儿童图书馆的做法，供同人们参考。

案例 1：首都图书馆少年儿童图书馆的区域设置与服务

首都图书馆少年儿童图书馆位于首都图书馆 A 座，面积约 4000 平方米，依据儿童青少年读者年龄、生理和心理特点，设有“少儿中文书刊借阅区”“少儿外文图书阅览区”“亲子借阅区”及“青少年多媒体空间”四大区域，为小读者提供各类文献借阅和阅读指导服务，并可进行数字阅读和新媒体技术体验。

亲子借阅区：适合年龄 0 ~ 6 岁，馆藏文献以低幼画册为主，有小朋友们最喜欢的火车、大象书架，家长可以带着小朋友在此一起阅读图画书。少儿中文书刊借阅区：适合年龄 7 ~ 17 岁，馆藏文献以中文书刊为主，有“国学堂、童话故事、绘本动漫、军事益智、历史地理、科学普及、报纸杂志”等几大主题区域，满足不同爱好的小读者们的需求，帮助孩子全面发展、健康成长。

少儿外文图书阅览区：适合年龄 0 ~ 17 岁，馆藏文献以原版英文图书为主，低幼图画书、青少年绘本、文学读物、科普读物等应有尽有，不同年龄的小读者，都能在这里找到喜爱的原版英文书。“亲子阅读、青少年阅览、多媒体视听欣赏、舞台表演”等几个主题区域，为读者提供多元的阅读环境。

英文主题故事会：适合年龄 3 ~ 6 岁，每周六、周日上午

10：00（除法定假日调休外）举行，主要内容是英文主题故事会，小朋友们在这里可以听英文故事、做趣味手工、结交新朋友。

青少年多媒体空间：服务对象为未满18周岁的读者。读者可以上网进行数字阅读；在平板电脑上使用各类应用；和小伙伴们玩体感游戏，亲身体验最新的多媒体技术；在太空舱座椅里看电影、听音乐；参加影音播放区的电影放映活动，观看3D和蓝光影片，等等。

案例2：上海少年儿童图书馆的分区与服务

上海少儿图书馆坐落在南京西路962号。馆舍面积4200平方米，有20个服务窗口，实行借阅一体化并开架服务。馆藏文献45万余册，保存有我国早期的少儿连环画、期刊和中外著名作家代表作等，是上海地区少儿图书资源中心。设置有文学室、英语室、导读室、科普室、自修室、期刊室、艺术图书室、多功能演讲厅、数字图书馆、儿童知识乐园和计算机教育中心。儿童知识乐园里有玩具城、小舞台，既能动手又能动脑，还能多功能阅读；计算机教育中心设有计算机管理系统、教育系统、多媒体导读系统和多媒体电子阅览室。

案例3：深圳少年儿童图书馆亮点突出

深圳少年儿童图书馆位于深圳市福田区红荔路1011号，占地面积2.2万平方米，建筑面积1.56万平方米，于2009年4月23日正式开馆。它是深圳特区及港澳地区目前唯一一家独立的专门为少儿、家长及教育工作者服务的文献信息中心，也是目前全国最大的少年儿童图书馆。它设施齐全，功能完备，根据不同的服务对象与文献特征，设有开放外借区、报刊阅览区、网络学习区、视障阅览区、国学馆、幼儿借阅区、亲子阅览区、读画世界、国际教育资源馆等多个阅览区域。同时设有多功能报告厅、阅读实践中心、梧桐树下等服务区域。现有馆藏文献

140 万册（纸质），期刊报纸 1100 种，读者席位 1200 个，日接待读者 5000 人。

案例 4：河南省少年儿童图书馆的分区很有特色

河南省少年儿童图书馆位于郑州市健康路 131 号，建筑面积 2.1 万平方米，阅览室座位 1500 个。馆藏文献资源 23 万余册，包括中外图书、报纸、期刊、儿童益智玩具等，其中低幼儿童绘本 4 万余册、动漫图书 2 万余册；数字资源 13.38T，包括电子图书 17 275 册、电子期刊 400 种、高清报纸 30 种、多媒体资源 600 多 G 等，内容有动漫图书、少儿国学馆、科普知识、数字音乐馆、中华连环画、中小学生学习库，等等。河南省少年儿童图书馆功能设置和空间布局，体现“以人为本”的原则，划分为六个功能区：低幼借阅区、综合借阅区、实践体验区、传统文化体验区、多功能区和自助借阅区，另外还增加一个 24 小时自助多媒体图书馆。

低幼借阅区：主要集中在一楼，设有总服务台、趣味阅览室、绘本阅览室、玩具阅览室、开心影院等场所。综合借阅区：主要在二楼，设有综合阅览区、报刊阅览室。实践体验区：主要在三楼，提供数字体验和专题文献阅览服务，设有多媒体阅览区（包括创艺乐园、数字阅览、3D 打印）、动漫广场、数字资源展示区（包括 5D 影院、高清影院、智能影像馆、体感游戏、3D 互动立体书、仿真书等）、外文阅览室、成人阅览室、原版港台外文图书阅览。传统文化体验区：在四层，主要功能是秉承“大国学”的概念，收藏反映中华优秀传统文化、民族文化和地域文化等方面的各类文献。设有历史教室、国学讲堂、国学阅览室、棋弈室、书画室、展厅、科学实验室，等等。多功能区：设在六楼，主要功能是提供举办文化活动和读者交流场所，设有童梦剧场、视听室、读者沙龙和小报告厅。自助借阅区：设置在附楼，主要功能是提供24小时便捷自助借阅服务，设有24小时自助图书馆和户外休闲阅读区。河南省少年儿童图书馆已成为全省少年儿童文献阅读中心、素质培养中心、分享交流中心、体验休闲中心、传统文化普及传承中心，全省少年儿童人人向往的精神家园。

三、配备足够工作人员，尤其是少儿阅读专业人员

馆员是图书馆服务的主体，是服务工作的组织者、实施者，是推动图书馆向前发展的重要力量，在图书馆服务过程中担当着重要的角色，尤其是为少年儿童提供服务的馆员，其责任特别重大。

少年儿童由于年龄小，接触社会实践少，生理和心理不成熟，导致其具有对成人的依赖性、认识问题的局限性、对各种事物的好奇性、与人沟通的艰难性等特点。因此，儿童图书馆馆员不仅要具备一般图书馆工作人员的素质，更是孩子们的保护神、人生导师和心理咨询师。每位馆员要把自己的工作情怀、服务理念、服务意识、心灵温暖融入孩子们的世界之中，真正成为孩子们的良师益友，并与孩子们一起分享成长的快乐与烦恼。这就要求少年儿童图书馆要建立与其功能、馆藏规模等相适应的专业化队伍。专业化队伍的基础是儿童图书馆馆员专业化。

儿童图书馆馆员专业化要求指馆员应当具备提供儿童阅读服务所需的职业素养、专业知识、专业技能、专业态度和专业精神。要求儿童图书馆员不仅具备图书馆学知识，还要懂教育学、儿童心理学、儿童行为学、儿童文学、计算机知识、网络技术，甚至5G时代的智慧图书馆知识、护理常识、儿童沟通技巧等知识与素养，还要对少年儿童充分关爱、有感情、有温暖、

有情愫。让馆员成为少年儿童的启蒙老师和人生航标。这就要求馆员的资质、学历、资历、能力和内涵更高。虽然我国图书馆近几年在招聘图书馆员时，学历要求是硕士及以上。但从目前儿童馆员整体学历来看，依旧以本科及以下学历为主，高层次人才较少，并且一般都没有接受过儿童图书馆学等相关教育。相反，在美国，专业少儿馆员在学历上要求非常严格，要想成为少儿馆员，除获取本科学历之外，还要在美国图书馆协会认可的图书情报学院取得硕士及以上学位，并且美国图书馆协会还专门修订了《公共图书馆儿童服务馆员资格》，对儿童服务馆员的专业资格提出了9项条件：顾客群的相关知识，行政及管理技能，沟通技巧，熟知馆藏，读者和参考咨询服务，活动组织能力，宣传推广、公共关系和合作技能，专业素养和发展潜能，技术知识。只有全面合格，才能正式成为少儿馆员。因此，从这一角度讲，我国培养少年儿童专业馆员的道路还比较长，需要加强培养、培训和社会合作，用多种方式弥补现有的缺口。至于少年儿童馆员的配置数量，仍然适用《图书馆服务规范》的规定，同时，辅之以少年儿童图书馆或少年儿童服务区域的规模、功能等因素来确定。

在培养培训少年儿童馆员的过程中，要把握三个方面，一是职业素养和职业道德教育。在职业素养和职业道德教育中，既要学习国际图联颁布的《面向婴儿和蹒跚学步儿童的图书馆服务指南》《面向儿童的图书馆服务指南》《面向青少年的图书馆服务指南》三份资料，在这三份资料中，对馆员在儿童不同时期的素质提出了具有较强针对性的要求。还要学习文化部《关于进一步加强少年儿童图书馆建设工作的意见》，《公共图书馆服务规范》《公共图书馆少年儿童服务规范》(GB/T 36720—2018)，特别是少儿服务规范要认真学习，从“软件”方面，包括人性关怀、服务人员素养、阅读分级、安全保障等；“硬件”方面，包含硬件设施、安全保障、环境营造等；工作量化方面进行深入的研究和探讨。二是专业知识的学习，特别是儿童图书馆学、少儿活动策划与服务管理、图书馆学概论、教育学、教育心理学、儿童心理学、儿童行为学、儿童文学、计算机知识、网络技术，护理常识、沟通技术与技巧、甚至5G时代的智慧图书馆等知识。让准馆员或馆员有条件接受正规化、系统化的学习，是儿童图书馆员专业化的基础。三是加强与其他社会组织、机构或个人的合作。图书馆要善于运用多元化的社会资源，要善于通过合作，获取其他社会组织或单位的人才优势，弥补馆员专业素质不足和人员结构不够均衡的问题，服务于广大儿童及开展各类阅读推广活动。

案例 5：英国少儿图书馆的分区与服务

英国公共图书馆中，儿童馆一般根据年龄段划分为幼儿区、儿童区和少年区 3 个区域，并根据儿童不同年龄阶段的特性提供具有针对性的服务，不同阶段的儿童都能根据自身年龄层次和阅读水平找到适合自己的图书及感兴趣的活动，如牛津郡图书馆：幼儿区贯彻“开始阅读”（Start Reading）理念，培养幼儿的阅读意识，图书形式以立体书、布艺书以及折叠书等极具趣味性的类型为主，图书内容主要涵盖手工绘本、童话和故事等，还提供有声读物、音乐作品及影视录像等音像制品资源。儿童区则提供涵盖故事、历史、科技、文化、百科等多个层面的图书，以及乐高、积木、智力拼装、魔方等益智类玩具，帮助儿童拓展开放性思维。少年区增添科幻故事、小说等作品，并提供专门阅览室，供中小学生校外时间到馆学习、阅读或完成课程任务。同时，设立专门的电脑区域和阅览空间，并配有适合不同年龄阶段儿童高度的桌椅以供使用；提供儿童自助借阅机等自助设备取代人工服务，以锻炼、提高儿童的自主操作能力。

第十节　为捐赠者命名的责任

《公共图书馆法》第二十条规定：公共图书馆可以以捐赠者姓名、名称命名文献信息专藏或者专题活动；公民、法人和其他组织设立的公共图书馆，可以以捐赠者的姓名、名称命名公共图书馆、公共图书馆馆舍或者其他设施；以捐赠者姓名、名称命名应当遵守有关法律、行政法规的规定，符合国家利益和社会公共利益，遵循公序良俗。这一规定是我国公共图书馆事业发展的一大进步，它结束了长期以来“能不能捐建图书馆”“捐建图书馆能否冠名”的争论，为“捐建图书馆能冠名”提供了坚实的法理依据。同时为推动图书馆事业的发展起到了两个方面的积极作用：一方面将激发更多的社会力量参与公共图书馆建设。允许为“捐建图书馆冠名”，将会吸引更多的公民、社会组织捐赠更多的文献和资金参与图书馆建设，增加图书馆的文献馆藏量，丰富图书馆的文献种类，缓解政府财政压力，缩小人民群众美好生活需求与公共图书馆馆舍不够、馆藏量不足的矛盾。目前我国图书馆事业虽然取得了很大的进步，但站在全球的角度来看，我们的差距依然很大。西方国家平均1万多人甚至几千人拥有一座公共图书馆，德国公共图书馆的数量达到0.7万个，平均不到每5000人就拥有一座公共图书馆；芬兰是全世界人均图书馆最多的国家，平均每2000多人就拥有1座图书馆，而目前我国平均43.72万人才拥有一座公共图书馆；联合国教科文组织推荐的国家图书文献藏量为人均1.5～2.5册，而我国目前人均拥有公共图书馆藏书量只有0.55册，与国际标准相比，存在显著差距。因此，吸引更多的社会力量参与图书馆建设非常必要。另一方面为有爱心、有奉献精神、有责任感的个人和组织，履行社会义务提供了通道。捐赠是一种高尚、无私和大我的自愿行为；是一种社会责任心和社会责任感的自觉表现；是一种应该被全社会成员和后人所铭记、敬仰和崇拜的行动。无论捐赠者是什么样的人，捐赠的数量多少、价值几何，只要他是为社会、为他人捐赠，他们的初衷、愿望和行动都是应当得到全社会的充分肯定和认可。因此，不管是企业家、社会名人、大企业还是普通民众、微小企业，只要他们通过捐赠支持图书馆事业，都是履行社会责任的具体表现，都是应当鼓励和提倡。但是，在具体实施为捐赠者命名的时候，仍然要注意以下问题。

一、命名原则

(1) 遵守国家法律法规，遵循公序良俗的原则。接受捐赠和命名不能见钱眼开、来者不拒，要有底线意识和规范意识，要遵守国家的法律法规，遵循一定的社会规范和公序良俗。要把捐赠这种高尚的、严肃的事情办好做实，没有社会争议。一般说来，凡是有违反国家法律和政策的企业的捐赠，不能接收，比如，生产假冒伪劣产品的企业的捐赠不能接收；烟酒类企业、内衣型企业的捐赠能接收，但不宜直接用其企业名称命名。否则就有鼓励烟酒消费和提倡不雅行为之嫌。在我们国家是允许烟酒消费的，但不提倡不鼓励烟酒消费；内衣等带有私密因素的企业产品以一定的形式销售、一定规模的营销是可以的，但要特别注意宣传的度和宣传的场合，要与公序良俗、与人们的审美意识一致，否则会造成一定的负面影响。前不久，享有所著名大学图书馆接收了一家内衣企业的捐赠，然后把一栋大楼命名为某内衣大楼，引起人们的强烈反响，虽然此种命名方式不违反法律，但招致人们的非议，在社会上造成一定的负面影响，所以最好是做一定的调整。

（2）尊重捐赠者意愿的原则。要充分尊重捐赠者的意愿，包括捐赠数量、捐赠项目、捐赠用途、命名内容、命名方式等，原则上都以捐赠者的意愿为前提。在使用捐款和捐赠文献的过程中，也要及时向捐赠者反馈使用效果，包括读者的意见和建议，原则上，一旦捐赠行为发生后，不管是命名的馆舍、建筑设施、文献专藏，都应长久保存下去，如果确实需要更换或拆除，都要及时沟通并听取捐赠者意愿；受赠图书馆对每笔捐赠都要有记载，并以一定的形式反馈和宣传。

（3）推动图书馆事业发展，符合公共图书馆职业特点的原则。要始终牢记公共图书馆是社会主义公共文化服务体系的重要组成部分，坚持以习近平新时代中国特色社会主义思想为指导，坚持社会主义先进文化前进方向，坚持以人民为中心，坚持以社会主义核心价值观为引领。凡是与公共图书馆事业的发展方向和工作职责不相符合的捐赠，数量再大也不能接受，更不能命名。接受国外企业和相关组织的捐赠，应向上级主管部门报告。捐赠的企业应当是模范遵守国家法律法规、诚信经营、信誉良好的企业，捐赠的个人应当是成绩突出、德才兼备、受人尊敬的人，如科学家、艺术家、教师、医生、公务员、各行业人士等；只要他们诚心捐赠，并对图书馆事业有推动和促进作用，没有社会非议，都可以接收和命名。

二、命名范围

（1）图书馆类：公共图书馆、专题图书馆、少儿图书馆、老年图书馆、城市书屋、24小时自助图书馆、文献信息专馆

（藏）等。

（2）建筑类：已建、在建或拟建整体建筑物或楼宇局部，如阅览厅、学术报告厅、会议室、展厅、自习室、餐厅、修复室、古籍阅览室等。

（3）活动类：读者活动、阅读推广活动、专题活动等。

（4）风景类：图书馆的广场、道路、绿化景点等。

（5）人才岗位类：名誉馆长、特聘馆员、讲席馆员、参考咨询员、阅读大使、阅读志愿者等。

（6）实验室类：某某阅读研究院（中心）或实验室等。

（7）基金类：青年馆员成长奖励基金、科研成果奖励基金、服务创新基金、融合发展基金等。

（8）基地类：全民阅读基地、专题文献基地等。

（9）按照捐赠者意愿进行的有利于图书馆事业的其他项目。

三、命名标准

由于《公共图书馆法》刚实施不久，向公共图书馆捐赠的项目也不多，全国没有一个统一的捐赠命名标准。所以，在这里笔者列举了《山东大学土建学院社会捐赠项目命名办法（试行）》中的“命名标准”，供图书馆界的同行们参考借鉴。

（1）建筑类：捐赠额大于或等于建筑物造价1/2者，可获得该建筑的整体命名权，如建筑物造价较高，其命名由双方协商解决。

（2）学科或实验室类：捐赠额度大于或等于某学科或实验室投资总额1/2者，可获得该学科或实验室的命名权。

（3）奖（助）学金类：捐赠额度每次一般不低于2万元，总额不低于10万元，可获得冠名权。

（4）科研创新基金类：捐赠价值人民币50万元以上者，可

获得基金命名权。

(5) 留学基金类：捐赠价值人民币 100 万元以上者，可获得基金命名权。

(6) 其他捐赠项目命名权的获得条件，应在学院合作发展委员会批准立项时一并说明。

四、命名程序

一般说来，一次捐赠命名活动要经过以下程序：①捐赠方首先要与图书馆负责捐赠工作的部门进行沟通交流，就捐赠命名项目取得初步一致的意见后，由图书馆的部门负责人向分管领导汇报；②分管领导认可后，请捐赠方提交捐赠者基本信息、捐赠项目基本信息、捐赠命名方案等，再提交馆长办公会讨论；③馆长办公会同意后，应在官网或全馆范围内公告；④举行捐赠仪式或捐赠命名仪式。在相应位置设置有标志性牌（匾、碑、桩），并永久保存；⑤捐赠命名档案材料由馆办公室或档案室整理归档。

第十一节　处理好剩余财产的责任

在《公共图书馆法》中，涉及资产的有两条：第十六条和第二十一条。第十六条要求公共图书馆成立时，在递交的《公共图书馆章程》中，要有“剩余财产的处理方案”。第二十一条规定：公共图书馆终止时，应当依照有关法律、行政法规的规定处理其剩余财产。

财产是指金钱、财物及民事权利义务的总和[1]。每个图书馆

[1] 新华字典第五版 1127 页。

都有自己的财产。财产的种类很多，如果按财产的所有权分：分为国家财产、集体财产、个人财产；按财产是否具有实物形式，分为：有形财产（如金钱、财物、馆舍）和无形财产（如著作权、发明权、专利权）；按民事权利义务，分为：积极财产（如金钱、财物及各种权益）和消极财产（如债务）。

图书馆的财产是指图书馆所拥有的、在法律上确认为图书馆所有、能以货币计量的各种经济资源的总和。包括：馆舍、图书、期刊、报纸、电子文献、视听资料、档案资料、机器设备、各类家具、非消耗性办公用品、消防器材及其他公用设施等。

图书馆终止时，按财产的所有权人进行处理。如果出资人是政府，是各级政府举办的公共图书馆，那图书馆的剩余财产就属于国有资产，按国有资产的管理办法进行处理；如果出资人是个人，那图书馆的剩余财产就属于个人财产，按《民法通则》关于个人财产的管理规定进行处理；如果图书馆是单位联营或个人合伙的，那剩余财产按《民法通则》关于单位联营或个人合伙的相关规定进行处理。

第四章　管理责任

管理责任是《公共图书馆法》赋予的又一重要责任，具体包括普通文献管理、古籍管理、馆际合作与活动管理、读者信息与隐私管理。

本章的主要内容涉及《公共图书馆法》第三章“运行”和第四章“服务”中的10条12个方面的内容，具体包括：第二十四条公共图书馆应当根据办馆宗旨和服务对象的需求，广泛收集文献信息；政府设立的公共图书馆还应当系统收集地方文献信息。第二十五条公共图书馆通过采购、接受交存或者捐赠等合法方式收集文献信息。第二十七条公共图书馆应当按照国家公布的标准、规范对馆藏文献信息进行整理，建立馆藏文献信息目录，并依法通过其网站或者其他方式向社会公开。第二十八条公共图书馆应当妥善保存馆藏文献信息，不得随意处置。按照国家有关规定和标准对古籍和其他珍贵、易损文献信息采取专门的保护措施，确保安全。第二十九条公共图书馆应当定期对其设施设备进行检查维护，确保正常运行。第三十八条公共图书馆应当通过其网站或者其他方式向社会公告本馆的服务内容、开放时间、借阅规则等。第四十二条公共图书馆应当定期公告服务开展情况，听取读者意见，建立投诉渠道，接受社会监督。第四十一条加强馆内古籍的保护，根据自身条件采用数字化、影印或者缩微技术等推进古籍的整理、出版和研究利用，并通过巡回展览、公益性讲座、善本再造、创意产品开发等方式，加强古籍宣传，传承发展中华优秀传统文化。第四十三条公共图书馆应当妥善保护读者的个人信息、借阅信息以及其他可能涉及读者隐私的信息，不得出售或者以其他方式非法向他人提供。第五十条公共图书馆及其工作人员有出售或者以其他方式非法向他人提供读者的个人信息、借阅信息以及其他可能涉及读者隐私信息的，由文化主管部门责令改正，没收违法所得等内容，如图 4-1 所示。

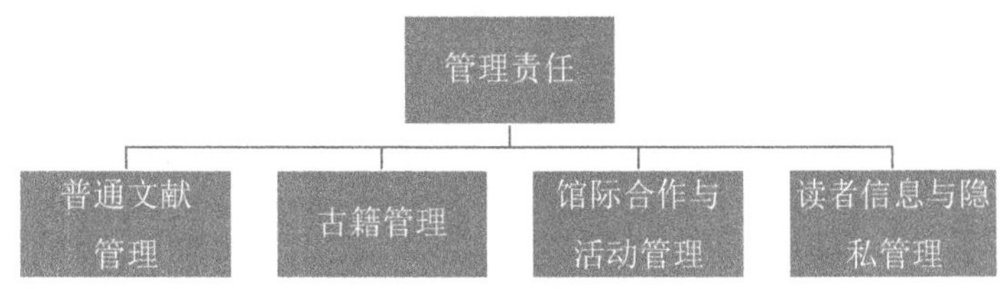

图 4-1　公共图书馆管理职责

第一节　普通文献管理

一、文献与文献资源建设

1. 文献的概念

文献是记录知识的一切载体[1]。即通过一定的方法和手段、运用一定的意义表达和记录体系记录在一定载体上的有历史价值和研究价值的知识。既包括书籍、期刊等出版物外，也包括甲骨、金石、简帛、拓本、图谱、缩微胶片、光盘、声像资料等。还有一种比较通俗的解释：所谓文献，“文”就是文本、书本记载的，“献”就是口头相传的。因此，文献是记录、积累、继承、传播和弘扬知识的有效手段，是人类社会活动中获取信

[1] 见国家标准《文献著录总则》(GB/T 4894—1985) 中关于“文献”的定义。

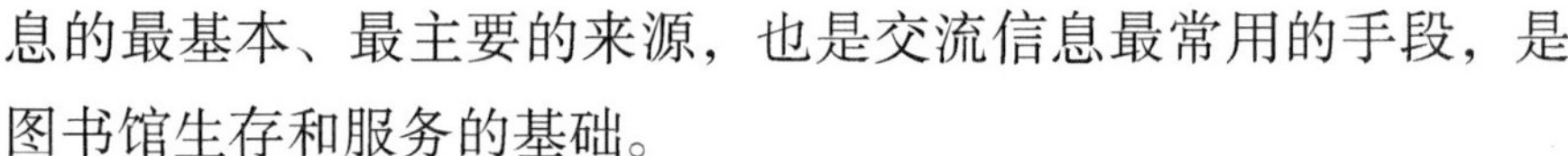

息的最基本、最主要的来源，也是交流信息最常用的手段，是图书馆生存和服务的基础。

2. 文献的分类

根据载体不同，文献可分为印刷型、缩微型、机读型和声像型。印刷型文献是最基本、最常见的文献形式，主要包括铅印、油印、胶印、石印等文献。缩微型文献是以感光材料为载体的文献，又分为缩微胶卷和缩微平片。机读型文献就是通过编码和程序设计，把文献变成符号和机器语言，输入计算机，存储磁盘、U盘、硬盘或云存储，阅读时，再由计算机输出的文献。声像型文献又称为直感型或视听型文献，是以声音和图像形式记录在载体上的文献，如唱片、录音带、录像带、电影、幻灯片等。

根据出版形式及内容，文献分为：图书、连续性出版物、特种文献。图书是指篇幅达到48页以上并构成一个书目单元的文献。连续性出版物是围绕一个主题，连续多篇次或多版本出版的文献，主要包括期刊、报纸、年度出版物等。特种文献是指出版发行和获取途径都比较特殊的文献，一般包括会议文献、科技报告、专利文献、学位论文、标准文献、科技档案、政府出版物七大类。此类文献数量庞大、特色鲜明、内容广泛、参考价值和使用价值极高，是非常重要的信息源。在政府出版物这方面，除科研报告、科普资料、科技政策、技术法规等科技文献外，还包括行政性文件，比如各类规划、意见、决议、议案、草案、方案、工作报告、会议记录、法律、法令、条约、规章、制度、通知、调查资料、统计资料等。

根据文献内容、性质和加工深度可将文献分为：零次文献、一次文献、二次文献、三次文献。零次文献是指未经加工整理出版的随笔、手稿、记录、原始数据、原始记录、最初思路等文献。它是一次文献的基础。一次文献是指以作者本人的研究成果为依据而创作的文献，如图书、期刊论文、会议论文、学位论文、科技报告、研究报告、产品样本、专利说明书、标准文献等。图书又包括名著、一般性专著、教科书、科普通俗读物、资料性工具书等。二次文献是对一次文献进行加工整理后产生的新文献，如书目、题录、简介、文摘等。三次文献是在一、二次文献的基础上，经过综合分析而编写出来的文献，人们常把这类文献称为“情报研究”，如综述、专题述评、进展报告、数据手册等。文献种类繁多，传统上对文献的统计一般用“种”“册”来做计量单位，但是由于各种非书资料，特别是缩微、多媒体馆藏文献的大量增加，用“册”难以统计全面，目前已改用“种”“册”“件”并用。

3. 文献资源建设

文献资源建设是根据图书馆的办馆宗旨、奋斗目标和读者需求，系统性地规划、选择、收集、组织、管理文献资源，建立具有特定藏书体系的全过程，是图书馆工作的重中之重，是其为读者提供优质服务的资源保障和扩大图书馆影响力的前提条件。不管是当今的国家图书馆、首都图书馆、上海图书馆、天津图书馆、重庆图书馆、四川省图书馆、湖北省图书馆、广州图书馆、深圳图书馆等知名图书馆，还是历史上著名的两汉石渠阁、隋朝的观文殿，宋朝的崇文院，明代的澹生堂，清朝的四库七阁等都是文献资源丰富、特色文献突出、珍稀文献富聚、有相当影响力和知名度的文献资源存储中心、交流中心和研究中心。

文献资源作为一种智力资源、知识资源和智慧资源，不是天然存在的，而是需要人去收集、整理、组织和逐步积累的。文献资源建设一般包括两方面的工作：一是对各类文献的收集、组织、管理、贮存等工作。二是联合多家图书馆对现有文献资源进行协作协调，突出各自优势，形成有特色而又比较完备的各自馆藏，进而在一定区域内建成比较完备的文献资源保障体系，以满足读者需求、保障社会发展和国家建设需要。

我国曾于20世纪50年代开始全面进行文献资源建设。1957年，国务院公布了《全国图书协调方案》，成立了北京、上海两个全国性中心图书馆委员会和9个地区中心图书馆委员会，对外文书刊采购进行协调，编制了中文、俄文、西文、日文等语种期刊的联合目录和18种全国性专题联合目录，并定期出版《全国西文新书联合通报》。1962年，国家科委和文化部制定了1963—1972年科学技术发展规划，进一步提出了全国文献资源整体规划建设的意见，包括确定、加强、充实中心图书馆和专业图书馆，建立图书馆协作区，加强联合目录和集中编目工作等。20世纪80年代，中国图书馆学界、情报学界从实际需要出发，对文献资源建设开展了大量的研究与实践。提出建设内容完备系统、利用迅速方便、结构经济合理、运营切实可行的国家文献资源保障体系，并设计了各种方案。1988年，成立部际图书情报工作协调委员会，下设文献资源专业组和计算机协调组，开展了全国文献资源调查，评估了全国研究性文献情报机构的文献收藏，提出了协调规划的建议。进入21世纪，我国文献资源建设获得快速发展。要抓好文献资源建设，每个图书馆都要制定明确的、符合当地实际和本馆特色的文献资源建设方针和文献资源建设体系。

二、收集文献的责任、特别是系统收集地方文献的责任

《公共图书馆法》第二十四条和第二十五条，对广泛、系统收集文献信息，特别是地方文献信息做出了明确规定。这两条

规定表明了公共图书馆在文献收集方面的责任和义务，要求各级公共图书馆一定要从体现办馆宗旨和满足读者需求的角度出发，下大力气，出真功夫，从多个方面系统收集各类文献，特别是地方文献，是各级公共图书馆义不容辞的责任。

《公共图书馆法》中的文献“收集”，在图书馆实践和图书馆专业里，通常称为“文献采访”。

1. 文献采访的原则

公共图书馆在文献采访时，要坚持以下原则：

(1) 坚持社会主义先进文化前进方向的原则。要坚持社会主义先进文化的前进方向，把公共图书馆打造成为先进文化的建设高地。凡是与社会主义先进文化前进方向不符的文献不予收集，主题、内容、版本与社会主义先进文化不一致的文献，一律不予收集。相反，体现社会主义先进文化前进方向，传递正能量，促进社会经济发展，展现全国人民良好精神风貌等主题和内容的文献，要大力收集。对传承当地优秀文化，特色突出的地域文化，要系统收集，长年累月地收集，形成地方文献资源库。

(2) 体现办馆宗旨和文献资源建设方针的原则。要体现办馆宗旨和文献建设方针，建特色馆藏。办馆宗旨是图书馆建设与发展的灵魂，是全体馆员共同汇集的价值理念、行为规范和奋斗目标，具有前瞻性、导向性、继承性、发展性等特点；文献建设方针是指导图书馆文献资源建设的总纲和根本指南，是每个文献资源建设者和馆员长期坚持的工作方向和工作任务，每个文献资源建设者时时刻刻要把建设方针体现在每天具体的文献采访工作中，使每个图书馆都有自己的馆藏文献特色，不是千篇一律、照抄照搬。

(3) 合理建设馆藏结构的原则。要合理布局馆藏结构，构建丰富而有特色的馆藏文献体系。要深度挖掘文献来源，充分了解读者需求，合理建构馆藏构成。要注重文献类型比例，比如纸质文献与数字文献的结构，传统文献与多媒体文献的构成，图书与报纸、期刊的结构，数字文献与纸质文献、缩微、实物文献的结构，古代文献与近、现、当代文献结构，文学与社会科学、自然科学的结构，一般读者需求的文献与特殊读者需求的文献结构；语种结构，中文文献与外国语文献结构，中文文献与少数民族语言文献的结构，外语文献与英文文献的结构，休闲文献与发展文献的结构等，都要广泛而深入地认真研究。

(4) 规范采访的原则。要规范收集各类文献，合法收集各类图书。规范收集文献主要体现在三个方面：一是渠道规范。要通过国家正规出版社的订购渠道、国家邮政部门的发行渠道、国家正规数字资源部门举办的体验展销会、新闻出版发行单位举办的图书展销会、现场采购会、订购会等。二是内容规范。文献内容绝对不能出现反动、低俗、媚俗、传播封建迷信等方面的内容。三是版本规范。绝对不收集非法出版物，慎重接收个人捐赠文献，对一些版本存有疑虑、拿不定意见的文献，不要着急进入流通环节，待专家们审定权威部门认可后，再决定是否进入流通外借环节。

2. 文献采访的方法

公共图书馆收集文献的方法很多，主要有购买、接受赠送、接受呈缴本、馆际交换、文献传递、复制、征集等形式，但常见的只有三种方式：采购、接受呈缴和捐赠。这三种方式在具体的工作中受多种因素的影响和制约，归纳起来有两大因素，一是图书馆外部因素，主要有：当地经济社会发展水平、当地领导的重视程度、当年财政拨款额度、交存单位的积极性、大众捐赠的踊跃程度。二是图书馆内部因素，主要有文献资源建设方针与文献资源建设政策的执行力度、纸质文献与数字文献比例、大码洋图书与一般文献的采访比例、采访人员的敬业精神、工作态度和业务熟悉程度，如何激励当地出版社交存各自出版的文献，如何发挥大众捐赠图书的积极性等。这就需要各级公共图书馆认真思考、趋利避害，把文献收集工作做好！

3. 文献配置标准

图书馆馆藏是指图书馆收集各类文献的总和。它是图书馆赖以存在的物质基础，也是图书馆满足读者知识需求和服务需求的根本保证。图书馆在不同历史时期，馆藏文献类型和馆藏结构是不同的。当今图书馆的馆藏文献主要有图书、报纸、期刊、政府出版物、毕业论文、学位论文、照片、电影片、幻灯片、唱片、光盘、录音带、缩微制品、电子图书、多媒体资源等。以文学、社会科学为主。进入20世纪以后，我国公共图书馆事业步入了加速发展的快车道，文献采访渠道多元，购买、接受捐赠、接受呈缴、馆际交换、文献传递、复制、文献征集等多种方式并存，使图书馆的馆藏量迅速增加。

对于公共图书馆馆藏量也有许多标准。不同的标准有不同的要求。目前主要有三种：一是《公共图书馆建设标准》，二是《国家基本公共文化服务指导标准（2015—2020年）》，三是《公共图书馆评估定级标准》。《公共图书馆建设标准》对人口、人均藏书量、图书馆藏书量的规定是：服务人口在3万～10万人，人均藏书量为1.2～1.3册（件），总藏书量为4.5万～12万册（件）；服务人口在10万～20万人，人均藏书量为1.2册（件），总藏书量为12万～24万册（件）；服务人口在20万～50万人，人均藏书量为0.9～1.2册（件），总藏书量为24万～45万册（件）；服务人口在50万～100万人，人均藏书量为0.9册（件），总藏书量为45万～90万册（件）；服务人口在100万～150万人，人均藏书量为0.9册（件），总藏书量为90万～135万册（件）；服务人口在150万～400万人，人均藏书量为0.8～0.9册（件），总藏书量为135万～320万册（件）；服务人口在400万～1000万人，人均藏书量为0.6～0.8册（件），总藏书量为320万～600万册（件）。服务人口1000万以上的，参照1000万服务人口的人均藏书量指标执行。服务人口3万以下的，图书馆的馆藏量参照3万服务人口的人均藏书量、图书馆藏书量指标执行。服务人口处于两个数值区间的，采用直线内插法确定其藏书量。5万人口以下的县（区），人均藏书量不应少于1册。《国家基本公共文化服务指导标准（2015—2020年）》规定：辖区内设立公共图书馆、文化馆，乡镇（街道）设置综合文化站，按照国家颁布的建设标准等进行规划建设。《公共图书馆评估定级标准》是公共图书馆界的行业指导标准之一，分为服务效能、业务建设和保障条件，在业务建设中对馆藏量做了系统而明确的规定。

在公共图书馆界，通常还用文献保障率，即馆藏文献量与读者人数的比率，来表示一个图书馆或一个地区若干个图书馆馆藏文献满足读者需求的潜在能力。一些国家如美国，还规定了公共图书馆、学校图书馆按居民或学生人数所应达到的最低值。

4. 如何收集地方文献

地方文献是记录某个地方历史地理、政治经济、风土人情、民族宗教、文化习俗、社会发展的一切文献。是地方文化的灵魂，是当地文化的文脉，是祖先留给今人的宝贵财富。它以图书、报刊、光盘、图片、磁盘、数据库等形式表现出来，对研究地区历史、传承地方文化、推动经济发展、保护地方文脉具有重要意义，具有区域性、连续性、广泛性等特征。因此，公共图书馆要通过收集、整理、典藏、流通、校勘、编纂以及书目索引和参考咨询等工作，向社会各界广泛征集地方文献，形成完整的有特色的地方文献资源库。具体的收集方法有：

（1）争取领导重视。当地党委政府的高度重视是收集地方文献和推动地方文献工作的关键。实践表明，没有地方政府的有力支持，没有各级部门的有效配合，要把地方文献工作做好，几乎不可能。因为地方文献特定的采访渠道，决定了对政府行政行为的依赖性。因此，各级政府要充分认识地方文献对发展地区经济、推动地区文化事业的重要性和必要性，制定切实可行的政策和措施，将任务下达到基层，层层落实，责任到人。并从财政经费中划拨专款，支持地方文献工作。

（2）建立呈缴本制度。定期呈缴各类文献，保证地方文献全面、及时入藏入库。

（3）建立地方文献专门机构，承担起收集地方文献的协调、组织和业务工作。成立地方文献建设领导小组并下设办公室，办公室可设在图书馆，由专业人员负责地方文献的采集、分编、保存、读者服务等工作，使地方文献工作正规化、制度化和标准化。

三、建立并公开馆藏文献目录的责任

在对各种合法方式取得的文献进行整理后，公共图书馆应当按照有关标准建立馆藏文献信息目录，并通过网站、微信或其他方式向社会公开。

1.文献目录

目录是知识的“导览图”，是揭示、识别、检索图书馆入藏文献的工具和依据，是将文献按照一定的逻辑顺序依次排列，清晰揭示文献特征，有效阐明文献信息，清楚体现蕴含知识，从而成为更好地帮助读者了解文献内容、方便读者检索、引导读者借阅的服务手段。目录是知识的精要。“读书必先读目录”。古人读书治学必把目录放在第一位。他们指出，“目录之学，学中第一要紧事，必从此问途，方能得其门而入”❶。馆藏目录是图书馆各种书目数据、各类文献目录的总称，是图书馆的核心价值，是图书馆的宝贵财富，是通向人类知识海洋的桥梁，是打开知识宝库大门的金钥匙。图书馆的规模越大，文献藏量越多，馆藏目录的种类和数量就会成比例增加。

我国图书馆目录发展历史悠久、成就非凡，产生了《别录》《七略》《汉书·艺文志》《隋书·经籍志》《崇文总目》《文渊阁书目》《明史·艺文志》《四库全书总目》《四库全书总目提要》《四库全书简明目录》《郡斋读书志》《直斋书录解题》《经义考》等目录著作，也产生了《通志·校雠略》《校雠通义》等总结目录学经验的著作。这些著作连同浩瀚的中华古籍，承载了中华文化的内核和内涵，健全了中华文化的学科体系和知识体系，体现了各门学科的学术源流和发展脉络，为传承中华优秀传统文化，振奋民族精神，培育社会主义核心价值观，推动中华文化在世界舞台的应有地位做出了重要贡献。

(1) 目录分类。按目录的使用对象划分，分为公务目录和读者目录；按目录揭示的藏书范围划分，可分为：总目录、部门目录、特藏目录、联合目录；按目录的组织方法划分，分为字顺目录和分类目录，字顺目录又分题名目录、责任者（著者）目录、主题目录等；按馆藏文献的语言种类划分，可以分为：中文图书目录、西文图书目录、俄文图书目录、日文图书目录、朝鲜语图书目录、阿拉伯语图书目录、其他语种图书目录；按馆藏文献载体划分，可以分为：图书目录、报纸目录、期刊目录（又可分为现刊目录和过刊目录）、缩微目录、数字资源目录等；按

❶ 陈晓华. 传统目录学仍是“学中要紧事”[J]. 中国社会科学报，2016(1032).

目录的物质形态划分，可以分为书本式目录、卡片式目录、活页式目录、机读目录。图书馆目录较多，每种目录都有一定的用途，但是多年来读者接触和使用较多的，通常只有四五种：书名目录、分类目录、著者目录、书本目录、机读目录。

（2）书名目录。是按照图书题名的字顺组织、排列起来的目录。主要是解决当读者只记住了某一图书的名字，而不知道或忘记了著者、译者或该书的其他特征，又需求检索时，所经常使用的检索方法。分类目录是按图书内容的学科体系，依据图书馆所采用的分类法组织起来的目录，是图书馆的必备目录。它的主要作用是从知识门类方面揭示图书，满足人们从知识门类来寻找图书的要求，即所谓“即类索书”。著者目录是按著者、译者姓名的字顺组织起来的目录。它的主要作用是让读者从著者方面去检索图书，告诉读者某位著者著有的一些书，以及关于评论该著者的书等。集中一个著者的作品是著者目录特有的功能，是其他目录所不能代替的。书本目录历史悠久，流传甚远，中国古代的各种藏书目录大都是书本式目录。就是将文献的各种特征按照一定的规则和格式记录在本册上而形成的目录。它的优点是：一是可以将一定时间的文献一次性编成，体系完备。二是大量印制，传播广泛。三是体积小、易于携带，也利于读者借阅和馆际交流。但它也有明显的缺点：一是更新不及时，时效性较差，不能随时反映最新文献，需要经过一段时间的收集、编目后才能补充。二是如果补充目录过多，会造成查阅困难。三是不能及时剔旧，内容陈旧的文献，无法及时从目录中剔除。

（3）机读目录。是在20世纪中叶出现的一种现代文献目录格式。它以计算机技术为基础，以代码形式和特定结构记录在计算机存储载体上的、用计算机识别与阅读的目录，简称

MARC目录格式。它具有一次输入、多次使用；及时更新、体系完整；携带方便、远程推送；协同编目、共建共享等特点。1966年，产生了《标准机器能读目录款式的建议》，即MARC-1格式。1967年，诞生了MARC-2格式，它是目前使用的各种机读目录格式的母本，俗称US- MARC，即美国机器可读目录。这种目录格式具有字段数量多、著录详尽、可检索字段多、定长与不定长字段结合，灵活实用；保留主要款目及传统编目扩充修改功能强；并能在实践中不断发展完善的特点。为了促进国际交流，统一各国机读目录格式，国际图书馆联合会在US-MARC基础上制订了“国际机读目录通信格式”，即UNIMARC，现在许多国家都采用UNIMARC进行文献编目。中国国家书目机构研制了中国机读目录（China Machine-Readable Catalogue, CNMARC），1992年2月，正式出版《中国机读目录通讯格式》，CN-MARC。CNMARC格式为中国机读目录实现标准化并与国际接轨，从数据结构方面提供了可靠保障。

（4）目录体系与OPAC系统。由于图书馆的文献种类较多，每种文献有不同的编目规则，形成了不同种类的目录及其相互依存、相互补充、相互联系的目录有机体，共同构成了图书馆的目录体系。最广为人知而且也是使用频率最多的图书馆目录应是“联机公共检索目录”（OPAC），它是一种成熟的检索目录，能引导读者多途径检索馆藏信息、深度揭示文献的馆藏地，方便读者快速确定文献的物理位置；它能研究用户搜索行为，提供“搜索建议（搜索帮助）”；它能增加检索关键词的高亮显示功能，帮助读者鉴别结果；能整合纸质文献和电子资源，提供一站式资源检索服务。不仅能检索到一个图书馆的文献馆藏目录，还能反映一个地区或一个系统甚至全国或世界范围的图书馆、信息服务机构文献收藏的统一目录。目前，国内外大多数图书馆都在自己的网站上提供OPAC全天候免费检索，无论馆藏目录还是联合目录，其查询方法基本相同，步骤多为：登录书目查询系统→选择查询方式（如基本检索、高级检索）→限定检索字段（常用的检索字段有：书名、作者、ISBN、年份、出版社、分类法等）、输入检索词；如果利用多字段组配检索，明确各个字段之间的逻辑关系→设置限制条件（如文献类型、语种、出版时间等）→设置检索结果的排序方式→执行检索，对于查询结果可进行二次检索；显示文献的详细信息、馆藏位置、是否有电子馆藏、可否借阅等信息。

2.编目管理

文献编目就是依据一定规则进行文献著录和目录组织及文献加工。整个过程包括七个部分：①文献验收。对待编文献进行开包接收、核对、清点和验收；②文献前期加工。贴磁条、贴馆藏信息条形码；③文献查重。将待编文献与已有文献进行查重，以确认是否为复本、多卷书或新进图书；④分类编目。这一部分工作包含了两个层面：一是采用特定的格式和规定的语言对待编文献进行外部特征描述和书目著录，也就是编目。二是对待编文献的内容依据一定的体系进行提示和标引，业内称之为分类标引和主题标引。这两个方面一般被称为分类编目；⑤数据审校。对已完成分编的文献和书目记录进行审校、核对、确认后入书目数据库，进行目录组织和自动化控制；⑥文献后期加工。书标的打印与粘贴，加盖馆藏章、分类上架等；⑦典藏、调拨好已分类、编目、加工的文献到入藏地点，并按馆藏地进行调拨入库和财产管理。每个编目员“一条龙”完成文献编目工作。经过上述全部流程后，才能归到图书馆的文献书目体系，该文献才能在体系中有自己相应的检索位置。计算机文献编目特别是计算机联机编目是一种新型的图书编目方式，它是利用计算机网络，由多个图书馆共同参与，共同编目，共建联机书目数据库，实现书目数据共享，从而成为套用书目数据、提高编目效率、加快数据传递的最佳方式。

3. 编目数据管理

一个图书馆的文献编目所形成书目数据是一个图书馆的核心竞争力，是一个图书馆编目能力与文献资源建设水平的重要指标，凸显了一个图书馆的资源丰富程度（表4-1）。根据维基百科显示，我国的文献编目量在全世界成绩突出，文献编目量近9000万。上海图书馆文献编目量达5000万，名列全球第5位，国家图书馆文献编目量3770万，名列全球第9名，总体成绩不错，但离英国大英图书馆的2亿，美国的2.4亿还有很大的差距，因此，全国的同行们应共同努力！一起加油！

表4-1　全球编目量TOP20图书馆

序号	图书馆	编目量
1	大英图书馆	1.7亿～2亿
2	美国国会图书馆	1.68亿
3	纽约公共图书馆	5500万
4	加拿大图书馆与档案馆	5400万
5	上海图书馆	5000万
6	俄罗斯国家图书馆	4720万
7	日本国立国会图书馆	4190万
8	法国国家图书馆	4000万
9	中国国家图书馆	3770万
10	俄罗斯国家图书馆	3650万
11	丹麦皇家图书馆	3540万以上
12	德国国家图书馆	3420万

续表

序号	图书馆	编目量
13	西班牙国家图书馆	3310万
14	俄罗斯科学院图书馆	2650万
15	德国柏林国家图书馆	2340万
16	波士顿公共图书馆	2240万
17	纽约州立图书馆	2000万
18	哈佛图书馆	1890万
19	瑞典国家图书馆	1800万
20	乌克兰韦尔纳斯基国家图书馆	1550万

注：来源（澎湃号）察言观数。

四、保护文献安全的责任

图书馆不仅要加强文献资源建设，更要注重文献保护，即加强文献的安全管理。

保护文献安全是图书馆和图书馆人的责任，对珍贵文献还负有采取特别保护和对易损文献采取专门保护的责任。在众多的文献种类中，纸质文献占了图书馆文献种类的绝大多数。因此，图书馆的文献保护，以纸质文献的保护为主。在常温下，纸张含有7%～8%的水分。由于纸张的生产原料主要是植物纤维和非植物纤维。在植物纤维中又以树木、树皮、树枝等为主的木本植物，以麦秆、秸秆、稻草、芦苇、竹子、芒秆、龙须草、高粱秆、蔗渣等为主的草本植物，以亚麻、黄麻、洋麻等为主的麻类植物，以及棉花、棉短绒、棉破布、废纸等，所以，纸张的主要成分是纤维素、木质素和半纤维素，本质上讲，它就是植物形体的另一种表现，所以在保护文献安全的时候，首先是要防火、防水。同时，由于纸张在其生产过程中，加入了少量的果胶、淀粉、灰分、金属离子、漂白剂、染色剂、荧光粉等，这些物质在一定程度上，使纸张呈酸性；再加上在印刷、书写过程中，纸张上的字迹含有酸性物质，文献保存时空气中的酸性气体以及灰尘中的酸性物质都会吸附在纸页上，而酸本身是一种腐蚀剂，在条件合适的时候，特别是环境潮湿、水分含量增大时，能水解纤维，使纸张变质，如果继续水解最终变成葡萄糖分子，产生有害生物；加上空气中还漂浮着各种霉菌孢子，其他载体中还存在多种昆虫幼体、虫卵等，都为滋生霉菌，产生有害生物提供了条件，因此，在保护文献安全的时候，还要注意防尘、防有害气体、防霉、防虫、防鼠。

另外，图书在保存和使用的过程中，过度的光照也容易使纸张纤维脆化，所以，在保护文献安全的时候，还要防光、防盗、防震等。

归纳起来，保护文献安全重点做好“十防”：防火、防水、防尘、防有害气体、防霉、防虫、防鼠、防光、防盗、防震。

1. 防高温

温度是物体的冷热程度。文献的保护温度通常是指保存和保护文献库房或阅览室空气的温度。适宜的温度是保存和保护文献的基本条件，也是保存和保护文献最重要的因素之一。当环境温度升高时，文献本身的温度也会随之升高，就会对文献带来四个方面的破坏：一是使文献的纸张变干变脆，耐折度降低。纸张的主要成分是纤维素，纤维素是碳氢氧化合物。这种化合物在常温下比较稳定，但当温度升高时，化合物的分子就会运动加快，纸张中的水分就会蒸发，从而使纸张脱水、脆化、变干变脆变形，耐折强度降低，木质素变色发黄。二是对文献的形体产生破坏。当环境温度过高时，文献载体内的水分就会蒸发，空气就会膨胀。由于文献载体是由纸张、胶黏剂等不同材料加工而成的，不同的材料有着不同的膨胀系数。当环境温度剧烈波动时，就会因不同的膨胀系数而膨胀或收缩，从而对文献形体产生破坏。三是加速了霉菌等微生物的破坏。在通常条件下，霉菌等微生物以纸张中的纤维素、木质素、果胶等为养料进行新陈代谢，不断分解损坏纸张，繁殖速度相对较慢。但当温度升到一定高度时，特别是达到22～30℃的最佳发育温度时，霉菌等微生物的发育速度就会明显加快，繁殖数量、代数和密度就会明显加大，分泌出大量的各种各样的酶，增加纸张的酸性，在图书、报刊等文献上形成大量的霉斑，使纸张黏结，产生相当大的破坏。四是促进了昆虫、啮齿类动物的繁殖。昆虫、啮齿类动物对温度有着严重的依赖。温度对他们的生存和繁殖有重大的影响。当温度降低时，他们的新陈代谢就会变慢，繁殖力就会降低。当温度升高时，他们的新陈代谢就会旺盛、加快，繁殖力就会加大，而昆虫特别喜欢啃食纸张中纤维素、淀粉等，不断蛀蚀图书、报刊等各类文献，使图书、报刊等各类文献孔洞丛生甚至化为纸屑，同时，代谢出大量的排泄物污损图书，产生严重后果。

因此，一定要做好保护文献的温度调节工作，一是严格按照《信息与文献图书馆和档案馆的文献保存要求》(GB/T 27703—2011)的规定，把书库的温度保持在适宜温度，即保存短期文献的温度低于26℃，长期文献的温度保持在16～24℃，保存永久文献的温度保持在12～16℃。每天库房的温度应保持相对稳定，日较差小于2℃。二是在建筑设计时要充分考虑通风、隔热、防潮等方面的因素，采取“一”字形布局方式，南北两面通风、采光，避开西晒，做好西墙的隔热和楼顶的隔热防水处理，以及底层地面的防潮处理，在不影响工作的前提下，尽可能使用低功率人工光源，最大限度地降低光照强度。三是配备好温度计和空调等设备。随着温度的变化，随时采取相应措施。当库内温度大于库外温度时，要开启门窗自然通风，或启动相应设备，进行温度调节，使其达到最适宜状态，延长图书等文献的寿命。

2. 防潮防水

空气的干湿程度就是湿度，即表明在一定的温度下、在一定体积空气中的含水量。在一定的温度下、在一定体积空气中含有的水汽越少，则空气越干燥、湿度越小；水汽越多，则空气越潮湿、湿度越大。在研究保护文献湿度之前，一定要把握三个与文献保护有关的湿度概念：绝对湿度、相对湿度和饱和湿度。绝对湿度是指一定体积的空气中含有水蒸气的质量，其单位是克 / 立方米。饱和湿度是一定温度下，单位容积空气中所能容纳的水汽量的最大限度，也就是通常所说的每立方米空气中所含水汽量的最大限度，如果超过这个限度，多余的水蒸气就会凝结，变成水滴，在这个时候空气的湿度就是饱和湿度。相对湿度是指相同温度下空气的绝对湿度与饱和湿度的百分比值，即相对湿度 = 绝对湿度 / 饱和湿度 × 100%。通常所说的文献保护湿度就是指库房或阅览室里的相对湿度。

湿度与文献既统一又对立。由于图书馆的大多数文献是纸质文献，纸质文献的主要成分是纤维，所以纸质文献既离不开一定的湿度，又怕超过一定的湿度。所以，湿度对文献的影响比较大，主要集中在三个方面：一是缺少湿度，容易脆化。在常温下，纸张含有 7% ~ 8% 的水分，性能才是最佳的。如果环境湿度过小，纸张会因含水量过低而发硬、发脆、翘曲，出现裂纹甚至解体。二是湿度过大，纤维就会因含水量过高而粘连形成“书砖”，甚至形成纸浆，对文献的损害很大。三是在潮湿的环境中，水蒸气助推气态污染物的传播，从而使纸张的酸度增加，加速纸张纤维素的水解，从而使纸质文献、皮质文献上的字迹、图案加速褪色，使字迹模糊、辨认不易或完全无法识别。四是环境湿度较大时，书库内的有害生物就易于得到水分，从而有利于它们的生长和繁殖；当空气相对湿度达到80% ~ 90% 时，是霉菌生长繁殖的良好条件，依靠纸张中的纤维素、半纤维素、木质素、果胶、淀粉等为养料生存的霉菌就会迅速生长繁殖，在图书上形成霉斑，严重时，霉菌的代谢物将纸张黏结在一起形成“纸砖”。

因此，在保护文献时，一定要注意对湿度的控制，做好以下六点：一是选址恰当，不能选在靠近江河湖泊或地势低洼、地下水位高的地方。这些地方不利于排水，对文献的防水防潮非常不利。二是设置好库房湿度标准。按照《信息与文献图书馆和档案馆的文献保存要求》(GB/T 27703—2011) 的规定，设置湿度标准。《信息与文献图书馆和档案馆的文献保存要求》规定，保存短期文献的相对湿度小于 60%，保存长期文献的相对湿度保持在 45% 至 60% 之间，保存永久文献的相对湿度保持在 35% 至 45% 之间。每天库房的温度应保持相对稳定，日较差小于 5%。保存期小于 50 年的文献称为短期文献，保存期大于 50 年小于 100 年的文献称为长期文献，保存期大于 100 年的文献称为永久文献。文献的保存期是根据文献的价值确定的。三是设置湿度监测仪，记录库房湿度的变化情况，随时采取相应措施。四是做好文献库房的防水工作，防水等级不能小于一级。随时检查墙体、屋顶、门窗等挡风避雨和渗漏雨水的情况，预防雨水损毁文献。五是设置在地下层的文献库，应设高度不小于 0.3m 的架空层，同时做好底层、各楼层地面、墙身的防潮工作，使底层、各楼层地面、墙身不返潮、不结露、不渗水；不能在屋面上直接放置水箱等蓄水设施。六是地下文献库一定要设置水灾自动报警装置。在水灾发生时，及时报警并采取紧急措施进行抢救。

3. 防尘防空气污染

保存文献的库房或阅览室应当保持空气洁净。良好的大气质量对文献的使用寿命非常有利。空气对文献的污染，主要有两类污染物：一是有害气体，如二氧化硫、二氧化氮、臭氧、一氧化碳、氧化氮等。二是微粒物质，主要有焦煤灰、硝酸盐、灰尘、煤烟、固态氧化物等。这些污染物通过通风设备、自然通风和墙壁门窗漏风等途径进入室内，给文献造成四个方面的危害：一是有害气体进入文献内部后，吸附在具有多孔性结构的纸张上，并与空气中的水蒸气或纸中的水分反应，生成硝酸或硫酸，造成纸张老化、变质、损毁。二是微粒物质进入文献后，立即会污染纸张、胶片、磁带、磁盘等文献载体的表面，划伤、磨损文献载体，极大地影响了文献的文字、声音和图像效果。三是微粒物质的化学成分复杂，含有程度不一的酸、碱和氧化剂，会不同程度地降解纸张、胶片、磁带等材料，使文献上的字迹/墨迹褪色、蜕变，载体损坏。四是微粒物质中含有多种有机物和无机物，有机物和无机物是霉菌生长繁殖的培养基，当它与空气中的水汽凝结形成小水滴时，更为霉菌等有害生物的繁殖、生长提供了适宜的条件，加重了有害生物对文献的破坏。

因此，要切实做好空气污染的防护工作，一是做好文献的密闭工作。提升文献库房的密闭程度，堵塞门窗缝隙和通风孔洞，增加过滤网，提高室内空气洁净度，广泛运用档案箱、档案柜、档案盒、档案袋、塑料袋，层层密闭重要文献，改善存放小环境，阻止有害气体渗入，减少有害气体对文献的破坏。

二是定期监测室内空气，随时采取相应措施。三是搞好周围卫生。四是做好环境绿化。广泛种植绿色植物，增强绿色植物对有害气体的吸收功能，减少对文献的损坏。

4. 防光

光是由发光体发出的一种电磁波。光一般分为两类：可见光和不可见光。可见光就是人的眼睛能见到的光，其波长400～760 纳米；不可见光就是人的眼睛看不到的光，主要有两种，波长超过 760 纳米的红外线光和波长小于 400 纳米的紫外线、X 射线、γ 射线等。光对文献造成的破坏非常严重，会引起文献字迹、墨迹、染料、颜料的褪色与变色、纸张的脆化，甚至变成粉末等。这是因为当光照射在文献上时，会引起文献内部的电子振动，使图书发热，温度升高，水分蒸发，进而发生氧化反应，生成容易粉碎的氧化纤维素，从而使图书脆化、甚至成粉状。

因此，要加强对文献的光保护，防止光对文献造成损坏。主要做好两项工作：防止日光直射和紫外线照射。收藏文献的馆舍要南北两面采光、通风，避开西晒，要做好西墙隔热和楼顶隔热的处理；库房南北两面应开狭长的“目”字形窗户，窗口应避开书架；窗户上悬挂防光窗帘等遮阳物。书库及阅览室均应采取措施，消除或减轻紫外线对文献资料的危害，尽可能使用低功率绿色节能灯，降低光照强度，在采用荧光灯时，应用无紫外线灯或有过滤紫外线功能的灯。

5. 防霉菌

霉菌，亦称“丝状菌”，属于真菌类微生物。广泛存在于空气和多种载体中，危害文献的霉菌主要有曲霉、青霉、根霉、毛霉、木霉、葡萄状穗霉、镰刀霉、毛壳霉等。它们对文献的危害主要表现在：霉菌菌丝所分泌的色素以及霉菌孢子所带有的色素，能污染文献载体且很难被清除掉；霉菌菌丝所分泌的液滴和黏液，能使纸质文献载体相互发生粘连而板结；有些霉菌在污染文献纸张的同时能迅速增加纸张的酸度，从而使纸质文献霉变并易于发黄和脆化；有些霉菌能分解纤维素、木质素、淀粉及油墨等有机物的能力，危害纸质文献、胶片乃至木质文献柜架等。

防霉治霉的方法主要有通风防霉法、密闭空调系统防霉法、“翻扫”防霉法、辐射照射防霉法。通风防霉法是一种既简单又实用的办法。它主要是通过用通风这种方式来洁净空气，防止有害生物入侵，降低文献的保存温度和减少室内湿度，从而达到破坏霉菌生长环境的方法。这种方法既可以有效除霉，又环保节能、安全方便。在实际工作中常常被广大图书馆人所运用。密闭空调系统防霉法主要用在南方梅雨季节，当室内温度较高，湿度增大时，开启空调，用空调来降温除湿，从而达到除霉除菌的目的。“翻扫”防霉法就是在春秋两季，气温相对凉爽，空气湿度相对较小的时候，逐页进行“既翻又扫”。“翻扫”时拿住文献装订的一侧，相互撞击或者抖动，把文献夹缝中的有害生物抖出来，然后再用软刷子逐页进行清扫。这样可以除去文献中的灰尘、害虫排泄物和其他有害物质，同时可以检查图书、文献的隐患，并及时采取抢救措施。辐射照射防霉法是对珍贵文献尤其是孤本采用的特别方法。通常是采用钴 60 辐照法。钴 60 辐照射线穿透力强、毒杀力高，可以杀灭书籍深处的微生物，而且不会引起图书的老化和破损，也不会污染书籍，操作时可以把图书装箱送到指定的机构进行集中处理。也可以用紫外线辐射，在书库四周安装紫外灯进行辐射。用紫外线防霉，可以灭菌但也会加快纸张的老化。除以上方法外，还可用 75% 酒精灭菌消毒，用 95% 的优质酒精除霉；还可以使用二氧化碳气体、环氧乙烷或者两者混合气体进行熏蒸防霉等。

6. 防虫

昆虫属节肢动物门中的一个纲，身体由头、胸、腹三部分组成。多数昆虫都经过卵、幼虫、蛹、成虫等发育成长阶段。昆虫种类繁多，但危害文献载体的昆虫共有六个目30余种，与一般昆虫相比，这些害虫具有耐高温、低温和低湿、耐饥性强、食性杂、繁殖力强、生长周期短及分布地域广等特点。这些害虫一般都能蛀食纸质文献的纸张，使纸质文献形成数量不等的小孔洞和字迹受损；有的害虫还蛀食纸质文献的纸张填料、胶黏剂以及文献封面材料的棉毛织品、丝绸和皮革等，破坏文献及其装订使文献装订解体；有的害虫还蛀食胶片、塑料及木制品等，危害视听资料及文献储藏柜架；有的文献害虫的排泄物还会污染文献，不仅影响文字和图像的清晰度，而且还留下难闻的气味。

预防害虫有三种方法：一是化学消毒，施放杀虫药剂进行消毒。二是用冷冻法保护图书。严格按照《图书冷冻杀虫技术规程》(GB/T 35661—2017) 的要求进行冷冻杀虫，先将书装进一个封口的聚乙烯袋子里，再放在特制的书车上推进冷冻室；图书进入冷冻室后一个半小时，温度便可降低到 -29℃，这样冷冻三天至一周便可有效杀死各种昆虫。三是薄膜覆盖法。将文献放入聚乙烯薄膜中封闭起来。聚乙烯薄膜具有透明、不透水、不透气、密度低、不易燃烧、没有营养价值等特点，用它来覆盖图书清晰度几乎和原来一样，不受昆虫和菌类的侵蚀。另外，还可以种植植物来驱虫或杀虫，如皂角、樟树、除虫菊、百部、芸香、丁香、柠檬、茉莉、米兰以及紫薇、野樱桃等。

7. 防鼠

鼠是一种在地球上生存上亿年的哺乳动物，啮齿科，它的门齿终生持续生长，因此经常借啮物以磨短，与人类关系密切，经常为害农林草原，盗食粮食，破坏贮藏物、建筑物等，属于有害动物。

老鼠繁殖迅速，种类甚多，全世界有500余种，我国最常见的有褐家鼠、黑家鼠、黄胸鼠、小家鼠、田鼠、冠鼠、仓鼠、竹鼠等。破坏文献最严重的是褐家鼠、小家鼠、黄胸鼠等，它们以其锐利的门齿啃咬图书、期刊、书盒、书柜、书架、甚至咬坏电缆、电线，造成短路、停电，破坏通信线路和计算机系统，乃至引发火灾。因此，防鼠灭鼠很重要，方法通常有四种：一是环境整治，经常清除图书馆及书库周边的杂草、树叶、脏水、垃圾、污染物，堵塞鼠洞，消除老鼠的生存环境。二是建立防治设施：食堂、快餐室、食品小卖部等应远离书库，不能将食物带入阅览区、活动区。在排水沟要安挡鼠栅栏，在通风口安装小于1.3毫米孔径的铁网，食物储藏柜前应安放0.6米高的挡鼠板，门和框要密合，缝隙要小于0.6毫米。三是尽可能用粘鼠板、鼠夹、鼠笼等物理方法灭鼠并及时清理。四是用投放毒饵、诱饵、灭鼠药等化学方法灭鼠。在投放饵料、采用化学方法灭鼠的时候，一定要加强药物管理，千万不要让婴幼儿读者、青少年读者误拿误食，宠物误食，造成严重后果。图书馆除纸质文献资料以外，还有大量的非书资料，诸如缩微胶卷(片)、录音、录像带、光盘、磁盘等，它们共同构成图书馆的文献资料。根据防护对象不同，防护措施也不同，要采取切实可行的防护措施，妥善保存文献资料。

8. 防火防盗

防火是图书馆工作的重中之重。火是文献的“天敌”。由于图书馆的大多数文献是纸质文献，纸质文献主要是由纤维素组成的，加上储藏文献的家具大多数也是木质家具，易燃是它的特点，一把大火可能会给图书馆的所有文献带来毁灭性灾难。所以图书馆至少是二级防火单位，藏书量超过100万册的高层图书馆、书库，建筑耐火等级为一级。非常珍贵的文献库房要进行特别保护。

因此，不管是图书馆，还是农家书屋，只要是文献聚集之地，都要加强防火工作。一是严格遵守《图书馆建筑设计规范》JGJ 38—2015、《建筑设计防火规范》GB 500161、《建筑内部装修设计防火规范》GB 50222、《建筑灭火器配置设计规范》GB 50140 等标准的规定，配备灭火器、应急照明设施和疏散指示，设置火灾自动报警系统和自动灭火系统。需要特别提醒的是，在图书馆设置火灾灭火系统不宜采用喷淋式灭火装置，宜用气体灭火装置。在相关区域设置防火墙和防火门，每层楼至少设置两个安全出口，并分散布置。二是加强教育，注重提示。图书馆的工作人员要自觉遵守防火规定，严禁在图书馆吸烟。也要提醒读者务必遵守。三是加强防范，随时检查。特别是注意防火重点部位、火源部位，食堂用火、临时发电等要远离书库、远离阅览室等，要重点检查消防设备、电线老化、电器设备发热短路等，一旦发现，立即补救。四是做好安全防范。安全防范工作应符合国家标准《安全防范工程技术规范》GB 50348 的规定。珍藏库的安全防护水平不低于二级风险防护级别。在图书馆的主要出入口、特藏书库、开架阅览室、系统网络机房等场所设置门禁、安检机、人脸识别等安全防范装置，并按开放时间、区域使用功能、文献价值等设置安全防范系统。陈列室、贮藏室、珍贵文献资料库等要单独锁闭，交叉开门，并设置入侵报警系统。有窗户的阅览室、文献库、古籍室等要设置防盗装置和安全监控系统。五是做好安全预案。一旦发生火灾、偷盗等事件，处理的程序和方法要提前演练，临危不惧、

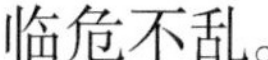

临危不乱。

除以上八项措施外，对处置剔旧文献、非法出版物、复本等文献时，一定要遵守规定，按程序处理，不得随意处置和不当处置。

案例：甘肃省镇原县图书馆不当烧书被问责

2019年10月23日，镇原县图书馆网站上发布了一则清理下架文献和集中销毁的工作简报。本意是为了表明图书馆正在开展的正常业务工作。没想到，一石激起千层浪。许多读者在网上看到了该县图书馆工作人员在图书馆大门口用火销毁图书的场景后，非常不满，认为这是不可思议的事，本该收集文献，怎么能火烧图书？引发了网上6850条评论。并且在县政府网站上，载明要追究相关人员的责任。

所以，处置文献一定要根据相关规定、按照相关程序进行，避免随意处置和处置不当。

第二节　古籍管理

古籍是中华文明的重要载体，是中华民族宝贵的精神财富。代表着中华民族独特的精神标识和深沉的精神追求，凝聚着中华文化卓尔不凡的东方智慧和气度神韵，是人类文明的瑰宝，是中华民族绵延数千年，一脉相承的基因密码，是传承中华优秀传统文化的宝贵资源，是实现中华民族伟大复兴的智慧源泉。

党中央、国务院高度重视我国的古籍保护工作。1958年，国务院成立了古籍整理出版规划小组，专门负责全国的古籍出版工作。1978年，启动全国古籍善本书目编纂工作。1981年9月，中共中央下发了《中共中央关于整理我国古籍的指示》

(〔1981〕37号文件), 文件明确指出, 古籍整理是一项十分重要、关系到子孙后代的工作。同时, 中央恢复了古籍整理出版规划小组, 许多省市成立了古籍出版社、古籍整理研究所, 古籍整理事业步入了快车道。2007年1月, 国务院办公厅下发了《关于进一步加强古籍保护工作的意见》(国办发〔2007〕6号), 开始实施"中华古籍保护计划"; 2017年, 中共中央办公厅、国务院办公厅印发了《关于实施中华优秀传统文化传承发展工程的意见》。该文件强调, "实施国家古籍保护工程, 完善国家珍贵古籍名录和全国古籍重点保护单位评定制度, 加强中华文化典籍整理编纂出版工作""支持中华医药、中华烹饪、中华武术、中华典籍、中国文物、中国园林、中国节日等中华传统文化代表性项目走出去"。经过几十年的不懈努力, 培养了一批古籍保护人才, 形成了一批古籍保护优秀成果, 对传承中华文化、强化民族情感、弘扬民族精神、维护国家统一、促进社会稳定产生了很好的推动作用。

一、古籍的概念与特征

古籍的定义很多, 但比较权威和流行的定义有三种: 第一种是《新华字典》的定义。在新华字典中"古籍"的基本意思就是古书, 古代的书籍称为古籍。第二种是从印刷角度去定义, 古籍是指未采用现代印刷技术印制的书籍。第三种是从时间角度去定义, 古籍是指1911年辛亥革命以前, 以手工纸为文字载体, 并采用中国传统书籍装帧形式印制的书籍。三种定义各有所长、都有一定的合理性, 但笔者对第三种定义更加认同, 既有第一种解释的内涵, 又有第二种解释的维度。同时, 要明白古籍具有不可再生性、稀缺性和增值性等特征。现在所讲的典籍其实就是古人所用的图书。不仅供人们阅读, 同时还兼具文

书、档案的作用。

二、古籍的分类

在众多的古籍中有多种分类。从版本角度来分，主要分为两大类：抄本（写本）类和刻本（印本）类。这两类典籍的区别时间上基本是以雕版印刷的发明时间为界。在雕版印刷发明之前，书籍主要是靠手抄写来流传，这类书籍叫抄本或写本，包括抄写、抄录、誊写、摹写、誊录等，抄本又分为传抄本、影抄本等。在雕版印刷发明之后，印书事业有了很大发展，逐渐成为时代的主流。准确地说，我国的雕版印书业始于初唐，成于五代，盛于两宋，延续于元、明、清，时间跨度为1300多年。在这一千多年的历史长河中，产生了不同风格不同形式的版本。这些典籍按刻书时间分，有宋刻本、辽刻本、金刻本、元刻本、明刻本、清刻本等；按刻书机构分，有官刻本、私刻本、坊刻本等；官刻本里面又包括国子监本、武英殿本、内府本、府学本、州学本、县学本、各地书院本；按刻书地区分，有浙本、蜀本、朝鲜本、日本本等；按雕版印刷效果和印刷量分，有精刻本、写刻本、单刻本、丛书本、道藏本、原刻本、翻刻本、影刻本、初印本、后印本、递修本、百衲本等；按字体、装订大小分，有大字本、小字本、巾箱本等；按印刷的颜色分，有红印本、蓝印本、朱墨本、三色（或五色、六色）套印本等；按内容多寡、评注分，有足本、增订本、删节本、批点木、评注本、配本等；按活字材质分，有泥活字本、铜活字本、木活字本、铅活字本、铁活字本、瓷活字本等；按其价值或使用价值分，有孤本、珍本、善本、校本、进呈本、底本、残本等。直至清朝末期，随着现代印刷技术传入我国，雕版印书业才日益衰落。

三、古籍保护的方针

古籍保护是一项意义重大、功在千秋的工作，也是一项耐心细致、独具匠心的持久性工作。要坚持“保护为主、抢救第一、合理使用、加强管理”的方针，严格遵守《图书馆古籍书库基本要求》(GB/T 30227—2013)、《古籍著录规则》(GB/T 3792.7—2008)、《古籍修复技术规范与质量要求》(GB/T 21712—2008)、《汉文古籍特藏藏品定级　第1部分：古籍》(GB/T 31076.1—2014)、《中国少数民族文字古籍定级》(GB/T 36748—2018)、《图书馆古籍虫霉防治指南》(WH/T 88—2020)、《缩微摄影技术在16mm卷片上拍摄古籍的规定》(GB/T 7517—2004)、《古籍元数据标准》(WH/T 66—2014)、《古籍函套技术要求》(GB/T 35662—2017)、《古籍定级标准》(WH/T 20—2006)、《古籍普查规范》(WH/T 21—2006)、《古籍特藏破损定级标准》(WH/T 22—2006)等国家标准和行业规定，切实肩负起《公共图书馆法》所赋予的“保护古籍安全的责任”“对珍贵古籍采取专门保护的责任”“古籍整理的责任”“古籍出版的责任”“古籍研究利用的责任”和“加强古籍宣传，传承发展中华优秀传统文化的责任”。从原生性保护和再生性保护两大方式入手，加强古籍人才的培养，强化宣传，提升人们古籍的保护意识，运用现代科技手段，全面保护古籍文献。

四、古籍保护方法

(1) 原生性保护法。古籍的原生性保护是指在不改变原件的原始特征和载体形式的情况下，对古籍进行妥善保存和修复加固。这是目前古籍保护的常规做法。妥善保存主要有两种方式：一是建设标准的古籍特藏书库，提供合适的温湿度保存条件。二是对古籍进行常规保养，消除其在常规保养的过程中，存在的灰尘、霉斑、菌丝等；修复加固也有两种方式，一是对受到损坏破坏的古籍进行修补，恢复其原貌。三是对古籍本身或装古籍的函套因受破坏而重装。原生性保护要从硬件收藏环境入手。

①古籍书库的建设标准。建好古籍书库是做好古籍原生态保护的第一步，也是最重要的环节。而建设古籍书库必须按照《图书馆古籍特藏书库建设标准》进行设计和施工，对于一些特别珍贵的文献，要采取标准的上线或高于标准进行建设。古籍书库要重点建设八套系统：防火灾自动报警系统、防水灾自动报警系统、防盗报警系统、气体灭火系统、门禁系统、监控系统、恒温恒湿系统、空气清新系统。根据《图书馆古籍特藏书库基本要求》，古籍书库的建设要达到一级防火等级，在古籍书库和阅览室之间要设置防火墙，古籍要特别注意书库的屋顶不能有水管通过；古籍书库、古籍展览室、阅览室、楼道等关键部位要安装监控摄像机与中央监控系统连接，要安装电子防盗门，加装防盗网，电子监控摄像头，实行 24 小时监控。要安装恒温恒湿空调系统，让古籍书库湿度常年保持在 16 ~ 22℃，湿度则保持在 45% ~ 60%，24 小时湿度不能超过 ± 5%；要安装专业的无紫外线照明光源和具备防紫外线功能的窗帘，避免紫外线照射，预防纸张的老化和脆化；要安装空气净化器，降低了污染物浓度，保证恒温恒湿情况下空气的清新、流通，有效延缓纸张的酸化和老化。加强人员值守，做好交接班制度，实行双人值班或钥匙多人保管制度；要做好文献的出入库制度，遵守重要文献不出门的原则，实行有限借阅制度。

②古籍的日常养护。对待古籍，我们要带着对古籍的热爱、带着对前人的尊重，带着一颗虔诚的心，去精心呵护前人的智

慧成果。在建好古籍书库、特藏书库以后，我们的工作人员除了为读者做好服务工作以外，还要做好古籍文献的保养工作。要定期检查各种设施、设备、仪表、线路，要像做好普通文献保护一样，做好“十防”：防火、防水、防盗、防尘、防有害气体、防霉、防虫、防鼠、防光、防震等。要熟悉和掌握古籍特别是善本珍本的保存技巧，要定期翻晒，让纸张也“透一下气”，打开柜子，让空气适度流通，呼吸新鲜空气；每年定期要“晒书”两次，秋天和冬天是“晒”古籍善本的最好季节，这两个季节吹的是西北风，西北风空气干燥，气温低，最适合“晒”古籍善本。请注意这里所说的“晒”，并不是在烈日下暴晒，而是放在室内通风之处“晒”。“晒”也有讲究，在特别潮湿的时候，不能“晒”古籍，因为古代的纸张一般都是竹纸或绵纸，并且是用石灰水打的纸浆，造出来的纸吸水性强，在潮湿的环境中更容易发霉生虫。因此，在特别潮湿的时候，尽量避免打开书柜。还要掌握一些简单的保养技巧，如如何除掉留在古籍上的脏手指印、油迹、墨渍、字迹、霉斑、苍蝇便迹和蚊虫污迹，如何驱除古籍虫害等，这些方法是一个古籍管理人员、工作人员应当掌握的知识。古籍在借阅的过程中，有些读者并没有按借阅要求戴手套翻阅，在古籍上留下脏手印，这是一个最常见的问题。要除去脏手印，最简单的办法就是用肥皂。先用肥皂轻轻蹭去手印，再用湿布擦去肥皂迹，最后在书页间衬上吸水纸，把水吸干，就完美了；也可用洗衣粉或洗洁精去手印，具体的方法就是用棉花球蘸用温水冲兑的洗衣粉或洗洁精液轻轻擦拭，再用清水擦洗，最后将水分吸干，就去掉了。

有的读者在阅览时吃食物，将油迹掉在古籍上，这也是古籍管理中一个常见问题。要除油迹，可以在油迹上放一张吸水纸，用熨斗轻轻地熨几遍，便可以把油分吸尽，就是加热让油迹蒸发在吸水纸上，从而消除油迹；也可用棉花球蘸少许汽油或酒精轻轻擦除。还有的读者在阅览时，不小心将墨渍掉在了古籍上。更有甚者，有不自觉的读者在古籍“题字”留下“墨宝”。要除掉这类墨渍字迹，可先在染有墨渍字迹的书页下边，垫上一张吸水纸，再用20%的双氧水溶液或高锰酸钾溶液浸湿污迹，然后在书页上边再放一张吸水纸，并压上重物，等干后墨迹就会自动消失。如果用高锰酸钾溶液时还留有褐斑，可以再用草酸或柠檬酸溶液除去。如果书页上仅有一些字迹，并且不太严重，也可用褪色灵涂之即可。对于霉斑，可用棉花球蘸上氨水或明矾水，轻轻地在书页的霉斑上擦拭，至除净后再用吸水纸吸干；也可用水和高锰酸钾冲浓汁，用毛笔将浓汁涂在霉斑处，等五六分钟后再用草酸水涂之，并用毛笔轻轻擦拭，如此数次就能去除霉斑，最后用棉花球蘸上清水擦净。对于苍蝇便迹和蚊虫污迹，可用棉花球蘸上酒精或醋液，在苍蝇便迹和蚊虫污迹上轻轻擦拭，至干净为止。对于古籍上其他的一般污迹，可用肥皂轻轻擦拭，再用干净湿布抹净，然后在书页下面衬上吸水纸吸干水分，就可以获得整旧如新的效果。

对于驱虫，千万不能用化学杀虫剂喷洒驱虫，其结果是不但不能杀虫驱虫，反而让虫害猖獗如故；可以短期内放樟脑丸，起到驱虫的作用，但不能长期放，长期放樟脑丸会增加纸张的酸性，使古籍的纸张变脆发黄，产生破坏作用。正确的做法是在书橱中放置麝香、芸香、烟叶、花椒、印度奇南香等，以香气驱虫，效果极佳。

③古籍修复的原则。古籍修复在古代是一门手艺活，是人们谋生的一种生存技能，也是古籍原生性保护的重要方式。修复古籍的人被称作为“补书匠”，和石匠、木匠、篾匠、补鞋匠等一样，社会地位较低，不被人重视。但随着社会的发展和

国家对古籍保护的重视，特别是随着“中华古籍保护计划”的实施，古籍修复被更多人所认识和熟悉，被赋予了“传承优秀传统文化”“振兴中华文化”等更多的文化内涵，使古籍修复越来越受到重视。古籍修复人员也越来越受到尊重，古籍修复技术也承载着医治古籍病害、保护古籍安全以及延续古籍寿命的重任。

古籍修复要把握四项基本原则：整旧如旧原则、可逆性原则、安全性原则和规范性原则。整旧如旧原则是最为根本的修复原则。意思是在修复古籍的过程中，尽量采用与原件相同或相近的工序、技术和材料，使之在修复后能最大化保有原件的风貌、特色、版本价值和文献价值，并注意保存与原书文物价值、文献价值有关的信息。可逆性原则就是在古籍修复过程中所采取的任何一项修复措施都可以反复地重复使用，即修复措施一定要有可逆性。比如，在古籍上补的纸可以随时拿掉再重新补上。安全性原则就是要确保古籍文献在修复过程的安全，包括修复场所的安全、修复措施的安全、修复材料的安全及文献信息的安全，绝不容许修复性破坏或二次破坏。一般说来，古籍修复场所应该具备良好的安防条件，能防火防水防盗防虫防鼠，室内温度控制在22±2℃，相对湿度控制在55%±5%。规范性原则就是严格按照国家标准《图书馆古籍修复技术规范与质量要求》的工序和步骤进行，所采用的工序、技法及材料，均须符合原件的物化特性，恰当保存文献的历史信息。

④古籍修复的方法。修复古籍首先要了解古籍的破损情况。古籍常见破损情况有：断线、破皮、书口断裂、鼠啮、虫蛀、烬余、水浸、霉蚀、糟朽、糨糊失效等。其中鼠咬、虫蛀属于“外伤”“硬伤”，书页虽破，但修复相对容易；霉菌腐蚀及纸张老化是“内伤”，是古籍的“致命伤”，修复的难度要大得多。一

本古籍如果只需更换书皮、订线、修补前后页，破损书页数量在25%左右，书页破损面积不超过20%，则属于轻度破损；如果一本古籍的破损书页的数量在50%左右，或纸张糟朽，全部书页都需要溜口的，则属于中度破损；如果是整本溜口，破损书页数量在80%左右的，则属于重度破损；如果古籍的全部书页破损或糟朽，则属于严重破损。因此，要掌握古籍破损的鉴订标准，不同的破损程度采取的修复方法不同。

修复古籍的步骤一般为：文献出库交接、拍摄修复前照片、确定修复方案、配好修补纸、修复材料染色（如有需要）、拆解、清洁、补缺、压平、装订、拍摄修复后照片、建立修复档案存档、入库。

如何做好古籍修复工作，建议大家认真学习一下刘家真老师的著作《古籍保护原理与方法》。刘家真老师是武汉大学信息管理学院博士生导师、教授；长期从事文献遗产保护、电子政务与文件管理及数字图书馆研究的教学与实践，编写《古籍保护原理与方法》一书，从第一章古籍载体的耐久性及保护路径，第二章光的利用与限制，第三章温度与相对湿度的调控，第四章生物侵害与防治，第五章空气污染与防治，第六章灾害的应对六个方面，系统地对古籍文献的保护与管理进行了全面论述，是一本指导各级各类图书馆做好古籍保护工作的好教材，建议各位同人好好研读。

（2）古籍的再生性保护。古籍的再生性保护是指通过现代技术、数字化手段将古籍内容复制或转移到其他载体，以达到对古籍的长期保护与有效利用的目的。这一保护措施与《公共图书馆法》第四十一条的要求一脉相承，非常契合。《公共图书馆法》第四十一条："政府设立的公共图书馆应当加强馆内古籍的保护，根据自身条件采用数字化、影印或者缩微技术等推进古籍的整理、出版和研究利用，并通过巡回展览、公益性讲座、善本再造、创意产品开发等方式，加强古籍宣传，传承发展中华优秀传统文化。”要做好古籍的再生性保护工作，落实好第四十一条的法律义务，主要做好以下三项工作。

①古籍数字化。古籍数字化是古籍再生性保护的重要手段，是中华文明由纸质流传方式转为数字传播方式的重要步骤，属于古籍整理的范畴，代表着古籍整理的未来方向。“古籍数字化”是从保护古籍和利用古籍的目的出发，采用现代信息技术对古籍或古籍内容的进行再现和加工处理，使其转化为数据格式，再通过网络存储和传播，达到保护、揭示、远程阅读与研究、宣传古籍文献资源的目的。可以让读者在不使用原书的情况下进行古籍文献的阅览，有效地减少古籍文献翻阅次数，减少对古籍的破坏。

②古籍缩微。缩微就是运用摄影技术，将手写型或印刷型文献资料拍摄在银盐感光材料上，即胶卷或胶片上，让原图像和原文字按比例缩小，故名“缩微”。缩微技术已有170多年的历史，技术稳定、标准完善，具有安全可靠性、长久性、不可更改性和法律效力的特点。其胶片共有16mm、35mm卷片、平片和开窗卡四种主要形式。

1999年，日本神户发生大地震，震区的磁性物质统统被地震波消磁，计算机及光盘上所存储的信息全部消失，而缩微品存储的信息却安然无恙，由此可见缩微品的安全可靠性。从保存时间的长短来看，缩微醋酸片可保存100年，缩微聚酯片可保存500年，缩微聚对苯二甲酸乙－醇酯片可保存上千年，而图书一般保存50年，光盘最多保存20～30年时间，缩微在保存时间上的长久性优势显而易见。另外，缩微胶片一旦摄制完成，则不可更改，如果更改则需要破坏原貌；而光盘的内容却可通过设备进行删改而不让人察觉，因而缩微胶片具有法律效力。1990年11月，颁布了《中华人民共和国档案法实施办法》，其中第二十一条规定，“各级各类档案馆提供的档案，应当逐步实现以缩微品代替原件，档案缩微品和其他复制形式的档案，载有档案收藏单位法定代表人的签名或者印章标记的，具有与档案原件同等效力”。

③古籍再造。古籍再造是古籍再生性保护的措施之一，是古籍整理出版工作的一种方式。古籍再造就是选择好古籍底本后，再通过翻印或影印，即对底本进行扫描或照相制版而后出版古籍的办法。它以古籍底本为基础，按照古籍原来的装订形式进行装订，最大限度地保留原书的特征和风貌。古籍再造能使古籍最大限度地保持原始信息、古文字、版式、文献价值和文物价值，并使它们得到了再生，较好地解决了古籍“藏”与“用”的矛盾。

古籍再造的主要形式是影印本。影印本的优势在于不需要校勘、标点和注解，但一定要选择有价值的底本，并且检查是否缺页、漫漶[1]等。如果有缺页和漫漶情况，还要做好配补、修复等工作。目前我国的影印本大致分为三类：一类是必备书、常用书，如《十三经注疏》等，以满足读者和研究者的需要。二类是工具书、资料书，主要用于研究者考证或学术研究作为参考。三类是善本、孤本，主要用于保存和流传。2002年，国家启动了“中华再造善本工程”。这是我国迄今为止最大的一次有组织、有计划的善本古籍再生性保护行动。工程的目的是通过大规模、成系统地复制出版，合理保护、开发、利用善本古籍，使其化身千古，为学界所应用，为大众所共享。该工程集聚了我国一大批顶尖的专家学者，经过5年的艰苦努力，共推出古

[1] 漫漶：书版、石刻等因年代久远遭磨损而模糊不清。

籍善本1300种左右。

古籍数字化、古籍缩微、古籍再造、古籍影印成了古籍再生性保护的重要内容。古籍的再生性保护推动了古籍保护意识由“抢救性修复”向“预防性保护”的转变。同时，对古籍进行再造、数字化、缩微加工、修复、点校、汇编、目录索引等构成了古籍的整理与开发。

④古籍宣传。在做好古籍保护工作的同时，努力做好古籍的宣传推广工作。要充分利用现代信息技术、新媒体技术，构建古籍文献资源平台，大力宣传古籍知识。在微信、QQ等平台上，广泛开展古籍知识讲座、推介展示、版本介绍、古籍修复演示等活动，定期举办古籍主题巡回展览，营造学习古籍知识、关注古籍保护的良好氛围。

举办古籍实物展、古籍数据库演示、古籍修复体验活动，让读者深入活动中，接触古籍、知晓古籍、了解古籍修复技艺，熟悉古籍修复技巧，激发对古籍的热爱，增强古籍保护意识，从而爱上古籍，热爱中华优秀文化。

加强对古籍保护人才的培养，提高古籍保护人员的思想素质、专业知识和业务水平，端正他们的工作态度，激发他们的奉献精神，增强使命感，强化爱国情，继承中华民族的精神血脉，延续中华文明的文化基因，系统研究，深入总结，去粗取精，去伪存真，由表及里，由此及彼，全心全意地把中华民族的文化典籍保护好，传承好、活化好、利用好，为中华文化走向世界舞台添砖加瓦。

案例1：上海图书馆的家谱族谱收集齐全

上海图书馆现有族谱3万多册，家谱藏书30多万册，姓氏365个。收集的家谱覆盖27个省、自治区、直辖市。是国内外收藏中国族谱最多的公共藏书机构，有“世界第一中国族谱”的美誉。目前，网上公布的家谱资源有8565种，公众可足不出户就能浏览检索到家谱全文。

案例2：南京图书馆“珍稀地方志全文影像数据库”特色

南京图书馆“珍稀地方志全文影像数据库”公布了南京图书馆20种地方志28卷。有许多著名的碑文和题跋，如丁炳坝、刘仪征和甘远环。

《清人选集》全文图像数据库发布了100幅《清人选集》全文图像。这些选集，从作者的生活时间来看，涵盖了从清初到清末的各个时期；从古籍版本来看，主要是清朝版画（包括民国版画和铅版画），具有较高的质量和详细的索引。

案例3：首都图书馆建立了“首都图书馆古籍图像数据库”

首都图书馆历史文献中心藏有古籍近50万册（件），其中善本珍本5200余种，67 000余册。156种古籍入选国家珍贵古籍名录，特别是戏曲、小说、佛经、医书、方志、明清诗词等藏书更是珍贵。为了更好地满足读者的需求，历史文献中心建立了“首都图书馆古籍图像数据库”。公布了第一至第五批国家珍贵古籍名录中精选的148种珍稀图书，并将随后的数字化成果加入这个数据库中。读者可以远程浏览和使用数据库。

案例4：天津图书馆可在网上阅读古籍全文

《中国古籍保护规划》实施以来，天津图书馆不断努力推进古籍馆藏数字化基础设施建设，采取积极措施满足公众需求。目前，该馆已在网上出版近1500种明清古籍。读者登录天津图书馆网站，点击数字资源—自建资源—历史文献数字资源库，注册后，即可在线搜索浏览古籍全文图片。

案例5：广东省建成广州大典全文图片数据库

广州大典是由中共广州市委宣传部、广东省文化厅策划编制的大型地方文献丛书。系统收集、整理、抢救广州文献古籍，传播广州历史文化。根据典籍、历史、图书、藏书、丛书的分类，广州大典共收集文献4064种。目前，网上公布的全文图片3204种。

案例6：辽宁省图书馆网上发布“闽灵阁”

辽宁省图书馆现有古籍文献61万余卷，主要有宋元版、闽陵叠印版、五指典版、朝日版、满文版等。目前，101种古籍数字资源“闽灵阁”已在网上发布。

案例7：吉林省图书馆建成地方历史文献数据库

吉林省图书馆“吉林及东北地区地方历史文献数据库”公布了一些珍贵的地方志资源和典籍，包括40多部珍稀古籍和50多部普通古籍，读者可以使用图书馆的读者账户或通过吉林省图书馆主页上的“授权访问系统”申请授权，全面浏览古籍资源。

案例8：黑龙江省图书馆古籍数据库特色突出

目前，黑龙江省图书馆已建成古籍文献数据库在线出版古籍、古画60余幅，主要包括黑龙江地方志、百泉县志、巴彦县志、回回县志、辽海丛书、八旗文经、渤海国志等资源，均是黑龙江省重要的地方文献史料，具有代表性。

案例9：山东省图书馆的特藏数据库《佛经特藏》

《佛经特藏》是山东省图书馆特色馆藏之一，历代藏经2万余卷。目前，永乐南藏书和永乐北藏书的数字资源已经发布，其中包括明代末印刷的原始藏书和续集。读者可以在登录后浏览全文及图像。

第三节　馆际交流与合作共享

开放、交流、合作、共享是信息时代社会发展的显著特征，也是公共图书馆行业加强自身建设，促进行业发展、推动交流融合的重要理念。放低门槛、开放胸怀、开阔视野、加强交流、合作开发、共建共享是新时代图书馆与图书馆之间、图书馆与档案馆之间，图书馆与博物馆之间，各单位、各行业、各系统之间应有的态度与共识。各单位、各行业、各系统只有扩大开放、增进交流、务实合作、取长补短，才能更好地利用各种政策、智力、技术、方法、途径、机会，才能为读者提供最大范围、更宽主题、更优质量的服务，才能取得更大的社会效益和经济效益。

在《公共图书馆法》中，涉及交流合作、联合服务的条款共三条，一是第三十条规定，“国家支持公共图书馆开展联合采购、联合编目、联合服务，实现文献信息的共建共享，促进文献信息的有效利用”。二是第三十二条，公共图书馆馆藏文献信息属于档案、文物的，公共图书馆可以与档案馆、博物馆、纪念馆等单位相互交换重复件、复制件或者目录，联合举办展览，共同编辑出版有关史料或者进行史料研究。三是第四十八条规定，“国家支持公共图书馆加强与学校图书馆、科研机构图书馆以及其他类型图书馆的交流与合作，开展联合服务。国家支持学校图书馆、科研机构图书馆以及其他类型图书馆向社会公众开放”。

从以上三条可以看出，国家非常支持图书馆开展交流合作，并且是支持采取多种形式深度合作、务实合作、有成效合作。概括起来，有三种合作方式：一是公共图书馆之间的交流合作，以文献为基础，“三联合模式：联合采购、联合编目、联合服务”；二是公共图书馆与其他系统图书馆的交流合作，主要是与学校图书馆、科研机构图书馆以及其他类型图书馆；三是公共图书馆与其他单位的交流合作，主要有档案馆、博物馆、纪念馆等。

由此，图书馆人在加强交流与合作方面主要有七项职责：公共图书馆之间联合采购职责；联合编目的职责；联合服务的职责；与学校图书馆、科研机构图书馆、其他类型图书馆联合开展服务的职责；与档案馆、博物馆、纪念馆之间相互交换重复件、复制件或者目录的职责；联合举办展览的职责；共同编辑出版有关史料或者进行史料研究的职责。

一、履行公共图书馆之间的三项职责

公共图书馆之间主要有三项：就是联合采购职责；联合编目的职责和联合服务的职责；这三项职责主要体现在文献资源建设和服务两个方面。履行这三个职责的最终目的，就是实现文献信息的共建共享，促进文献信息的有效利用，发挥文献信息资源的最大作用。

(1) 联合采购。也称为文献的集团采购或联盟采购或协同采购，是指有协作关系或形成联盟的图书馆或者有合作关系的图书馆，在现有馆藏的基础上，通过友好协商，派出统一代表，拟定统一购买参数、统一谈判、统一购买文献并合作建设馆藏的方式。对文献信息进行联合采购的优势在于对文献的差异化储备进行确认，在更大范围内扩大文献购买规模、增强文献购买力、降低文献购买成本、节约文献购买时间和购买人力，避免重复劳动和文献重复购买，对提高劳动生产率、提高购书经费效益很有意义。

(2) 联合编目。编目工作是图书馆基础而又细致的工作。随着计算机和网络技术的发展，各个图书馆可以计算机和网络技术为依托，采用统一编目格式，开展联机合作编目、实现书目数据的标准化与规范化，并在此基础上，合作建立具有统一标准的文献联合书目数据库，各成员馆可检索、上传与下载书目数据，实现编目成果的共建共享，这种合作编目的方式就是联合编目。联合编目是当今世界上效率最高、合作紧密的先进编目方式，能有效降低编目成本、节省许多人力、物力、财力，提高编目效率，避免部分书目数据资源的重复建设。目前，国内有较大影响力的联合编目中心有四个：以公共图书馆为成员，国家图书馆牵头的全国图书馆联合编目中心（OLCC）；以高校图书馆为成员的中国高等教育文献保障中心（CALIS）联机编目系统；中科院联合编目服务系统（CDSL）；地方版文献联合采编协作网（CALNet）。

(3) 联合服务是指两个或多个图书馆为了提高服务质量和服务效能，在平等友好和互利互惠的基础上开展的一系列服务活动。它既包括联合采访、联合编目、联合参考咨询、馆际互借、文献传递、二次三次文献联合开发等文献资源建设的共建共享，也包括讲座、展览、阅读推广等读者活动的联合举办，还可包括馆员素质的提升、职工业务能力的培养等都可以联合举行。总之，联合服务就是以提升服务效能为目标，以改进服务方式、丰富服务内容为手段，从尽可能节约经费和实现最大化效能角度出发，联合起来尽最大努力为读者服务。

二、履行公共图书馆与其他系统图书馆联合服务的职责

其他系统的图书馆主要有：学校图书馆、科研机构图书馆以及其他类型图书馆。学校图书馆又包括各级教育行政部门主

管的大、中、小学校图书馆，他们的主要职责是保障校内师生文献信息的查询与获取，为学校的教育、教学、科研服务。科研机构图书馆又包括中国科学院、中国社会科学院、中国工程物理研究院、中国医学科学院、中国农业科学院以及其他各部委及各专业研究机构所属的图书馆，这类图书馆的特点是文献资源的专业化程度高，学科内容深，很多文献是世界或本学科的前沿知识，国外文献信息比重大，专业期刊和外文文献资源比较多，以服务科学研究为主。其他类型图书馆包括军队系统图书馆、工会系统图书馆、共青团系统图书馆、妇联系统图书馆、文联系统图书馆、党校系统图书馆等，这些图书馆主要为本系统的教育教学、科学研究、职工的知识存储、素质提升等服务。

公共图书馆与其他系统图书馆合作交流的职责就是开展联合服务。也就是说，联合服务是法律赋予公共图书馆与其他系统图书馆的共同职责。联合服务的目的就是解决人民群众日益增长的文献资源需要与公共图书馆文献资源总量不足和文献信息服务不平衡、不充分的矛盾，打破行业壁垒、扩大服务范围，进一步促进社会开放和各行业、各系统的融合发展。

联合服务的方式和内容，就要因地制宜、实事求是，不同类型的图书馆有不同的特点，有不同的文献构成和服务方式。高校图书馆与中小学校图书馆不同。很多中小学校出于学生升学的考虑，甚至受应试教育思想的影响，让许多中小学校图书馆很矛盾：一是学生没有时间进图书馆。为了提高升学率，让更多学生尽可能升学到上一级的知名学校，学生天天埋头于题海战术，埋头于背课本与做作业，学生没有时间、没有精力去阅读自己想读的书。二是许多中小学图书馆没有太多的好书、精品书、经典书，基本上以教学教辅书、小说、故事等通俗性读物为主，内容陈旧，藏书量小，藏书体系单一，不能激发学生的阅读兴趣。三是管理滞后，相当一部分学校没能较好地举办一些生动活泼、形式多样的有吸引力的阅读推广活动，没有时尚的或内涵深刻的书目推荐，吸引学生进入图书馆。管理人员的水平也参差不齐，具备图书馆学专业水平和专业素养的管理员不多，有的图书管理岗位成为学校的照顾性岗位，“老、弱、病、残、孕”成了学校图书管理员安置的首选，没能把有工作能力、有工作激情、热爱阅读推广活动的优秀人才补充到图书馆来，发挥图书管理员的能动作用。四是作为教育教学的辅助部门，图书馆普遍不受重视，处于可有可无的状态；经费不足，文献保障不充分，图书管理员受到专业培训的机会不多，导致整个图书馆无活力、无生机、无朝气。

高校图书馆正好相反。高校图书馆是学校的一个重要部门，文献保障经费普遍充裕，特别是双一流学校的文献保障经费更是令人羡慕。图书馆的空间设备普遍高端、大气、上档次，管理人员的素质很高，有的管理员读了几个学位，博士、硕士不乏其人。读者活动丰富，专业成果丰硕，有的高校图书馆甚至周期性地举办国际图书馆论坛或跨地区图书馆专业论坛，产生了较大的国际或国内影响。所以，在和学校图书馆开展联合服务的时候，一定要因地制宜、因时制宜、因校制宜、一校一策、一地一策，推动图书馆事业和全民阅读事业的发展。特别是和中小学图书馆联合服务的时候，要特别注意文献的推荐和活动的开展。中小学生是祖国的未来和民族的希望，青少年时期正是学生的思想品格和学习习惯形成和塑造的关键时期，推荐图书的时候，一定要给他们推荐具有社会主义核心价值观、积极向上、乐观豁达、审美趣味、热爱生命的书籍，坚决杜绝黄、赌、毒和暴力倾向、反动倾向的书籍进入学生的阅读视野。与学校联合开展读者活动的时候，一定要追求服务效果，要有利于提高学校的教育教学质量，有利于学生的全面成长，有利于在全社会营造良好的读书氛围，千万不能为搞活动而搞活动，劳神费力、徒劳无益。

和其他系统图书馆开展联合服务，也要和学校图书馆开展服务一样。要充分研究、充分协商，本着互相支持、互相补充、平等互利、服务读者的原则，选好服务项目，增强服务效果，落实好《公共图书馆法》所赋予的职责。

三、履行公共图书馆与档案馆、博物馆、纪念馆开展交流和服务的职责

公共图书馆、博物馆、档案馆、纪念馆是四个既有本质区别而独立存在，又有相同属性和职能重叠的文化服务单位。公共图书馆是向公众免费开放的，从事收集、整理、保存文献信息并提供查询、借阅等相关服务的公共文化机构。博物馆是以教育、研究和欣赏为目的，从事收藏、保护并向公众展示人类活动和自然环境的见证物的文化机构，收藏、展示和研究，是博物馆的三大功能。档案馆是专门从事接收、征集、管理和档案利用的文化事业机构，是档案管理的永久基地，是科学研究和利用档案史料的文献中心。档案是人们在各项社会活动中直接形成的具有保存价值的原始记录。原始记录性是档案的本质属性。纪念馆是为了纪念有卓越贡献的人或重大历史事件而建立的纪念地。通常是用声、光、电、图、实物、图书等多种元素来展现事件原貌和激励应当传承的精神。

这四个文化机构既有相同的主体属性和服务对象，又有文献资料的差异性和互补性，还有工作目标的一致性。所以《公共图书馆法》第三十二条规定，公共图书馆与档案馆、博物馆、

纪念馆之间有三项职责：相互交换重复件、复制件或者目录的职责；联合举办展览的职责；共同编辑出版有关史料或者进行史料研究的职责。

（1）相互交换重复件、复制件或者目录的职责。图书馆以收集、保存图书等文献形式为主，同时也保存、收集档案资料、实物文献等，档案馆以档案为主，同时，也保存和收集有图书和实物，纪念馆是以某个人或某个历史事件为主线，但展示元素同样有图书、档案资料和实物信息，由此可见，这四个文化机构在收集、管理、展示的文献信息中方面交叉性和重叠性，并且在实物方面，有许多复本、重复件、复制件、目录以及其他文献，因此，相互之间开展交换复本、重复件、复制件、目录以及其他文献，有利于扩大各馆的收藏量、收藏种类，建立比较齐备的收藏体系，还有利于服务读者，让读者在每个馆都能接触到齐备的文献种类，扩大知识面，提升服务效能。

（2）联合举办展览的职责。不仅可以共同举办展览，还可以就某个主题开展系列讲座、研讨等，都是充分利用文献资源为读者服务的方式。联合举办展览的方式有三种：第一种是由某个单位作为主办单位，其他单位提供相关资料共同展览。比如档案馆以本馆馆藏档案为主体就某一历史事件为主题举办展览，图书馆、博物馆就可提供相关文献资料和实物，作为有力的证明，加入展览，使展览更丰富、更立体、更全面，公众不仅看到了展品，还看到了珍贵的纸质文献和立体的文物，展览内容更加丰富，接受的教育面更宽。第二种是某个馆举办展览，其他馆可以作为协办单位，不一定要提供资料或实物，但可以轮流巡回展览，以扩大展览的影响力，服务更多的观众。第三种是联合举办线上展览。就某个主题，各自拿出自己的实物、档案、图书或其他文献，由展览主办单位统一策划、统一制作，然后在各自或某个平台上展览，形成有永久效应的综合性展览。

举办讲座、研讨等可以随时举行，特别是在5月18日国际博物馆日、4月23日世界读书日、6月9日国际档案日，中华民族的传统佳节以及其他节假日，都是举办活动的大好机会。

(3) 共同编辑出版有关史料或者进行史料研究的职责。共同进行史料研究并编辑出版是深化服务的一种重要方式，是在集中各方智力成果基础上的再一次升华。共同进行史料研究有利于集中四馆专家的集体智慧。图书馆、档案馆、博物馆、纪念馆的专家平常研究的都是本学科、本专业所涉及的领域，如果就某个主题把四馆专家集中起来进行研究，就能得到这一主题在四个专业方向上的不同解答，即某个主题在四个专业方向的全面研究和综合意见，因此，共同进行史料研究不仅集中了各馆专家的智力资源，而且还会对各馆形成全面的研究成果非常有益。

共同编辑出版有关史料是共同进行史料研究的劳动成果，也是加强各馆业务建设、推动融合发展的智力展现。各馆不仅存在大量的、个体性的不同时代、不同主题的文献资料、档案资料和实物资料，如果从各自不同的角度、维度进行研究，然后再聚合起来并加以提升，就容易形成一个完整的研究成果、有价值的文史资料，因此，加强对有关史料的编辑出版、发行，非常必要，特别是一些珍贵的有历史价值和文献价值的研究成果，更应该有计划、有重点地编辑出版。不仅要编辑出版研究成果，研究过程也是一段难得的历史瞬间和价值形成过程，都应该保留和记录；反映各阶段研究成果的目录汇编和摘要也要及时出版，便于将各馆专家、研究者从繁杂的资料查找中解放出来，也大大方便使用者、查询者。

第四节　读者信息与隐私管理

《公共图书馆法》第四十三条和第五十条规定，公共图书馆应当妥善保护读者的个人信息、借阅信息以及其他可能涉及读者隐私的信息，不得出售或者以其他方式非法向他人提供。如果发生出售或者以其他方式非法向他人提供读者的个人信息、借阅信息，以及其他可能涉及读者隐私的信息行为的，由文化主管部门责令改正，没收违法所得。第四十三条以确定权利和设定责任为主，第五十条则以法律责任（法律救济）为主，这两条法律条文的产生，对于保护读者个人信息具有划时代意义。

这两条法律里面，包括了一个倡导、三个行为、三项内容。一个倡导：应当妥善保护，这个倡导本身也是一项法律义务。三个行为包括两个禁止行为和一个处罚行为，两个禁止行为：不得出售，不得向他人提供；一个处罚行为：责令改正，没收违法所得。三项内容：读者的个人信息、借阅信息以及其他可能涉及读者隐私的信息。换句话说，对读者个人信息、借阅信息以及其他可能涉及读者隐私信息的保护，在《公共图书馆法》里，就用一个倡导行为、两个禁止行为和一个处罚行为进行保护。这是我国公共图书馆事业的巨大进步，也是法制建设的一大创新，既符合人文关怀、体现对读者的尊重，也符合世界图书馆事业的发展潮流。

国际图书馆界一直有保护读者隐私的传统。1999 年 3 月 25 日，国际图联在荷兰海牙发布了《关于图书馆与知识自由权宣言》，号召全体图书馆员和工作人员“充分尊重图书馆使用者隐私权”。2002 年，IFLA 发布了《国际图联因特网声明》及《图书馆可持续发展声明》，在这两个文件中，国际图联再次重申了

“尊重用户隐私，并对用户所查用资料保密”的原则。2013年，国际图联发布了图书馆信息服务五大趋势，引发了关于国际图书馆界隐私侵蚀、隐私和数据保护、隐私增强、保障隐私和变革图书馆服务等问题的辩论和建设性对话。2015年，国际图联发布了《图书馆环境下的隐私声明》，2016年，IFLA发表了“全球图书馆隐私和数据保护”专题报告。

我国是一个非常重视保护读者个人信息、借阅信息和隐私权的国家。《中华人民共和国宪法》第三十八条规定，“中华人民共和国公民的人格尊严不受侵犯。禁止用任何方法对公民进行侮辱、诽谤和诬告陷害”，《中华人民共和国民法总则》第一百一十一条规定，自然人的个人信息受法律保护。2012年，文化部制定了《公共图书馆服务规范》，强调公共图书馆在服务读者的过程中应平等对待所有公众，尊重和维护读者隐私。

2017年12月，我国颁布了《信息安全技术个人信息安全规范》(GB/T 35273—2017)，并于2018年5月1日起施行。《信息安全技术个人信息安全规范》从范围、规范性引用文件、术语和定义、个人信息安全基本原则、个人信息的收集保存、使用、委托处理，共享、转让与公开披露，个人信息安全事件处置，组织的管理要求等方面做出了全面而系统的规定。

虽然《信息安全技术个人信息安全规范》并不是专门针对图书馆读者的个人信息而制定的国家标准，但“本标准规范了开展收集、保存、使用、共享、转让、公开披露等个人信息处理活动应遵循的原则和安全要求”“适用于规范各类组织个人信息处理活动”[1]。对于推动读者个人信息保护的体系化与规范化具有极其重要的现实意义。

[1]《信息安全技术个人信息安全规范》第一章“范围”。

一、读者个人信息、借阅信息和隐私的概念及范围

(一) 个人信息

个人信息是指与特定个人相关联的、反映个体特征与相关活动、能够单独识别或者与其他信息相结合识别特定自然人身份或活动情况的各种信息，称为个人信息。个人信息不仅包括个人身份、工作单位、家庭概况、财产收入、身体健康等方面的信息，而且还包括个人出入各种场合、参与社会活动的轨迹信息。特别是随着大数据和智能化时代的到来，任何人参加社会活动的行踪轨迹都是公民个人人身权利的体现，也是一种宝贵的数据资源。每个公民在学校、医院、银行、景区、商场、文化场所等领域所产生的信息都应该得到保护。

在《信息安全技术个人信息安全规范》(GB/T 35273—2017)中，个人信息是指以电子或者其他方式记录的能够单独或者与其他信息结合识别特定自然人身份或者反映特定自然人活动情况的各种信息。包括姓名、出生日期、身份证号码、个人生物识别信息、住址、通信方式、通信记录和内容、账号密码、财产信息、征信信息、行踪轨迹、住宿信息、健康生理信息、交易信息等。

(二) 读者个人信息

读者个人信息指能够单独识别或者与其他信息相结合识别读者身份或阅读活动的信息，主要有四种：读者身份信息、读者账户信息、网络互动信息和网络存储信息。读者身份信息主要包括：读者姓名、性别、年龄、籍贯、工作单位、电话号码、身份证号、家庭住址、电子邮件、教育程度等基本个人信息，

这部分信息通常是读者在办理图书馆读者证、读者卡时留下的信息；读者账户信息主要包括注册账号、密码、读者证功能、状态、类型、二维码等，主要是指读者在注册图书馆账户或者办理读者证的账户时留下的信息。网络互动信息：主要是读者在访问网络资源和信息互动时所产生的信息记录，如浏览记录、用户 IP 记录、搜索痕迹记录、互动记录、移动位置记录、社交平台记录信息等，这类对读者需求分析及精准推送有重要意义，但该类个人信息属于读者的隐私信息范畴，这些信息是在读者无意识的情况下留下的，有较强的私密性。网络存储信息：主要包括读者在网络空间存储的个人信息，如账号密码、通讯录、评论和分享、备忘录、日记、邮件、视频和电影、录音和音乐以及个人文档等，该类信息私密性较强，一旦外泄对读者可能造成较大影响。个人信息的利用在增进社会福祉的同时，也有可能引起信息主体的权益受到威胁和侵害，由此催生了个人信息保护的需要。

（三）借阅信息

指读者在图书馆检索、咨询和借阅文献时所留下的各种信息，主要包括读者的检索记录、咨询记录、文献借阅种类、文献借出时间、文献归还时间、某个时间段内的借阅次数、借阅结果、到馆历史、电子资源借阅情况以及由这些信息而推理分析出的阅读爱好、阅读兴趣、职业方向等信息，甚至包括读者参与阅读推广活动的信息，包括读者在参与阅读推广活动所留下报名信息、活动反馈、活动调查、活动偏好等信息。

（四）隐私信息

隐私是指自然人不愿意告诉他人或不便告诉他人的事情，

具有真实性和隐秘性的特点，也是自然人享有私人安宁生活与私人信息不被他人非法侵扰、知悉、收集、利用和公开的一项人格权。

隐私权是公民对自己个人信息、个人宁静生活以及决定私人事务等享有的一项民事权利，它包括个人信息的保密权、个人生活不受干扰权和私人事务决定权。

读者隐私是指读者不愿意告诉他人或不便于告诉他人的事情。是读者的一项人身权利。所谓读者隐私信息，是指与公共利益或群体利益无关的、不愿意公开而这种不愿意被认为是合理的个人信息。比如，读者参与志愿活动、读者对图书馆的建议和投诉信息、读者遗留在图书馆的失物信息，读者使用无线网络所产生的个人信息等。

隐私权是人格尊严在个人领域中的体现，是维系人格尊严的基础，读者隐私权是图书馆读者的一项基本人格权，即读者对自己的个人信息的支配权，也就是说读者有权知晓自己的个人信息如何被利用等权利。

二、如何保护读者信息和读者隐私

读者信息不仅是公共图书馆对外开放、服务读者的联系方式，也是图书馆和相关机构分析读者阅读兴趣、阅读爱好、阅读方式、阅读特点、阅读规律，提供针对性服务、开展全民阅读研究、做好全民阅读工作的第一手资料和素材，因此，要收集好、利用好、保护好读者的个人身份信息、个人借阅信息、个人活动信息甚至读者的隐私信息。

读者信息与读者隐私有很多重合或者交叉的地方，甚至可以说读者隐私包含了部分读者信息。读者不愿意公开和不便公开的个人信息也就成为读者隐私。特别是随着智能手机的普及、移动技术的发展和流量资费的降低，微信、微博、微视频、微小说、微娱乐等快节奏的微信息越来越普及，各种微服务凭借新媒介平台随时、随地、随身为读者提供各种资源服务，不同的媒体需要不同的注册账号，不同的账号需要提供不同的信息，导致读者的许多信息存储在计算机里，存储的信息越多，泄露的可能性就越大。因此，《公共图书馆法》第四十三条提出，要“妥善保护读者信息”。这就明确要求，各级公共图书馆不仅要保护读者信息和读者隐私，而且要“妥善”保护。如何才能做好妥善保护?

(一) 最小限度采集读者信息

图书馆要为读者服务，就要和读者建立联系，就必然要求读者提供个人相关信息，也就是图书馆必然要采集姓名、性别、年龄、联系电话、邮箱和联系住址甚至身份证号码等。这些信息对于服务很有必要，但也存在泄露读者信息的风险。因此，图书馆在采集读者信息的时候，一定要坚持最小限度原则。不能过度采集读者信息，不要采集太多的无用信息，不能采集过量的读者信息。有的图书馆在读者申请读者证或读书卡的时候，罗列了太多项目，有的项目与联系读者、保证读者信用没有半点关系。在收集读者信息时，无论是纸质申请表还是电子申请表，都要在底端用黑色粗体字写明“读者信息保护声明”。并承诺以上信息未经读者本人允许，绝不泄露给第三方。当留存的读者信息失去保留的必要时，图书馆要定期及时销毁。

(二) 制定好保护读者信息和读者隐私的制度

要尊重读者的人身权和人格权，制定好保护读者信息和读者隐私的各项规章制度。认真履行告知义务和提示义务，努力营造保护读者信息、保护读者隐私的氛围和环境。要在读者证申请表、读者卡申请表、读者注册页面、读者账号申请页面的底端，注明“保护读者个人信息和个人隐私”的提示；在总服务台、办证处等地张贴“保护读者个人信息和个人隐私”的提示语；有的图书馆在门户网站上发布关于读者隐私的保护声明；有的图书馆还发布免责声明，《浙江图书馆隐私声明》中有：由于黑客攻击、计算机病毒侵入或发作、因政府管制而造成的暂时性关闭等不可抗力而造成的个人资料泄露、丢失、被盗用或被篡改等，本网站无须承担任何责任”。

（三）强化保护手段，妥善保管读者信息和读者隐私

要高度重视读者权益，提高保护读者信息和读者隐私的意识。要设专人专管读者信息，管理员的思想素质和业务能力都要比较突出，不会因某种诱惑而出售读者信息。

保存读者信息的载体通常是两种：纸质和电子。对于纸质的保存方式，可以定期清理和处置个人信息。对收集到的留有读者信息和可能隐私的申请表保管一段时间之后，分类分期进行裁剪销毁处理。每个图书馆都要有自己馆的具体规定，一般说来，读者在注册时所填写申请表的有效期一般为1～3年，期内图书馆会完好保管，期满后将会进行裁剪处理，并及时清除系统中的相关数据。如果读者需要办理有效期延长手续，旧的申请表会保管至新的申请表申领成功后，再进行裁剪处理。对于文献预约信息、座位预约信息、图书续借信息、咨询信息、失物招领信息、超期处罚信息、参加读者活动信息、参加志愿者活动信息等，也要在保管期结束后，立即销毁，并清除相关数据。

对于电子保存的读者信息，要进行分类处理。对于读者身份信息、联系方式、读者账号等敏感信息，可以采用数据脱敏处理使数据变形，或进行数据泛化、压缩、置换及干扰等手段，

使读者信息和隐私数据匿名化；对读者身份和使用权限等信息，可以采用动/静态密码认证体系、网络隔离以及差分隐私保护体系进行认证管理，还可以使用信息传播加密技术对读者的访问进行必要的控制。同时，可以有针对性地加强网络防火墙、病毒防范系统、入侵检测及预警系统等安全防御系统的建设，配置最先进的信息技术设备，重视第三方供应商的隐私保护政策和监督机制的完善，最大限度地防止黑客侵入和恶意的数据窃取。

(四) 完善读者信息和读者隐私权的法律和政策保护

健全的法律保护是对于保障读者信息安全和读者隐私权至关重要。积极借鉴世界发达国家的经验，建立一套完整的隐私权保护法律体系，是保护读者信息和读者隐私权的关键，加快隐私权专门法的出台；充分发挥图书馆学会的行业主导作用，制定图书馆行业读者隐私权保护标准或保护规范，使读者信息和读者隐私权保护有法可依，有章可循。

案例：《江西省图书馆门户网站关于用户隐私的保护声明》非常全面、值得借鉴(选自江西省图书馆网)

江西省图书馆门户网站关于用户隐私的保护声明

本用户隐私保护声明适用于使用江西省图书馆门户网站(www.jxlib.gov.cn，以下简称“本网站”)以及网站提供的各种服务的用户。我们郑重承诺并尊重、保护用户的个人隐私，未经用户授权我们不会公布与用户个人有关的资料，除非有法律或程序要求。我们将定期检查隐私保护措施，跟踪安全技术的发展趋势，更新技术和管理措施。

(1) 用户的隐私主要是用户使用本网站的网上咨询、网上投诉、网上申请、网上注册、网上调查及其服务时，需要提供的必要的个人资料，这些个人资料根据栏目的不同而有所区别，通常包括：真实的姓名、性别、年龄、教育程度、身份证号、住址、联系电话和电子邮箱等。

（2）本网站采取技术和管理手段保护用户的隐私。对用户所提供的资料进行严格的管理及保护，采用合理的安全措施保护已存储的个人信息，防止用户的个人资料丢失、被盗用或遭改变。

（3）本网站所提供的公众服务网页和服务性栏目中的功能性区域，用户公布的任何信息都可能会成为公开的信息。因此，我们建议用户慎重考虑并决定是否有必要在这些区域公开个人信息。

（4）本网站在未经用户同意的情况下不将用户的个人信息任意披露，但是因用户自身原因而导致用户个人信息的泄露，本网站不承担责任。这些情形包括但不限于：①因用户登入的个人信息失真或失准导致传输、使用等错误；②用户利用自己的个人信息进行不正当活动或其他不正当使用；③因用户行为导致个人信息不适当共享；④个人隐私的自愿透露；⑤因用户行为导致本网站终止其会员资格及其他处理后果。

（5）在以下几种情况下，本网站有权根据有关规定在适当范围内公开用户信息：①当用户在本网站的行为违反了《计算机信息网络国际联网安全保护管理办法》《互联网信息服务管理办法》《互联网电子公告服务管理规定》以及《全国人大常委会关于维护互联网安全的决定》，或可能损害或妨碍其他网友的权益或导致他人遭受损害，披露用户的个人资料是为了辨识、联络或采取法律行动所必要的行动时；②法律法规所规定的必须披露或公开的个人信息；③当司法机关或其他授权机关依法执行公务，要求网站公开特定个人资料。

（6）外部链接。本网站会与其他网站链接，本网站不对其他网站的隐私政策及内容负责。

（7）本网站对个人信息的使用用户个人信息将被用于下列情况：①更好地提供个性化服务、相互交流以及其他各类服务；②我们将利用用户的个人信息进行必要的用户分类，以满足本网站有关服务的需要；③根据服务需要或在征得用户同意后向第三方提供用户部分或全部个人信息以完成用户的活动或达到用户的目的；④其他合法使用方式。

（8）关于免责。①本网站公众服务功能为用户注册的 ID 和密码，请妥善保管。若因用户自己的过失或故意透露保密信息而引起不必要的损失，本网站将不承担任何责任；②本网站采取了尽量完备的技术措施保护用户信息的完整性和秘密性。但由于不可抗力或者因计算机病毒感染、黑客攻击等特殊外力侵扰，导致用户信息破坏、泄密并受到损失的，本网站不承担责任，但我们将采取必要措施尽力减少用户的损失。

（9）如果用户认为本网站行为有违本声明时，请利用电子邮件 lifujun@jxwh.gov.cn 联系我们，我们将对有关行为进行核实，并会尽一切努力，采取相应的改进措施。

本网站之保护隐私声明的修改及更新权均属于江西省图书馆门户网站。

第五章　服务责任

服务就是为他人做事，并使他人从中受益的一种有偿或无偿的劳动。有偿或有报酬的服务叫有偿服务，无偿或无报酬的服务叫无偿服务或免费服务。

服务是图书馆的宗旨，创新是图书馆发展的永恒动力。公共图书馆坚持读者至上、服务第一的理念，秉承平等、开放、共享的原则，融公众性、公用性、公益性于一体，为读者提供空间服务、文献检索服务、文献咨询服务、文献借阅服务、数字体验服务、线上阅读服务、讲座展览、读者活动等社会教育服务、参考咨询服务、全民阅读服务、延伸服务等。"创新"在《辞海》里是"首创""创始"的意思；新：初次出现，与"旧"相对；有三层意思：一是创造新的，抛开旧的；二是在现有的基础上进行更新、改革、改进、改变；三是指创造性、新创意。在美国经济学家熊彼特提出的"创新理论"中，创新是以新思维、新发明和新描述为特征的一种概念化过程。也有三层意思：一是更新，二是创造新的东西，三是改变。由此可以看出，不管是我国的《辞海》，还是西方的"创新理论"，对"创新"的定义和内涵是一致的，都是"创造新的""创建"和"更新"的意思，是人类特有的一种认识能力和实践能力，是人类主观能动性的高级表现，是推动社会发展和事业进步的永恒动力。

创新服务就是用新理念、新思想、新技术、新方法转变为新的或改进的服务方式进行更有效的服务，以期实现更高的服务目标，达到更好的服务效果。

对于公共图书馆而言，服务是图书馆的根本宗旨，创新是图书馆发展的不竭动力。只有不断地进行创新服务，才能使图书馆保持永久活力，才能使图书馆保持旺盛的生命力。

在《公共图书馆法》中，服务作为极其重要的内容占了整整一章，即《公共图书馆法》第四章。在本书的这一章里，主要涉及《公共图书馆法》第四章中第三十三条、第三十四条、第三十六条、第三十七条、第三十八条、第四十二条的内容，具体分类如图 5–1 所示。

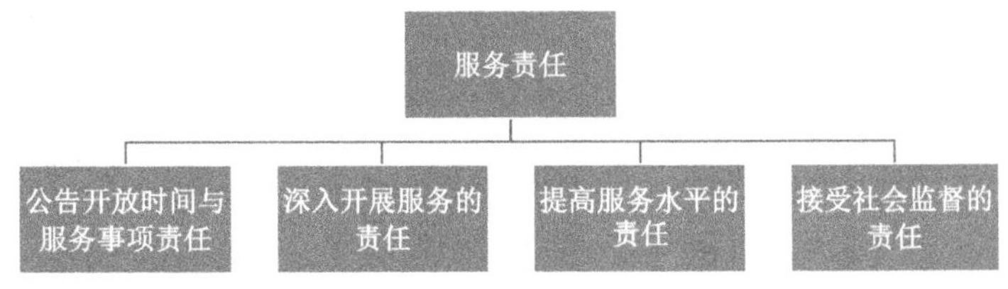

图 5–1　公共图书馆的服务责任

第一节　公告责任

公告就是指政府机关、事业单位、人民团体就某一事件或事情向公众正式公布或者公开宣告，具有周知性、广泛性、强制性等特点。《公共图书馆法》第三十八条规定：“公共图书馆应当通过其网站或者其他方式向社会公告本馆的服务内容、开放时间、借阅规则等；因故闭馆或者更改开放时间的，除不可抗力外，应当提前公告。”这条规定明确无误地告诉我们，公共图书馆在履行《公共图书馆法》的过程中，主要承担四项公告责任：公告开放时间和提前公告更改开放时间的责任；公告服务内容的责任；公告借阅规则的责任；定期公告服务开展情况的责任（图5–2）。

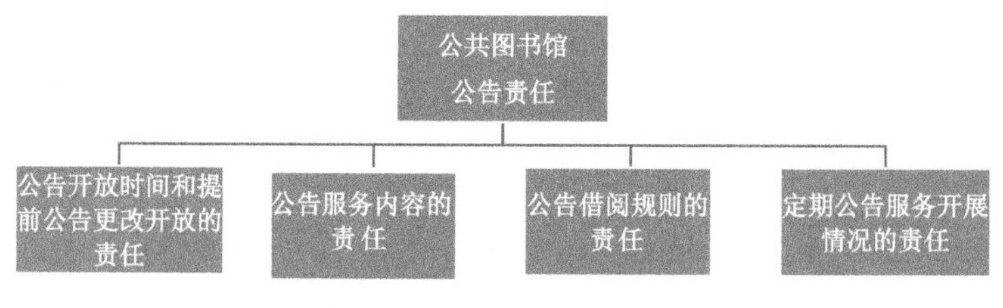

图5–2　公共图书馆公告责任

一、公告开放时间和提前公告更改开放时间的责任

对公众开放是公共图书馆服务读者、服务人民、履行职责的重要形式。公告图书馆的开放时间是图书馆服务读者最基本的内容，更是公共图书馆最基础的职责，务必做好、做细、做实。向公众公告好本馆的开放时间和提前公告更改开放时间，有利于读者根据开放时间，安排好自己到图书馆借阅文献和参加读者活动的时间；有利于扩大、读者活动的知晓度，吸引更多民众走进图书馆，参与图书馆的各项活动，提高图书馆的利用率，提升服务效能；同时，也增加了图书馆工作的透明度，把图书馆的各项工作置于人民群众的视野之内、监督之中，接受人民群众的检阅，让人民群众对各项服务进行点评，有利于整改不到位的工作，提高服务水平，提升服务质量。

同时，在履行公告职责的时候，要把握四个要点：

（1）公告的对象：是广大人民群众，是辖区内的所有民众，是大众而不是小众、不是小范围群体，更不是本馆职工，因此，公告的媒体尽可能多，公告的时间尽可能长，公告的地点尽可能是人员密集地。

（2）公告方式：应当是图书馆拥有的所有媒介及其他新闻媒

体，包括本馆网站、微博、微信公众号、宣传栏、公示栏、报纸媒介等能向社会公告本馆服务事宜的媒体，尽可能用上，因为它所告知的对象是所有读者。

(3) 开放时间：要注意两点，一是要把开放的具体时间、开放部门、开放内容等事项写清楚。二是要实行延时、错时开放。开放的具体时间是从几点到几点，包括节假日、国家法定假日；如果要举行某项活动，活动的具体地点即在某栋楼多少层、多少号、哪个会议室要写得明明白白。笔者曾经到某县图书馆检查公共文化服务效能建设，在图书馆的公示栏上看到本馆的开放时间是：星期一整理内务、培训；星期二到星期五上午 9:00 ~ 下午 5:00，星期六、星期日继续开放。这则公示表面上看，没有什么大错误。但是对照《公共图书馆法》，细究起来，它的表述很不妥当。第一，星期六、星期日继续开放，是继续按上午 9:00 ~ 下午 5:00 开放，还是时间有所调整进行开放？第二，如果星期六、星期日恰逢国家法定节假日，又该怎样继续？第三，继续开放是所有部门继续开放，还是窗口部门继续开放，甚至是部分窗口部门继续开放？第四，开放时间怎样计算，是否达到《公共图书馆服务规范》规定的县级馆每周开放时间不少于 56 小时的要求。第五，看不出实行了错时开放。该图书馆的开放时间与大多数读者的工作时间重合，不利于读者走进图书馆，更不利于提高图书馆的利用率。第六，看不出实施了延时开放，都是大多数读者上班，图书馆就开放；大多数读者下班，图书馆就闭馆，没有给读者提供下班后走进图书馆的机会。

在“因故闭馆或者更改开放时间的，除遇不可抗力外，应当提前公告”中有三个概念要搞清楚：①“因故闭馆”中“因故”有哪些缘故；②“提前公告”的“提前”是提到多前，即应提前多少天才合法；③“遇不可抗力”中“不可抗力”，具体指的是什么。

“因故”通常是指文献的区域调整、计算机系统升级、馆舍临时修缮等原因；“提前”通常是提前7天。《公共文化体育设施条例》第十八条规定，“公共文化体育设施因维修等原因需要暂时停止开放的，应当提前7天向公众公示”，公共文化设施包含公共图书馆，所以也应当提前7天公告；“不可抗力”通常是指“不能预见、不能避免并不能克服的客观情况”。我国《民法通则》第一百五十三条规定，“不可抗力是指，不能预见、不能避免、不能克服的客观情况，包括自然灾害，如台风、地震、洪水、泥石流、冰雹等；政府行为，如征收、征用、征管；社会异常事件，如罢工、骚乱等方面”。

公共图书馆在公示开放时间的时候，也应当公告相关信息，如新书推荐、文献借阅信息、读者活动信息、自修室开放信息、专家阅览室开放信息、专题研讨室开放信息、读者餐厅供应与开放信息、读者证注册办理信息、志愿者信息等，不仅在相关媒体上公示，还可以制作成手册、卡片、便笺、地图等，放在各公共服务台，供有需求的读者随时了解、取拿、带走、阅读。

二、公告服务内容的责任

公告服务内容是公共图书馆履行公告职责的第二项工作，一般情况下，提前7天公告外，还要特别注意两点：一是公告信息的完整性。要明确无误、完整清晰地表述公告内容的各个环节。以讲座为例，从讲座主题、主讲人姓名、讲座时间、讲座地点、讲座联系人、联系人电话、讲座概要、主讲人简介、网上订座、到馆线路等内容，要完整表述。如果讲座的举办地规模较大，或路况复杂，最好在通知或公告时还附注地图和停车信息。

案例：内容不完整给参与者带来不便

2019年，某大学图书馆举办一次作家创作分享会，公示栏上写着：某某作家创作分享会将于4月26日下午2点在文科楼学术会议厅举行。给笔者的邀请函也这么写着，结果是，许多像笔者一样的校外参加者很费周折，不知道文科楼在什么地方，是从东门进校园还是从西门进校园，这个学校足有几千亩，好不容易找到了文科楼，又不让停车，把车停好以后，又要找学术会议厅在几楼？很费时间、很费功夫。这栏公告对于校内的参与者很轻松，因为他们天天在学校，对文科楼学术会议室很清楚，但对于校外人来说，完全摸不到方向。如果在公示栏和邀请函里把信息写得更完整些，就不会出现这样的情况。二是要区分免费服务内容和优惠服务内容。根据《公共文化保障法》和《公共图书馆法》的规定，公共图书馆的基本服务是免费服务，延伸服务或拓展服务是优惠服务。免费服务主要包括文献信息查询、借阅；阅览室、自习室等公共空间设施场地开放；公益性讲座、阅读推广、培训、展览；国家规定的其他免费服务项目。优惠服务内容主要包括：餐饮、文创、复印、专题咨询、商业性展览、作家签名售书会等多元性、延伸性服务。对于流动服务、总分馆服务、拓展服务、远程服务、个性化服务、特殊语言文献服务、政府公开信息查阅服务（非公开）、馆藏特种文献揭示服务、教育培训、网上信息导航、预约借书、电话续借、网上预约、流动图书站点服务、为特殊读者送书上门、专程阅读指导推广服务等项目是否收费，收多少费，由各地图书馆和当地发改、物价部门协商确定。

在公告时，不仅要把内容即项目公告出来，同时，还要公告具体的收费金额、收费的文件依据、收费程序、收费地点、收费联系电话、联系人等，既扩大图书馆的影响力，增加图书

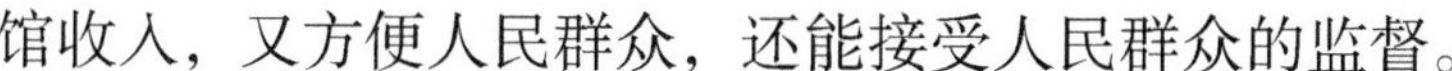

馆收入，又方便人民群众，还能接受人民群众的监督。

三、公告借阅规则的责任

文献借阅是图书馆的一项基础业务，也是公共图书馆的传统业务。文献借阅量越大，说明热爱读书的人越多，公共图书馆的服务效能就越好！因此，一个公共图书馆无论怎样发展，怎样创新服务内容、拓展服务方式，但基础业务不能变，在当今科学迅猛发展的情况下，文献借阅只能加强，不能削弱。

要开展文献借阅服务，就必须制定出完整的、操作性强的、人人遵守的文献借阅规则，才能保证借阅活动的顺利开展。要制定好文献借阅规则，就必须对全馆的馆藏文献进行全面的顶层设计，根据文献种类和读者特点，确定不同类型的读者并办理相应的读者证，不同类型的读者证对应不同的借阅规则，如成人读者、学生读者、少儿读者、老年读者、残疾人读者、研究型读者等，每种读者证有不同的借阅规则，主要涉及借阅册数、续借次数、续借期限、逾期费的设置、逾期费收取金额等。这些项目都要向大众公示清楚，避免造成工作中的麻烦。在公告借阅规则的时候，还应注意公告总分馆图书的借阅规则，让广大民众非常清楚整个总分馆系统的运行状态。

公告的方式和提前的时间与前两项相同。

四、定期公告服务开展情况的责任

《公共图书馆法》第三十条规定，为改善服务条件、提高服务水平，公共图书馆应当定期公告服务开展情况。在履行本条规定时，要明白一个概念“定期”。什么是定期？新华字典的解释是“规定的时期”“确定的期限”。那么，公告公共图书馆服务开展情况的定期是定多长的时期呢？是一周一报、两周或半月一报、一月一报、一个季度一报、半年一报，还是一年一报？一周一报通常称周报，一月一报通常称为月报，一季一报通常称为季报，半年一报通常称为半年报，一年一报通常称为年报。具体的定期公告时间，到目前为止，全国还没有一个统一的强制性表述。各图书馆如果要定期公告，定期公告的时间由各地图书馆和文旅局协商确定。

通常情况下国家图书馆、省级公共图书馆或规模较大的公共图书馆每年都有比较固定的年报。这是全行业约定俗成的综合性公告。不仅包括了服务质量，而且包括公共图书馆本年度馆舍建设、文献购置、业务开展、读者活动、经费构成、人员变动、服务效能等情况，是对公共图书馆所有内容的全面阐述，是图书馆发展的历史见证，因此，成为全国省级及其以上图书馆和规模较大图书馆每年必做而且长期坚持的定期服务公告。

第二节　全面服务的责任

一、开放服务

服务是图书馆的立馆之本，开放是图书馆的发展之基。对公众开放是公共图书馆最基本的职责，也是图书馆最广泛的服务。在公共图书馆对读者开放的过程中，要承担公休日开放和国家法定节假日有开放的责任，并把握好“开放服务五原则”。

(1) 安全原则。安全开放。要把安全工作放在第一位，确保读者、工作人员的人身安全、文献安全和财产安全。要配齐安保人员，制订安保措施，配置安保设备，强化安全检查，加强安全巡逻。制订安保措施时，要做好24小时巡逻方案，做好各种安全保卫预案，以防突发事件、重大事件、恶性事件的发生；安全巡逻时，不要放过任何一个可能发生意外的环节，重点巡查珍本库、善本库、古籍库、特藏库、财务室、档案室、采购办、工具书室、计算机房、车库等部分；要定期检查各种水、电、气、信息技术设备，重点检查电梯、消防和计算机电源，特别注意防火、防水工作；对读者开放的空间还要注意防滑、防跌倒，路面保持通畅，不能有障碍物，地面不能有积水，不能有脏物。少儿阅览室要注意避免尖角家具，多用木地板或质量好的塑胶，如果有尖角家具，要及时包裹；老年阅览室要配备老年人常用品，加宽阅览桌之间的空间，给行动不便的老年读者提供方便；不能在盲人通道堆放物品，确保盲人读者顺利进出；要注意屋顶掉东西，仔细观察和防范。

(2) 科学有序原则。图书馆的服务空间和各类文献要科学有序。检索空间、外借空间、普通文献阅览空间、古籍文献阅览空间、缩微制品阅览空间、少儿阅览空间、老年阅览空间、残障人士阅览空间、数字资源阅览空间、报刊阅览空间、外文阅览空间、视听作品阅览空间、创客空间、读者活动空间、展览空间、体验空间等要科学合理。既要动静分离，又要方便读者；既要体现读者至上，以人为本，又要合理利用图书馆空间。

(3) 足额开放原则。每个图书馆要达到《公共图书馆服务规范》所规定的开放时间。《公共图书馆服务规范》规定，县级公共图书馆每周的开放时间不少于 56 小时，市州级公共图书馆每周的开放时间不少于 60 小时，省级公共图书馆每周的开放时间不少于 64 小时，政府举办的成建制的少年儿童图书馆每周的开放时间不少于 40 小时。各公共图书馆务必遵守以上规定，每周的开放时间达到规定时间，叫足额开放。开放时间超过这一规定时间，叫超额开放或超时开放（适度的超额开放是鼓励的）。

(4) 延时错时开放原则。公共图书馆的延时错时开放就是要求公共图书馆的开放时间，不要与大多数读者的上下班时间完全重合，要给上班的读者在下班之后有走进图书馆和走进图书馆借阅、休闲、体验的机会，不能是读者上班我上班，读者下班我下班，要用延时错时这种方式，给读者提供更多机会，发挥公共图书馆最大的服务效能。延时错时开放有两种形式：第一种是工作时间的延时错时。工作时间的延时错时又分为两类，一类是延迟开馆时间，同时顺延闭馆时间。比如，有的地方行政、事业单位、企业的上班时间是上午9点，下班时间是下午5点，那么公共图书馆就顺延至上午10点开馆，下午6点闭馆，这是一种方式。另一类是不延迟开馆时间，只延迟闭馆时间。比如，有的地方行政机关、事业单位、企业的上班时间是上午9点，下班时间是下午5点，而公共图书馆保持开馆时间不变，仍然是上午9点开馆，下班时间则延至晚上8点。第二种是公休日应当开放和法定节假日有开放。在公休口和法定节假日大多数读者休息的时候，公共图书馆仍然要对读者开放，方便读者在公休日和法定节假日走进图书馆，参加图书馆举办的各种活动。公休日是指每个劳动者在工作一定时间以后应当享有的休息日，也就是周六和周日。《公共图书馆法》规定，“公休日应当开放”，就是强调公共图书馆在周六和周日这两天必须开放，如果只开放周六或周日的某一天，就是违法行为，并且这两天的开放时间、开放内容和平常一样，同样长的时间、同样多的部门、更多的活动。要强调的是，公休日开馆并不等于一周7天都要开馆。各个公共图书馆可以根据本馆实际，在工作日适当调休和闭馆。调休和闭馆有两个理由：一是进行业务培训、政治学习、文献整理、网络维护、设备检修；二是保障馆员的休假权益，让馆员同样享有休息的权利。

“国家法定节假日有开放时间”是指在国家法定节假日，各馆可以结合本馆实际和读者来馆现状，合理安排各馆的开放时间、开放部门、开放区域、工作人员和服务部门，法律并没有强调开放时间的长短、开放部门的多少和区域的大小，强调的是“有”而不是“所有”。国家法定节假日是指元旦、春节、清明节、劳动节、端午节、中秋节、国庆节，即国家规定的“全体公民放假的节日。各图书馆在这7天里，可以因地制宜、因馆制宜，合理安排开放时间和内容。

（5）基本服务免费开放原则。《公共图书馆法》第三十三条规定，公共图书馆需免费提供基本服务，主要项目包括：文献信息的查询、借阅；阅览室、自习室等公共空间设施场地开放；公益性讲座、阅读推广、培训、展览；国家规定的其他免费服务项目。同时，《公共文化保障法》第二十九条规定，公益性文化单位应当完善服务项目、丰富服务内容，创造条件向公众提供免费或者优惠的文艺演出、陈列展览、电影放映、广播电视节目收听收看、阅读服务、艺术培训等，并为公众开展文化活动提供支持和帮助。鼓励经营性文化单位提供免费或者优惠的公共文化产品和文化活动。也就是说公共图书馆在提供基本的、基础的免费服务项目以外，还可以提供优惠的服务项目，可以收取一部分费用。

二、文献系列服务

公共图书馆的系列文献服务主要包括文献检索服务、信息查询、文献外借、文献阅览、文献预约、文献传递、参考咨询、文献专题、文献数据提供与共享、文献复印、文献资源共享等。

公共图书馆在提供文献服务之前，要认真做好馆藏文献的采访、各类数据的加工、管理平台的搭建、网络设施的调试等工作，确保读者在文献检索、信息查询时顺利畅通，即务必做到文献采访及时、编目数据准确、书目加工完备，各类文献的数据能够在管理平台上集成运行，达到对外服务的条件，能实时揭示服务现状，分析运行规律，包括各分馆对外开放、服务读者的情况。还应按照平等、开放、共享的原则，尽可能多地为读者提供电子文献和数字资源，包括电子图书、电子期刊、全文数据库、学位论文数据库、专利数据库、文摘索引数据库、法律数据库、古籍数据库、少儿国学数据库、专题文献数据库等，不仅要有国内的数据库和数字资源，还应当根据财力和其他因素，适当增加外文数据库和外文数字资源。有的图书馆还举办读者文献检索培训班，读者文献查询培训班，帮助读者掌握更多的检索方法和查询方法，提升文献检索和文献查询的能力，提高读者检准率和检全率，这样可以为全体公民提供最大化的文献查询、文献外借和文献共享服务。同时，各级公共图书馆要为人大及机关部门制定法律、法规、部门规章、地方条例和开展专题调研时，积极提供咨询服务和文献信息服务。

三、读者活动服务

公共图书馆向社会公众提供读者活动服务，主要承担四项责任：免费提供公益性展览的责任、免费提供公益性讲座的责任、免费提供公益性培训的责任、免费提供阅读推广的责任。

（1）免费提供公益性展览的责任。展览就是围绕一定主题，用多种形式展示实物、图片，结合文字说明和语音解说，以供人们欣赏或观览的活动。展览是集展示与传播于一体的推广方式，是促进公共利益、推动社会进步的一种知识传播力量，具有人流量大、图文兼备、形式活泼、感染力强、在场观众有亲历性、亲近感和互动性等特点，举办展览一般需要具备展览的场地、展品、主办方、承办方、参展方、观众 6 个要素或称 6

个基本条件。

①展览分类：展览形式多样，种类繁多，按展览内容是否唯一性分，可分为综合展览和专业展览；按展览的区域分，可分为国际性展览、全国性展览、地区性展览、地方性展览、单位或公司展览；按展览的时间分，可分为定期展览和不定期展览；按展览的场地分，可分为室内展览、室外展览、巡回展览。除举办实体展览外，也可举办数字展览、线上展览、云展览。图书馆展览是以图书馆的实体空间和网络空间为阵地，以馆藏文献或外来文献为基础，在对其作品特点、思想体系、精神内涵、逻辑结构、历史脉络等要素进行深度挖掘、高度提炼后，用多种载体和形式进行可视化展示的服务方式，具有公益性、普及性、知识性、艺术性、可观赏性等特点，对于弘扬先进文化、传承中华文明、普及科学知识、提高文化素养、发挥社会教育、激发读者智慧大有裨宜，因此，举办公益性展览已成为公共图书馆广泛开展的主要活动之一，受到了大众的喜爱和政府的重视。

②如何办好展览。办好展览既是公共图书馆的工作职责，也是公共图书馆的服务内容。要办好图书馆展览，一般说来要掌握好八个环节：策划、确定方案、组织内容、精心布展、现场服务、强化宣传、认真总结、形成模式。策划是做好展览工作的第一步。公共图书馆要从展览主题、展览目的和本馆的承展场地、馆藏特色文献、地域文化、区域特点等因素出发，结合时事政治、重大事件、重要纪念日、文学艺术、中医中药等元素，初步确定展览思路、展览意向、展览目标、展览规模、展览内容、展览重点、展览特色、展览概算，在此基础上，经过进一步讨论，可以撰写展览方案。展览方案应包括展览日期、展览地点、主承办方、展览形式、展览内容、展览规模、展览

特色、应急预案、经费预算等。展览形式是指展览是以展板、实物、文献、音视频、展厅展览还是网上展览等；展览规模也就是根据馆藏文献特点或展览内容进行概算，计算出参加展览的实物量、文献量、展板数量、需要多大面积等，为后期布展提供可靠依据。经费预算就是对整个展览进行全面精确的支出预算，既不能漏掉需要工作的事项，也不能重复计算展览事项，既要提高展览质量和效果，又要精打细算、勤俭节约。在做展览方案时，尽可能做一个完备、科学、全面的方案，如果筹备组或主策划人确实难以确定，可以做两个或多个候选方案，把每个方案的优点、缺点分别罗列出来，供领导决策和采用。策划时一定要注意形式多样、活泼生动、线上线下结合、动静结合、与科技体验结合，要重视运用科技手段，提高展览的可视性和参与度，增强参与感与互动性，增强展览效果。

在对候选方案进行多次讨论和反复打磨后，请领导或以开会集体决定的形式对方案进行确定。确定以后就进入内容组织阶段。内容组织要立足于丰富的馆藏资源，从馆藏文献中检索出可用资源，包括馆藏纸质文献资源和数据库资源，以此作为展览素材和展览依据；同时，从互联网上检索出有关所选主题的最新文献资源，为展览提供有效补充，再从其他渠道获取需要展览的资源，如馆际互借和文献传递等，这样，就为展览的内容提供了丰富的素材，再精心提炼、精心组织，展览的内容就准备好了。

精心布展是办好展览的重要环节。既要高质量地布置好各种展品，包括实物、文献、设备、器材，又要布置好参观线路，要保证参观线路的通畅。正式开展后，要做好参观预约、人流控制、安全参观、有序放行，要调试好讲解设备，包括音量大小，讲解顺序等，做好展览的现场解说服务，要特别注意为老年参观者、残疾参观者服好务；强化宣传，图书馆可以邀请报社、电台、电视台进行新闻报道，也可以用自有媒体如微博、微信、宣传栏、网站等全方位宣传展览的意义、特点、观众评价、各方反响以及预告、参观须知、其他需要提示的信息进行系列宣传。展览总结就是每次展览结束后，要认真总结本次展览的经验和得失成败。做得好的坚持，做得不当的立即改正，同时，对在展览中付出辛勤劳动的同事们要进行充分的肯定和表扬，以有利于推动工作和鼓舞士气。通过不断总结，形成有本馆特色和固定程序的展览模式，进而形成既有时代意义又符合本馆特色的展览模式和展览风格，更好地满足人民群众的美好需求和社会发展的现实需要。

展览还有一种形式，就是联合展览或资源的联展共享。随着社会的发展和科技的进步，展览形式也多元化、多方式，积极提倡和支持展览的联合举办或资源的联展共享，不单打独斗，独来独往，而是互相融合，共同推进，鼓励政府部门、社会组织、企业、基金会等参与和资助，树立品牌意识，提高展览质量，共同主办、共同分享，共同推动，形成全社会参与的良性互动局面。

(2) 举办公益性讲座的责任。图书馆公益讲座是图书馆员根据一定主题，通过策划和组织，邀请演讲者以讲授或对话方式进行知识传播和读者教育的服务方式。是公共图书馆服务民众的读者活动之一，也是图书馆传播先进文化、扩大社会影响、履行教育职能的重要途径，更是图书馆拓宽服务范围、增加服务内容、提高服务效能的有力手段。

①讲座概况。讲座服务在图书馆界由来已久，但是讲座服务的蓬勃开展还是近十几年来的事。随着改革开放力度的加大和国家实力的增强，公共图书馆服务社会的方式日益多元化、

人性化、品质化，讲座服务呈现出公益化、成熟化、品牌化、系列化等特点。各地图书馆都举办了大量的、切合当地实际和本馆特色的公益讲座，对树立图书馆形象、深化读者服务具有很大的促进作用。但也表现出一些共同存在的问题：讲座听众高龄化、讲座方式满堂化、讲座内容同质化、讲座推广单一化，数量多但质量不太高，重形式不太重视内容。讲座的主题没有高度、深度和广度，脱离大众，没有新意，缺乏吸引力，没有从读者的需求出发，导致参与人数不多，参与群体单一，除了老年读者按时参加外，没有更多的人参加，服务质量受到影响。讲座方式满堂灌，不讲授课技巧，不讲重点难点，不顾听众感受，只看自己的讲稿，导致讲座枯燥，互动性不强，没法与听众形成共鸣，讲座选题范围太窄，选择的讲座专家不多，就那么几个专题、几个专家讲来讲去，时间一长，难以吸引听众。笔者曾经见过一个讲座，据说讲课人是位大家，对《红楼梦》的研究很有造诣，内容很有深度，但缺乏讲座技巧，加上年龄较大，70多岁，语速慢，一个人在台上只顾念稿子，对听众没有吸引力，听众一边听一边离开，等到一个半小时的讲座结束的时候，只有他一个主讲人，旁边还有一位主持人，场面很难堪。

②如何办好讲座。从选主题、选人、选时间、选讲座方式“四选”做起。讲座主题是讲座成功的关键，也是塑造讲座品牌的灵魂。策划讲座的主题可以围绕“三个中心”，即以听众为中心、以资源为中心、以地区发展为中心展开。以听众为中心，就是以听众需求推动讲座质量，根据听众的需求来确定讲座的主题，是整个讲座活动的重点。满足听众需求既是举办讲座的出发点，也是讲座活动的归宿。在策划主题时，除了把主题大范围定位为听众服务以外，更主要的还是要精确定位为哪一类或哪几类听众服务，做到有的放矢。为了选到好的主题，图书

馆可以采用多种形式，如问卷调查、听众留言等，通过网站、微信、微博等社交平台开展主题征集活动。以资源为中心，就是以馆藏特藏文献为基础，对馆藏特色资源进行系统化的深度挖掘、逻辑梳理和广泛研究以及再整理、再提炼，从而形成有本馆特色的研究成果，在此成果的基础上，再策划出一系列特色主题讲座，既宣传了馆藏资源，强化了地方文献，又提升了讲座的深度和价值，深受大众欢迎。上海图书馆每年举办的馆藏特色家谱系列讲座，引起不小的轰动，每讲到某个姓氏的时候，某个姓氏的听众云集。

选人，就是选讲座专家。既要选名人、著名人士来举办讲座，也要选能人，各行各业的专家学者、技术能手来主讲，既要扩大选人的宽度，又要扩大选人的深度，既要有讲文学、社会科学的专家，又要有讲自然科学的专家。既要有学术研究成果，同时也要有一定的讲课技巧，要善于表达，能够吸引听众。

选时间，就是讲座要契合中华传统节日、中华习俗、国家重大活动、著名事件、历史人物、有影响的纪念日等，选择恰当时间，选择恰当的人，举行恰当的主题讲座，效果才会更好。

选方式就是选择线上讲座还是线下讲座，是一个专家课堂授课式讲座，还是多个专家讨论式讲座等。在2020年疫情期间，线上讲座非常火爆，听众很多。随着科学技术的发展，特别是一些著名专家的讲座，都会听众如潮。为了满足听众的需要，通常是线下讲座与线上讲座同时进行。两种讲座方式各有优点，授课式讲座的特点是内容丰富，知识密度高。讨论式讲座的特点是听众的互动性强、参与度高、容易激发听众的兴趣。要选择哪种方式，就要主办者好好策划。笔者所在的图书馆，曾经举办过一个知名专家的讲座，尽管事前采取了网上报名、多种方式预约、现场限流和线上直播等措施，但在开讲时，讲座现场还是来了两三千人，除主报告厅外，马上又打开两个会议室，多个培训室才容纳了听众。办讲座不是讲座结束了，活动就结束了，而是在讲座结束后，还要做好宣传工作和深度整理工作，北京大学图书馆还把自己举办的讲座编写成专著，连续出版，纳入数据库，形成特色资源。

(3) 举办公益性培训的责任。公益性培训工作是公共图书馆服务读者的常规性工作，也是一项非常重要而紧迫的工作。公共图书馆负有主动培训读者，教会他们热爱图书馆、利用图书馆资源的责任。公共图书馆开展读者培训既是读者和时代的需要，也图书馆自身发展的需要。

培训读者的形式很多，主要有检索培训、办证培训、讲座培训、专题培训、线上讲座、自媒体培训等。一个图书馆要采用什么样的培训方式，打造什么样的培训品牌，要结合各个馆的实际情况，综合各种因素，慎重考虑而定。

四、推广全民阅读的责任

(1) 推动、引导、开展、服务全民阅读的责任。在《公共图书馆法》的55条法规中，有3条讲到全民阅读。其中，第三条明确规定，“公共图书馆应当将推动、引导、服务全民阅读作为重要任务”。另外，在第三十三条第三款和第三十六条强调，公共图书馆应当免费向社会公众提供阅读推广和通过开展阅读指导、读书交流、演讲诵读、图书互换共享等活动，推广全民阅读。

由此可见，全民阅读工作在整部法律中有着突出地位和重要作用，法律不仅强调“重要任务”，而且还规定了“推广对象”和“推广方式”，这在法律的制定中是不多见的，尤其在一部法律中明确将某一项工作，确定为“重要工作”更不多见。由此，各级各类公共图书馆一定要把法律的要求与自身工作深度契合，采取一切可以采取的措施，尽最大可能举办形式多样、内容丰富、质量优良的全民阅读活动，开展全民阅读研讨，总结全民阅读经验，推广全民阅读优秀案例，营造良好的、浓厚的全民阅读氛围，把全民阅读工作抓紧、抓好、抓实、抓出成效，为全民族素质的提高和伟大中国梦的实现，作出图书馆人应有的贡献。

《公共图书馆法》第三十四条规定，"政府设立的公共图书馆应当考虑老年人、残疾人等群体的特点，积极创造条件，提供适合其需要的文献信息、无障碍设施设备和服务等。政府设立的公共图书馆应当设置少年儿童阅览区域，根据少年儿童的特点配备相应的专业人员，开展面向少年儿童的阅读指导和社会教育活动，并为学校开展有关课外活动提供支持。"因此，在开展全民阅读工作的时候，不仅要服务好的正常人，更要根据特殊人群的特点，服务好老年人、残疾人和少年儿童。

(2) 服务好老年读者的责任。

①老年读者现状。老年读者是公共图书馆读者服务的重要群体，是需要图书馆特别关注的特殊人群，通常是指退休以后的老年人。这部分人辛苦劳作一辈子后，由于自身的身体状况、受教育程度、文化水平、职业背景、社会经济地位、兴趣爱好、阅读习惯、家庭支持、生活目标的不同，致使老年读者的阅读兴趣、阅读能力、阅读行为、阅读内容呈现两极分化，一种是退休前是从事专业技术工作的专家学者、科技人员、医生、教师、行政人员、企业管理者、中小企业主，他们有一定的知识阅历和学术水平，属于研究型、知识型、技术型的老年读者，他们有多年的阅读习惯，有长期从事研究和思考的经历，基本属于脑力劳动者，虽然退休离职，但仍然朝气蓬勃、精力充沛，

有继续学习和继续阅读的愿望，加上公共图书馆有老年读者获取前沿、翔实、系统的文献资料，有舒适的环境，周到的服务，使公共图书馆成为老年读者更新知识、丰富自我、发挥余热、愉悦身心的最佳场所，因此，一部分老年读者天天来图书馆，不管风吹雨打、日晒雨淋，每天按时到馆，甚至比工作人员还来得早。另一种是部分老年读者退休前从事体力劳动，知识阅历、学术研究有限。这部分读者常会认为，自己忙碌了一辈子，退休后更应该享受悠闲的生活，更需要通过娱乐方式来度过晚年生活，没必要进行深阅读，加上由于自身知识素养相对较低，阅读爱好不突出，阅读兴趣不大，再加上老年人的休闲方式多样化，活动丰富多彩，太极拳、广场舞、旅游、摄影、打扑克、看电视精彩纷呈，使很多老年人完全放弃了阅读，或较少阅读。因此，服务老年读者，首先要清楚老年读者的身体特征和阅读特征。随着年龄的增加，老年人的身体、生理、情绪、心理都将产生一系列变化。走路不再快速，行动不方便，器官老化，大脑神经系统，特别是视觉系统、听觉系统衰退明显，眼睛干涩且容易分泌泪腺，视力下降，字迹模糊，阅读速度变慢，小字看不清，特别是随着年龄的进一步加大，视力退化更加严重，同时，随着老年人身体机能和神经系统的日益衰退，老年人的活动范围日益缩小，交流的对象不多，容易产生孤独、寂寞、空虚、焦虑、忧愁等不良情绪，从而使老年读者阅读更加困难。

②老年读者的阅读特点。大多数老年读者对时事政治、新闻热点、历史人物、养生保健、休闲娱乐、文化体育方面的图书、报纸、期刊比较感兴趣，偏重于纸质文献阅读，倾向于大字图书和音像制品，随着科学技术的发展，逐渐开始接受电子书、电子阅读器、手机阅读等新媒体阅读。

③如何服务老年读者阅读？老年读者作为特殊的读者群体，

公共图书馆应当根据其阅读特点提供相应服务，配置老年读者专门文献，大字体文献，配置适合老年读者的常用设备，增加老年阅览室的桌椅、坡道、医疗箱、老花镜、放大镜等常用设备，增加大字体阅读设备、电子助视器、电子助听器、语音阅读器、电子读屏软件。开展老年读者活动，特别要联合医院、健康中心、保健中心等社会机构，为老年读者开展养生、保健等活动；联合法律机构，开展法律咨询、法律援助、法律宣传等活动，加强与其他老年机构，如老龄委、敬老院、老年大学、老年协会、文化团体、基金会、大众媒体等机构合作，开展歌舞比赛、围棋交流、象棋比赛等多种娱乐活动，建立老年阅读基地，共同开展阅读推广活动，并长期、持续、稳定地开展下去。开展上门服务。针对住处偏远或身体不便的老年读者，公共图书馆可以送书上门或服务到家。定期通过流动图书车将报纸、书刊等文献送到偏远的居民区、厂矿、企业、老年公寓、养老院、疗养院等机构，解决老年读者在阅读中遇到的问题，最大限度地提高公共图书馆的开放性和便利性。开展志愿者服务，对老年读者提供更大化、人性化的关怀和周到细致的服务。

(3) 服务好残疾读者的责任。残疾读者是公共图书馆服务读者的特殊群体，他们是祖国大家庭的一员，需要对他们进行特殊关爱和特别关照。各图书馆要高度残疾读者的服务工作，肩负起服务好残疾读者的责任，把残疾读者服务纳入图书馆事业的总体规划，把为残疾读者服务作为坚持以人民为中心，践行“读者至上、服务第一”理念的具体行动，要站在残疾读者的角度，急残疾读者之所急，解残疾读者之所难。近年来，我国公共图书馆残疾读者服务工作力度明显加大，工作效果明显增强，主要得益于社会各界的关爱，法律法规的逐渐完善，各级各部门的积极参与，社会各界的有力支持。这种好的工作态势和工作趋势一定要保持下去。

①残疾读者的分类与针对性服务。残疾读者按残疾部位或器官分，通常可分为视力残疾、听力残疾、言语残疾、肢体残疾、智力残疾、精神残疾和多重残疾。对不同类型的残疾读者要采用不同的服务方式和服务内容。要从硬件设施、馆藏资源、服务项目、共建共享等方面做好服务。着力打造无障碍环境，图书馆建筑一定要按照国家要求设置盲道、轮椅坡道，设置自动门，无障碍学习室、把残疾读者阅览室或阅览区设在一楼，盲道随时保持通畅，增设无障碍通道、无障碍轮椅、无障碍洗手间、无障碍电梯、无障碍书架、无障碍服务台、低位电话、语音向导、低位电梯按键、紧急逃离通道、无障碍自主打印机、无障碍自主复印机、给计算机安装残疾读者辅助软件；要为视障读者专门配备：额外照明设备、装有读屏软件的电脑、助视器、盲文听书机、点显器、盲用读书机、盲文标识、放大镜，放大镜是辅助弱视读者阅读的重要工具，也是常用工具，价廉物美，性价比高，各图书馆应当必备；要为肢体残疾读者配备：残疾人停车位、残疾人专用通道、高度可调节书桌、人体工程学桌椅、助行车；要向阅读障碍读者配备：彩色覆盖器。

提供种类较多的文献资源。要加大残疾读者专用文献建设，尤其重视无障碍纸质文献和数字文献。无障碍纸质文献主要包括大字本、较大字体、较大字间距、较大行间距、文字颜色多样和排版方式简单的文献。数字文献主要包括电子图书、语音图书、数据库。适当多购买一点儿可以根据读者需要可以调节文字大小、字间距、行间距、字体颜色和背景颜色的电子图书。同时，盲文书刊、有声资料、大字本图书、无障碍视频、有声数据库等文献要占馆藏文献一定比例，要保证残疾读者随时到图书馆来有书读、有好书读、并能顺利阅读，还顺心顺意地离开图书馆。

开展温馨体贴服务的常见活动和项目有：残疾读者优惠办证、书刊借阅、送书上门、邮寄服务、文献传递、主题展览、教育培训、阅读专题活动、无障碍电影播放、不定期召开残疾读者座谈会、建立到馆残疾读者档案、设立意见簿、馆内信息咨询、协助打印、协助复印等，根据残疾读者的个人意愿开展自愿注册，尤其是在世界读书日、国际残疾人节等重要节假日和时间节点，是举办残疾人活动的良好时机，在这些时间节点，举办此类活动，容易引起社会的高度关注，影响范围广。对残疾读者的培训通常有：无障碍设备使用培训、计算机设备及资源使用培训、艺术培训、手工编织培训、手工绘画培训、文化创意技能培训、语言培训、职业技能培训等，深圳图书馆联合市残联开展的盲人按摩技能培训班，让残疾读者学到一技之长，不仅提升了自身素质，而且找到了就业岗位，增加了残疾读者的收入，提高了残疾读者的生活质量，受到中国图书馆学会的表彰。

②加强残疾读者服务人员队伍建设。本着公益性、基本性、均等性、便利性原则，公共图书馆积极配备热心残疾人工作、乐于为残疾人服务、熟悉残疾人服务规范，具备一定的专业医学常识和心理学知识，掌握一定服务技能的专兼职工作人员队伍，细化残疾服务的类别和级别，变被动服务为主动服务，充分履行服务残疾读者的职能，针对不同类型的残疾读者开展个性化服务，促进残疾读者服务的多元化发展。

发挥政府的主导作用，积极争取残联、特殊教育学校、企事业单位、社会公益组织、基金会、志愿者协会、社区等机构和部门的大力支持，发挥各方力量的优势，共同开展残疾读者服务。要善于利用各级新闻机构和网络媒体扩大影响，可借助微博、微信、微视“三微”平台大力宣传和主动推送，将公共图书馆残疾读者推广至全社会，赢得社会力量的广泛支持。

（4）指导少年儿童读者阅读的责任。少年儿童是实现中华民族伟大复兴和强国梦的后备力量。抓好少儿阅读、开展少儿阅读活动、培养少儿阅读兴趣是促进少年儿童健康成长、全面成长的基石，是培养社会主义核心价值观和爱国主义精神的有效方式，是帮助少年儿童树立正确的人生观、价值观、世界观、道德观，激发少年儿童阅读热情、丰富少年儿童课余生活、养成良好阅读习惯的有力手段。因此，各级各类图书馆务必高度重视少儿阅读，要把少儿阅读作为全民阅读的重要内容，切实履行《公共图书馆法》所赋予的职责。

①少年儿童阅览区的设置：一般设在公共图书馆一楼，主要是因为安全和方便，并且需要动静分设。少儿阅览区域最好有通道连接室外的少儿活动空间，多让少年儿童参加户外活动，这种设置对少儿的成长特别有利。有没有户外活动空间要根据各馆的实际情况而定，确实不具备条件的图书馆不强求。少年儿童阅览区域的布置一定要符合少儿生理和心理特点，颜色鲜艳活泼，少用直角桌椅，最好用软包装家具，环境舒适，温馨雅致；工作人员最好能具备一定的少儿心理学、教育学及图书馆学专业知识，耐心细致服务。

②少年儿童阅览区的空间布置。如果条件允许，最好能根据不同的年龄设置不同的区域，分为：幼儿区、儿童区和少年区。不同的区域有不同的装修风格和装饰特点，不同的区域要根据不同的年龄段提供相应的文献类型并开展有针对性的活动。

③少儿的阶段划分及阅读特点：根据中国年龄划分标准，人的一生分为五个阶段：童年、少年、青年、中年和老年。0～6周岁为童年。这个阶段又分为：婴儿（0～3个月）、小

儿（4个月～2.5岁）和幼儿（2.5～6岁）。少年为7～17岁，这个阶段又分为：启蒙期（7～10岁）、逆反期（11～14岁）和成长期（15～17岁）。因此，幼儿区的读者对象是婴儿、小儿和幼儿，即0～6岁的小朋友。这个阶段的幼儿处于感知运动阶段（0～3岁）、象征思维阶段（3～4岁）和直觉半逻辑思维阶段（5～6岁）。

不同阶段的幼儿有不同的阅读特点：处于感知运动阶段的幼儿主要靠自己的感觉来感知和认识周围的环境、人和事物，随着感知的积累，后期开始出现阅读倾向，这个阶段的阅读特点是：喜欢情节简单、熟悉的儿歌、童谣、故事类图书；喜欢熟悉的、与生活相关的事物型和动物型图画；喜欢面积较大、颜色鲜艳的双面单幅画；喜欢模仿图书或音视频中的叠声词、象声词等；喜欢情节具有重复性的故事；喜欢重复阅读同一个故事，开始形成与成人一起阅读的习惯，成人可对物体做出恰当的评论，以帮助幼儿提高阅读兴趣。

处于象征思维阶段的幼儿开始有初步的思维能力和简单的推理能力，能够理解母语中的一些文字所代表的物体或者图案，对文字有了一定的理解，这一时期的阅读特点是：幼儿开始使用新词汇，表现出对图书、对阅读有一定的兴趣。

处于直觉半逻辑思维阶段的幼儿具备了一定的思维能力与推理能力，开始注意对自己思维的表达，审美也开始不断完善，产生了最初的审美联想，这一时期的阅读特点是：逐步写出文字并对其进行辨认，能够识别一些简单的句式，能够辨认大小写字母，可以写出自己的名字和一些简单的汉字，有智力超常者能写出好的句子。

少年阶段（7～17岁）基本上是小学和中学阶段。这一阶段不管是在启蒙期、逆反期还是成长期，特点都非常突出，充满好奇、求知欲旺盛、刻苦努力、积极向上，是人生宝贵的学习期和上升期，也是人生观、价值观、道德观形成的重要时期。阅读是他们获取知识、接受教育、发展智力、促进成长的重要途径，公共图书馆要善于利用这一难得机会，抓紧做好少年儿童的阅读，同时，要积极联系所在地区的中小学校，共同开展阅读活动，逐步实现公共图书馆与学校图书馆的资源互补，共同服务广大师生。

④针对不同年龄段和特点的少年儿童要开展有针对性的服务。在幼儿区，主要目标是培养阅读意识，开展启蒙阅读，配备的图书以绘本、玩具、布艺书、折叠书、简单拼图等趣味性、欣赏性类型图书为主，图书内容主要包括童话、故事、寓言、传说等，还可提供电子显示屏、有声读物、音乐作品、影视作品等音像资源供幼儿阅读。儿童区的图书主要提供能让儿童感兴趣，并能基本读懂涵盖历史、科技、文化、百科等多方面的图书，以及乐高、积木、智力拼装、魔方等益智类玩具，帮助儿童拓展开放性思维。少年区主要是增加课外阅读，图书最好是传承中华优秀传统文化，革命故事，红色故事、科幻故事、小说、名著等，并提供专门阅览室，供中小学生到馆学习、阅读或完成课程任务。同时，设立专门的电脑区域、新媒体阅读空间、专用自助借阅机、自助办证、数字杂志、数字报纸、手机短信、微信公众号、移动电视、数字电视、数字电影、触摸媒体等供少年儿童自主操作。同时，公共图书馆要根据不同年龄阶段的特点，有针对性地开展主题丰富，形式多样、效果显著、吸引力强的阅读活动，精心指导少儿阅读，全面培养少年儿童的阅读能力、独立思考能力、表达能力、听说能力、写作能力、沟通能力，努力提高少年儿童的个人能力及素养，举办面向家长、看护人和教师的培训活动，搭建家长交流平台，共同为少年儿童的健康成长努力！

公共图书馆要大力支持学校举办的各种阅读活动，在完善馆内资源的同时，积极探索与学校的合作方式。现在全国各地的公共图书馆在这方面都做得很好，有的图书馆通过提供馆藏文献联合举办读书活动，有的联合开展阅读讲座，有的共同举办征文大赛，有的公共图书馆迎合数字时代青少年儿童的阅读新需求，全方位创新数字阅读环境，发挥数字网络、电子书的作用，开辟阅读推广新途径，满足青少年儿童新的阅读需求。有的公共图书馆和学校一起，举办了“十佳读者”“阅读明星”“亲情面对面”“指尖上的图书馆”“致富路上的图书馆”“书海小神探”“弹指神功键盘争霸赛”等读书游戏有奖活动；有的公共图书馆定期举办“阅读大富翁”“阅读银行”“看谁读得多”“唐诗宋词知多少”“益智玩具擂台赛”“精彩阅读瞬间”“小手绘梦想”“寻找最闪亮的你”“我讲我秀”“爱心红书包”等少年儿童阅读推广活动，极大激发了小读者的阅读兴趣；有的公共图书馆与学校联合开通读书、听书的微信公众号，开辟有声读书、课程知识、演讲、经典诵读、传统美德、名人故事、好书推介、读书明星、书香家庭等栏目，有的图书馆通过网络阅读，为师生提供便捷的读书途径和丰富多彩的读书内容，如四川省图书馆与四川电信共同开展的智慧家庭图书馆，把四川省图书馆的馆藏古籍资源通过有线电视，传送到全省3000多万个家庭，让广大读者足不出户，就可在家阅读四川省图书馆的古籍。还有的由公共图书馆提供图书，学校老师指导开展师生朗诵比赛、故事演讲赛、成立读书会、新书展览会、少儿阅读专场，阅读征文比赛、绘本故事大赛、朗读比赛、歌唱比赛等活动，促进阅读活动开展，提高学生的写作能力和鉴赏水平。

案例1：上海图书馆提供交流空间服务

随着社会的快速发展和读者的多元化需求，上海图书馆在保持传统服务的基础上，专门开辟了协作式交流空间服务。不仅可以为读者提供图书资料借阅和音像制品阅览区、个人自习室、专家研修室、活动室、会议室、参考咨询室、资源查询室等，而且还专门为创意团队的合作研究提供能容纳多人、设施设备先进、有专业馆员服务、能根据一定的主题充分交流、充分发言的协作式交流空间；不仅提供空间，还提供公共计算机、打印机等常规硬件设备，不仅提供硬件设备，还提供相应的数字资源，根据读者需要，提供国际金融、国际贸易、外语、科学研究、艺术创造、小说写作、健康知识等，为读者的现代需求提供服务。

案例 2：东莞图书馆绘本分馆空间有特色、活动有特点，成效显著

绘本是目前世界上公认的最适宜儿童阅读的“第一本读物”，是儿童最喜闻乐见的作品形式，绘本阅读已成为现今儿童启蒙教育的重要组成部分。

东莞市是我国第一批新型城镇化综合试点地区和广东历史文化名城，有“广东四小虎”和“世界工厂”之称，经济发达、文化繁荣，是著名的华侨之乡、音乐之城、科技之城、博物馆之城、国家森林城市、国际花园城市和全国文明城市。东莞图书馆积极发挥本市和本馆优势，联合社会力量，广泛开展绘本馆建设，通过与镇街分馆、社区、幼儿园等机构合作建立的方式，充分发挥东莞图书馆总馆资源优势和中心引领的作用，搭建未成年人阅读推广平台，延伸东莞图书馆总分馆服务体系，为推广全民阅读、营造“书香东莞”助力。东莞图书馆第一批合作共建绘本馆的单位有 5 家：万江图书馆、石龙图书馆、大朗长塘图书馆、南城中心幼儿园、塘厦图书馆。

不同的绘本馆有不同的空间布局，有不同的办馆特色：万

江绘本馆是东莞图书馆建立的第一家绘本馆，面积146平方米，整个空间分为四个区：藏书区、亲子阅览区、活动区、智能辅助阅读区。通过充满童趣的装饰，营造出温馨活泼的环境。绘本馆有绘本3000余册，其中中文绘本2600余册，英文400余册。万江绘本馆的特色是原版英文绘本阅读及机器人辅助阅读，让孩子们在温馨轻松自由的环境中，爱上阅读，在书香的熏陶下健康快乐地成长。

南城中心幼儿园绘本馆约100平方米，它的空间分为室内、室外两个阅读区，有绘本2000余册。温馨富有童趣的设计深受孩子们的喜爱。它的特色是爸爸故事团和绘本诗朗诵。在提升孩子的观察力，丰富他们想象力的同时，通过文本朗读让孩子感受语言艺术的魅力，感受语言的温度和色彩，提升他们的精神境界。

大朗长塘绘本馆位于大朗镇长塘社区，是大朗镇首家绘本专题图书馆。面积为120平方米，有绘本4000余册。设有四大功能区：亲子阅览区、机器人阅读区、活动作品展示区及多功能活动区。绘本馆主要为广大儿童及家长提供中英文绘本借阅、阅读指导、阅读推广，并在此基础上，组织丰富多彩的绘本延伸活动，如朗读亲子馆、阅读推广活动等，它的特色就是绘本的延伸活动。

三个绘本馆各有千秋，各有特点：

①分区有特色。三个馆的面积不一样，区域的划分就不一样，万江绘本馆分为四个区：藏书区、亲子阅览区、活动区、智能辅助阅读区，南城中心幼儿园绘本馆分为室内、室外两个阅读区。大朗长塘绘本馆设有四个功能区：亲子阅览区、机器人阅读区、活动作品展示区及多功能活动区。

②活动有特色：万江绘本馆的特色是原版英文绘本阅读及

机器人辅助阅读，南城中心幼儿园绘本馆的特色是爸爸故事团和绘本诗朗诵，大朗长塘绘本馆的特色就是绘本的延伸活动，主要包括展示与表演。三个馆的面积不同、装饰风格不同、划分的区域不同、活动的特点不同，但都充分结合各自实际，都契合了孩子的需求和少儿阅读的特点，值得各地学习和借鉴。

案例3：深圳少年儿童图书馆全面服务成效好，值得学习

深圳少年儿童图书馆是由深圳市政府在原深圳图书馆馆址上投资改建的大型现代文化设施，是国家一级公共图书馆，是深圳特区及大湾区著名的一家专门为少年儿童、家长及教育工作者服务的少年儿童图书馆。它的特点有四项：

（1）办馆理念先进。深圳少年儿童图书馆秉承“快乐阅读、自然生活、健康成长”的理念。这一理念非常简约、非常科学、非常切合少儿特点和少儿实际，没有好高骛远、假大空虚的成分和因素，是一个务实、科学、尊重人性、尊重少年儿童成长规律的办馆理念。

（2）空间布局合理。作为面积达1.56万平方米、拥有馆藏文献140万册（纸质），期刊报纸1100种，读者席位1200个，日均接待读者约5000人次，大湾区著名的少儿专门图书馆的文献丰富、设施齐全，功能完备。根据不同的服务对象与文献特征设立了外借区、报刊阅览区、网络学习区、视障阅览区、国学馆、幼儿借阅区、亲子阅览区、读画世界、国际教育资源馆等多个阅览区域。同时还设立了多功能报告厅、阅读实践中心、梧桐树下等服务区域，让全市少年儿童和所有来馆读者有一个充分、自由而又温馨舒适的阅读空间。

（3）服务效能优质。全面实行免费开放，除周一闭馆外，每天早上从上午9点一直开放到晚上9点，每周服务时间72小时。以“六大计划”为支撑，常年举办少图剧场、少图讲座、征文、

展览、公益性阅读实践系列活动，“六大计划”即深圳少年儿童图书馆创新的“簕杜鹃”青少年经典阅读计划，“常青藤”文献资源共建共享计划，“蒲公英”劳务工子女关爱计划，“康乃馨”无差别阅读计划，“向日葵”深圳童年珍藏计划，“喜阅365”亲子共读计划。这“六大计划”受到了广大青少年和家长的热烈欢迎和好评。还创新性举办少儿艺术创作、名著新编大赛等活动，创立“阅读积分制”，提供网络续借、电话续借等服务，并开展网络信息及数字化文献阅读服务，实现图书馆与读者互动，提供读者锻炼和展示的舞台。

(4) 开展学术研究和产品研发。深圳少年儿童图书馆不仅是各类少年儿童文献资料的存储、流通、检索、咨询中心，少儿读书活动中心，还是少年儿童学术研究和产品研发中心。深圳少年儿童图书馆先后完成了《中国图书馆图书分类法——儿童图书馆(中小学图书馆版)》第二版的修订工作，编制出版了《中国少年儿童文献分类主题词表》。自主研发了一站式数字资源阅读平台“e读站”，研制成功了“e读本”，为读者提供全天候不间断的阅读服务。全新创建了爱读网、喜悦微博，每天为广大少儿读者推荐一本好书，开展阅读指导活动。牵头完成了文旅部的重点科研课题“中国少年儿童信息大世界——网上图书馆”的设计、组织和建设，并被中国数字图书馆授予“中国数字图书馆少年儿童中心馆”。

深圳少年儿童图书馆的办馆理念、空间布局、文献建设、创新服务、学术研究、产品研发等工作很有创新性、示范性，为全市少年儿童的快乐阅读、健康成长做出了贡献，也为公共图书馆行业、特别是少年儿童阅读工作提供了借鉴，值得全行业认真学习！

案例 4：南京图书馆的少儿图书馆依据年龄分设借阅室

2016 年年底，南京图书馆新馆建成并对外开放。除了拥有 7.8 万平方米的面积，20 个阅览室，4000 余个阅览座位，1200 万册的馆藏文献，160 万册古籍等吸引广大读者外，还有一则消息被多家媒体报道。那就是南京图书馆新设了少年儿童馆，面积 2000 平方米，藏书量 6 万册，座位 500 多个，并依据小读者的阅读年龄、阅读习惯及阅读水平，设立了 3 岁以下、4 ~ 6 岁、7 ~ 15 岁三个少儿借阅室。3 岁以下的少儿借阅室还增设了独立卫生间、母婴室和室外游乐区，柔软的沙发座、彩色的小桌椅、宽敞的活动室都给小读者带来舒适的阅读体验，这一服务举措受到社会各界的普遍关注，被《江南时报》《南京晨报》、中国江苏网等多家媒体报道。

这种根据少年儿童读者的阅读年龄、阅读习惯及阅读水平分设借阅室的做法，值得同行们学习。

案例 5：5・12 地震后第一班从温州到成都的班机

创新是图书馆发展的永恒动力。图书馆只有顺势而为，不断创新，才能保持发展的生命力和创造力。要创新，就要有创新意识、创新理念、创新思维，只有其有强烈的事业心、高度的责任感、敢于拼搏、敢于胜利、不怕吃苦、不怕打击、意志坚定、有独到见解、能从不同的视角观察问题、思考问题并能将各科知识融会贯通的人，才能更好地取得创新。

2008 年 5 月 12 日下午 2：38，举世震惊的汶川大地震发生了。给四川带来了巨大灾难，全国上下一片惊恐，地震灾区更是一片悲哀，但就在全国人民沉浸在巨大悲伤的时候，5 月 13 日早上 7 点，从温州飞往成都的第一、第二班班机，竟然是近 300 名温州商人到成都做生意的包机。在这些人眼中，灾难固然不好，会给全国人民带来痛苦，但他们在看到巨大灾难的同时，看到了灾难之后必有大建的商机，因此他们在短短16小时内完成了商家联系、筹款、包机等一系列工作。他们到灾区后，先以慰问、献爱心等名义，和企业主联系，然后以比较低的价格，收购了一批沙厂、砖厂、水泥厂等，后来在灾区重建的时候，他们获得了不少的收入。

这是一个非常典型的创新案例。温州商人用不同的视角看待同一件事情，得出不同的结论。一般人所看到的是悲痛、悲伤、悲哀，他们看到的除了悲痛、悲伤、悲哀以外，是商机、是希望、是财富，因此，这个案例给我们图书馆人一个启发，就是要用独特的视角去看待我们的工作，我们能不能从每天重复的平常的读者服务工作中，创新一些新的模式、新的做法，为读者带来更好的阅读效果。

案例6：浙江省视障信息无障碍服务中心公告服务很全面，效果好

浙江省视障信息无障碍服务中心须知：

馆藏内容：盲文书刊、大字版图书、有声读物、无障碍电影。

服务形式：盲用文献、设备借阅，无障碍电影播放，盲人培训，送书上门，视障体验等。

阅览凭证：本人的浙江图书馆读者证或身份证。

开放时间：周二至周日9：00至17：30

周一整理文献

须知内容：

(1) 持残疾证（视力）的读者凭本人浙江图书馆读者证借阅。

(2) 配备有视障读者专用电脑、阳光语音软件、布莱叶放大镜软件、盲用点显器、盲用复印机、一键式智能阅读器、助视器、听书器、盲文打印机及扫描仪等，便于不同视力等级、各

种学习模式的人按需使用。

（3）根据盲人读者需求，凭残疾证免费办证、咨询、预约、车站接送、上门服务、邮寄服务、全省馆际互借、DIY 语音文献制作、面对面朗读等个性服务。

（4）依托“视障中心”先进的多媒体播放系统，不定期开展盲人培训、“心阅”读书会、励志讲座、休闲娱乐、主题活动等。

（5）爱护文献资料和一切公共财物，尊重和保护知识产权。请勿对文献批注、涂改、折叠、污损、剪切、撕页，请勿擅自拍摄资料和将文献携出本阅览室，违者将按本馆有关规定处理。

（6）阅览室内倡导文明行为，请自觉保持安静、卫生、整洁的阅览环境。禁止吸烟、随地吐痰；请勿携带食品、饮料等入室，所携物品请放入存包柜，水杯、雨具请放置在指定部位，以免损坏书刊；请勿长时间占位休憩睡眠；雨具请勿放在阅览桌椅或书架上；废纸和其他垃圾请弃置于废物篓（箱）。

（7）请妥善保管个人物品以防不必要的损失。手提电脑、钱包、手机等重要物品请勿离身。离开阅览室时，请随即带走个人物品。

（8）如有其他需要，欢迎咨询工作人员，浙江图书馆将竭诚为您服务。

本室服务电话：87986572

读者意见受理电话：87987769、87988569

这则公告服务写得非常全面、周到，从馆藏、服务项目、使用、注意事项、知识产权都做了明确而清晰的规定，希望可以为全国同人在开展视障服务的时候提供借鉴。

第三节　提高服务水平的责任

服务是图书馆的宗旨，没有文献的系列服务和知识服务就不存在图书馆。改善服务条件、提高服务水平、提升人民群众的满意度，促进图书馆事业高质量发展是公共图书馆坚持以人民为中心、坚持读者至上、服务第一理念的具体行动，也是公共图书馆加强目标管理、追求社会效益、履行法律义务的终极目标。

《公共图书馆法》第四十二条明确要求，公共图书馆要改善服务条件，提高服务水平。这既是法律赋予的法律责任、法定义务，也是图书馆人服务读者、服务人民，推动公共图书馆事业顺利发展的自觉行为和职责担当。

一、坚持服务第一、质量优先的原则

各级公共图书馆一定要从思想上高度重视服务工作，要有先进的服务理念、读者意识和质量意识。坚持读者至上、以人为本的理念，随时把人民群众的需求作为我们的奋斗目标，把读者的需要作为我们工作的职责，把读者是否满意作为评价我们服务效果的唯一标准，把服务质量放在优先发展的位置，不做无效服务、低效服务或无效劳动，为全体读者提供高品质和高质量服务，特别是各级图书馆的领导层要树立服务意识、质量意识、效能意识，要高度重视服务水平和图书馆质量管理的发展。

二、在制度上予以保障，建立科学的切合实际的图书馆质量管理体系

从服务理念、质量意识、管理方式、环境空间、文献提供、资源保障、配套设施、服务环境、服务态度、服务效果、信息反馈、激励机制等方面入手，建立一套完整、科学、有促进作用的图书馆质量管理体系，确保服务条件的改善和服务水平的提高。

三、切实改善空间环境和设施设备

要履行政府的主体责任，采用多种方式争取财政和社会力量的大力支持，要着力改善阅读环境，优化阅读空间，增加阅读设备，丰富阅读资源，关爱老年读者、残疾读者、少儿读者的特殊要求，要特别加强互联网技术下各馆藏图书信息和数字资源的共建共享、图书馆管理系统的设计与搭建、读者需求信息的分类整理和效率提升，尽最大努力给读者提供一个满意的阅读场所，改善服务条件，提高服务质量。

四、加强馆员培训

图书馆服务读者的主要力量是馆员，尤其是身处一线的窗口馆员，他们天天直接面对读者，每时每刻要解决读者提出的各种各样的问题，他们的敬业精神、专业素养、专业水平、服务态度、服务方式、服务技巧，直接关系到图书馆的服务质量，直接关系到读者的满意程度，直接关系到图书馆的社会影响力和社会美誉度。因此，要加强馆员的培训力度，着力提升知识、技巧和能力，认真培训他们的敬业精神、职业素养、职业道德、服务理念、服务态度、质量管理思维，发挥他们的积极性和主

观能动性，激发他们的工作热情和参与意识，让他们饱含深情、充满激情、全心全意为读者服务，把整个身心都投入服务读者的工作中。要培训他们的专业知识、服务技能、服务技巧、服务流程、服务细则；加深他们对各项业务的熟悉程度；完善他们解决具体问题、具体困难的具体方法、具体步骤。在一线服务的过程中，各种困难和问题产生的规律以及解决问题的方法和技巧，各种突出问题的处理方法等，打造高质量的服务队伍。

五、抓好读者评价和意见反馈

读者评价是图书馆服务质量的直接体现，是听取读者意见，加强自身建设，促进事业发展的有效手段。因此，图书馆在提高服务水平，提升服务质量的过程中，必须要有读者的参与和第三方的评估。读者在享用图书馆服务的过程中，会基于自身的实际感受，为图书馆提出反馈意见，献计献策，协助馆内开展服务质量监督工作。利用大数据技术统计读者的阅读习惯，并将此作为图书馆提升服务质量的依据，也是一种很好的方法。还有一种方法是图书馆在合适的时候，发放调查问卷，征求读者意见，结合网络意见反馈平台收集到的相关信息，召开读者座谈会、征求意见会、信息反馈会，与读者一起想办法、定思路、谋出路，一起针对服务过程中出现的问题找原因、找差距、找办法，加强沟通与交流，增强互动和体验，共同把图书馆的工作做好，提高质量和效能，永远是图书馆不变的方向和永恒的初心。

案例：国内许多图书馆开始尝试利用 LibQUAL+ 进行服务质量管理

LibQUAL+ 是美国研究图书馆协会（ARL）推行的图书馆服务质量评估模型，也是一种评价图书馆服务质量的新方法。

建立这种方法和模型的目标有六个：一是培育一种提供图书馆服务的卓越文化；二是帮助图书馆更好地了解用户对图书馆服务质量的看法；三是随着时间的推移，收集和解释图书馆用户反映的系统性信息；四是提供给图书馆从同行机构获得的可比评估信息；五是确定图书馆服务的最佳做法；六是加强图书馆工作人员感知数据解释及作用的分析能力。这种模式在美国产生以后，已经在加拿大、澳大利亚、新西兰等十几个国家广泛验证并得到认可。我国有许多高校学者在围绕 LibQUAL+ 模型在高校的运用进行研究，特别是在构建高校图书馆服务质量评估的本土化指标体系研究方面，取得了比较突出的成绩。公共图书馆领域也有学者研究，如上海徐汇区图书馆刘辉《基于 LibQUAL+ 方法的公共图书馆空间再造实证研究——以徐汇区图书馆"书香部落"为例》的研究很有成效，但研究的人太少，还没有形成完整的适合公共图书馆特点和规律的理论体系和测评体系。

第四节　接受社会监督责任

公共图书馆是社会主义公共文化服务体系的重要组成部分，是公共文化的服务窗口，是社会教育的大学校和市民的终身学校。随着国家对公共文化服务体系建设越来越重视，投入的力度越来越大，文献资源的配置越来越丰富，硬件设施越来越完善，空间环境越来越舒适，到馆读者自然就会越来越多。读者在图书馆享受阅读服务、参加阅读活动的过程中，对图书馆中的服务理念、服务规则、服务方式、服务态度、服务效果有自己的体验、感受、想法和意见，也不可避免地遇到不同问题，甚至是比较尖锐的问题，由于存在这种不同的感受，他们就会反馈各种各样的意见和建议，有表扬的，有建设性的，有批评的，甚至骂人的；有真实全面的，也有片面的，不太真实的；有自己经历的，也有道听途说的；有心平气和的，也有心烦气躁的；但不管是哪种情况，只要是读者的意见，我们都非常欢迎，都要正确对待和认真处理。因为读者的意见是我们工作的直接反映，是我们工作的一面镜子，对于我们加强业务管理、提高服务水平、提升服务质量有很大的帮助，因此，各级公共图书馆务必在加强自身管理和提高服务能力的同时；要全面系统地收集整理读者的意见，研究分析合适的解决办法并尽快付诸实施，构建一个运行正常、方式多样、成效显著的读者意见处理与反馈机制，正如《公共图书馆法》第四十二条的规定，公共图书馆要定期公告各种服务开展情况，听取读者意见，建立投诉渠道，完善反馈机制，接受社会监督，把读者监督和社会监督纳入法制管理范畴。

一段时期以来，有的图书馆对读者意见不太重视，对读者的服务、管理不够科学，图书馆与读者之间交流少、互动少、沟通少，方式单一，对读者投诉、建议处理不及时，答复不主动、不深入，甚至答非所问，反馈周期比较长，读者与图书馆交流不畅，造成一定的负面影响。因此，必须建立适合当地和本馆的读者意见反馈机制。

一、公共图书馆处理读者意见的原则

(1) 非常欢迎的原则。非常欢迎每位读者对我们的工作提出宝贵意见，不管对与错，不管态度好与差，不管男人还是女人，不管是富人还是穷人、不管是正常人还是残疾人，只要是读者提出的意见和建议，我们都持欢迎态度，照单全收。

(2) 实事求是原则。针对读者提出的意见和建议，要坚持实事求是的原则，认真分析，辩证对待，广泛听取意见，去粗取精、去伪存真，取其精华，去其糟粕，特别是提出的一些消极的、不合常理、不合情理，甚至是完全不对的意见，也要理性对待，冷静对待，分门别类地加以处理。

(3) 及时处理原则。要特事特办，限时办理。在当今信息化、快节奏的大环境下，每天有成千上万的读者涌入图书馆，还有很多线上读者和分馆读者，如果只有百分之一的人提出意见和建议，每天的信息量就是一个大数字，如果不及时处理，就会越积越多，既影响给读者的反馈，又破坏图书馆的美誉度，万一读者提出的是一个对图书馆发展有利的金点子，如果没有及时处理，还会影响图书馆的发展，不利于优秀图书馆的建设。

(4) 日常化、制度化原则。建立切实可行、务实高效的读者意见处理和反馈制度，做到不积压、不拖延、不漏处，做到读者意见处理和反馈日常化、制度化、及时化；并针对不同的反馈类型，建立起多样化的、特色鲜明的传统与网络相结合的读者意见处理与反馈模式。

二、读者意见收集与反馈的途径

根据《公共图书馆法》和《公共图书馆服务规范》的要求，征集和反馈读者意见的途径有：定期调查、定期公告服务开展情况，设立咨询台，设置读者意见箱、建立“馆长接待日”，开展网上留言，公布服务投诉电话和电子邮箱，组建社会监督员队伍、定期召开读者座谈会，建立线上与线下相结合的反馈方式。在给读者反馈完相关信息后，图书馆应将反馈结果进行归纳整理，并以此为依据，形成读者意见库，图书馆就可以进行系统分析，找到读者反映的问题，针对读者提出的常见问题，切实改进服务方式，有针对性地从空间布局、功能划分、环境设计、资源配置、文献种类、服务态度、馆员素养等多方面进行优化，从而提升图书馆的服务质量及服务效果，促进图书馆事业、全民阅读事业高质量发展。

案例1：凉山州宁南县全民阅读工作成效突出

凉山州宁南县是四川省凉山彝族自治州下辖的一个县，位于大凉山深处，全县总人口19.5万，县城人口3.8万，是一个以汉族为主，彝、布依、回、藏、蒙古等多民族聚居的农业县。

这个县的地理环境、自然资源、民俗文化、风土人情等因素和周边各县差不多，为什么都同处大凉山深处，自然环境、人文环境都差不多，宁南县的经济却要发达，人文素养、文明程度要高出许多？这得益于他们长期坚持抓全民阅读工作，在全民阅读方面独具特色。

该县抓全民阅读工作主要有三种方式：一是抓干部阅读。县委专门下发了《关于对科级领导干部读书情况实行检查考试的通知》，把在职干部读书纳入绩效考核，要求科级以上领导干部每月至少从县图书馆借、读两本书，并坚持写读书笔记和心得体会，每季度由县委组织部进行抽查、检查，装入干部档案，作为评优评先、提拔使用和目标奖兑现的重要依据。对于拟提拔的干部，要将近三年来在县图书馆借阅图书的清单打出来，装入干部档案，作为组织部门了解该干部阅读方向和阅读兴趣的资料。二是抓青少年阅读。该县要求“校校有图书馆、班班有图书角”，班图书角与校图书馆是总分馆体系，学生可以在教室借书，图书馆还书；在图书馆借书，在教室还书，专门有人进行管理；县政府要求宁南县的所有中小学每天每班上一小时的阅读课。三是抓公共阅读。县图书馆每年购书经费不低于50万元，2017年的购书经费达到150万元，2018年一次性在县城广场、人员密集地建了5个城市书房，尽最大努力为市民阅读提供便利。经过10年的不懈努力，取得了三大成果：一是出干部。通过长期阅读，宁南县的干部素质普遍高于周边地区。笔者2017年调研此事的时候，时任县委常委、县委宣传部部长对笔者讲，当时县委主要领导要求各级干部读书的时候，上上下下一片不太赞同的声音，认为主要领导没事做，不照顾下属困难，领导们抓经济、抓发展、抓各种急难险重任务够多够累了，还要读书，真是多事。但县委主要领导认为，这是一件利己、利人、利事业发展的事，磨刀不误砍柴工，要坚持，并且必须坚持。县委主要领导还亲自在大会上抽查干部的读书情况，请干部到台上复述所读的图书。在抽查某领导时，他让秘书先到县图书馆看某领导最近读了什么书，然后他自己先提前看，当某领导上台复述时，复述对了表扬，复述错了批评，就这样坚持。在许多干部认真读书3本、4本，多的读了5本以后，情况就慢慢发生了变化，干部们的心沉静下来了，读书的兴趣起来了，基本没有抱怨的声音，人口不足4万人的县城里，城镇家庭借书证持有率达到93%，县图书馆年均图书外借量达20万册以上，城镇人口年人均阅读量达到10.5本。二是促进了经济发展和文明程度的提高。通过阅读，干部们的认知水平提高了，他们认为我在这里工作，把这个地方建设好、发展好是我的责任，不需要督促和催促，更不能消极怠工，只要是我分内的事情，必须做完做好。三是把下一代教育好了。“这是我们最自豪的事”当时的宁南县委宣传部部长说。在宁南县读初中的学生中，一流的初中毕业生到成都，二流的初中毕业生到西昌，只有三流的初中毕业生才在宁南读高中。就是这样一个底子，但是宁南县高考升学率连续8年刷新纪录，连续4年凉山州第一名。这一系列成绩的取得，得益于全民阅读的开展，以及县委县政府长期不懈抓全民阅读、广泛培养读书习惯，全面形成学习风气的结果，宁南县委常委、县委宣传部长说。

这是一个少数民族地区、国家级贫困地区依靠全民阅读发展兴旺的典型，值得全国各地的领导和同人学习与借鉴。

案例2：辽宁省图书馆“对面朗读”获全国最佳志愿服务项目称号

2016年，辽宁省图书馆“对面朗读”志愿服务项目荣获中宣部、中组部、中央文明办等部门颁布的“最佳志愿服务项目”称号。

此项活动始于2003年，是全国省级公共图书馆的首创。“对面朗读”起初在辽宁省图书馆举行，受众群体主要是视障成人，文化志愿者与他们进行面对面的文化艺术交流。从2005年开始，考虑到视障儿童出行不便，“对面朗读”改在沈阳市盲校进行，学校将这个活动定为“社会实践课”，成为视障儿童学习中的必修课。图书馆员和志愿者定期走入沈阳市盲校，将文化服务送到盲童身边。游戏、聊天、讲故事，形式轻松，内容丰富，深受欢迎。在活动中，省图书馆不仅参与文化助残服务，而且通过宣传，组织社会上的志愿者以及大学生加入助残队伍中。志愿者团队包括东北大学郭明义爱心团队、沈阳建筑大学青年志愿者协会、沈阳工业大学青年志愿者协会、沈阳师范大学志愿工作部、沈阳农业大学郭明义爱心团队、中石油沈阳分公司志愿者团队等。特别值得敬重的是，辽宁交通广播主持人宁家宇。八年前的一天，他在省图书馆借书时，看到招募“对面朗读”志愿者海报就报了名，成为一名志愿者。每周三下午，他都会在省图书馆的组织下，自行到沈阳市盲校为视障孩子进行“对面朗读”辅导，每次一个半小时。沈阳市盲校有一至九年级九个班，每班有五至八名盲童。志愿者团队以班级为单位，每周三下午开展1小时的“对面朗读”活动。省图书馆志愿者团队按照孩子年龄和接受能力准备朗读内容，低年级以朗读绘本故事为主，中高年级以文学、历史和科普读物为主。先后读过绘本故事《赶牛车的人》《和我一起玩》《世界自然奇观》《十万个为什么》等科普图书，多年来，辽宁省图书馆和志愿者们信守着与盲童的每周约定，无论酷暑严寒从未间断。截至2016年年底，“对面朗读”活动已举办千余次，直接惠及视障读者达万余人次。11年来，这些工作每周都在进行；11年来，“对面朗读”坚持文化助残。辽宁省图书馆因此曾获“辽宁省扶残助残先进集体”“全国扶残助残先进集体”等称号，2013年，“对面朗读”活动获文化和旅游部“优秀文化志愿服务项目”称号。

选自：辽宁日报2017-02-23，作者：杨竞

参考文献

[1] 田中梅 . 美国高校图书馆联盟的 PDA 模式及对我国启示 [J]. 信息系统工程，2014(10) :18.

[2] 毛赣鸣 . 世界图书馆立法史及其法权理念探讨 [J]. 河南科技学院学报，2014(11) :92.

[3] 杨子竞 . 世界近现代图书馆史述略（1850 年至今）[J]. 高校图书馆工作，2007(2) :43.

[4] 徐翔 . 也谈图书馆是什么 [J]. 图书馆界，2004(1) :11.

[5] 秦翠萍 . 中国图书馆史研究的华丽篇章——评《中国图书馆史》[J]. 新闻与写作，2018(4) :124.

[6] 陈红 . 论习近平新时代中国特色社会主义思想的丰富内涵和历史地位 [EB/OL].（2018-04-09）.www.hinews.cn/news/system/2018/04/08/031437324.shtml.

[7] 共产党员网 . 八个明确，十四个坚持 [EB/OL].(2017-10-20). http://news.12371.cn/2017/10/20/ARTI1508472857847440.shtml.

[8] 贾晓芬，郭健坤 . 农家书屋运作中的职能偏离及其矫正——Y 市农家书屋建设的实践与思考 [J]. 贵阳市委党校学报，2015(1) :33-58.

[9] 丁家珍 . 动画为“媒”：闽北地方文化动漫化的若干尝试 [J]. 武夷山学院学报，2015(7) :5-10.

[10] 王向明 . 新时代、新思想、新目标、新征程、新气象——学习领会党的十九大报告精神 [EB/OL].（2017-10-20）.

http://www.qstheory.cn/2017-10/20/c_1121830387.htm.

[11] 杭州市公共交通集团有限公司 . 发展社会先进文化，展示历史文化名城魅力——中国文化“走”进杭州公交车厢传播文明新风 [J]. 城市公共交通，2017(4) :66.

[12] 陈立旭 . 发展社会主义先进文件的生动实践 [J]. 观察与思考，2014(7) :35-41.

[13] 段弘 . 图书馆 × 书店 : 从公共阅读空间中的生产到生产公共阅读空间 [J]. 出版广角，2019(4) :6-10.

[14] 王晓非 . 图书馆与书店融合发展探析 [J]. 四川戏剧，2018(10) :189-192.

[15] 蒋永福，张红艳 . 图书馆是什么——图书馆哲学四定律 [J]. 图书馆建设，2002(5) :20-26.

[16] 于鸣镐 . 图书馆是什么 [J]. 图书馆理论与实践，1987(2) :16-21.

[17] 王世伟 . 公共图书馆是什么 [J]. 公共图书馆前沿，2010(1) :6-8.

[18] 许强 . 图书馆是弘扬传统文化的阵地 [J]. 中国教育技术装备，2012(36) :72-74.

[19] 赵大志，张秀成，黄超，马莎 . 图书馆是毛泽东成为共和国缔造者的成功要诀 [J]. 攀枝花学院学报，2013(6) :38-41.

[20] 许志云 . 地方公共图书馆传承地方文化的途径与策略研究——以“图书馆核心价值研究”为例 [J]. 高校图书馆工作，2015(1) :46-48.

[21] 周秀梅，孙耀宇 . 基于互联网思维的“图书馆 + 书店”模式的探索研究 [J]. 黑龙江科技信息，2017(8):163-164.

[22]A · J. 埃文斯，孙泽华，张金棣 . 大学图书馆：是博物

馆还是超级市场 [J]. 大学图书馆通讯，1985(3) :31–36.
[23] 赵伟，姜照华，刘则渊 .OECD 国家知识增长动力模型与科技知识生产量测算 [J]. 科技管理研究，2006(1) :44–48.
[24] 中国纪检监察杂志 . 如何理解“八个明确”与“十四个坚持”的关系？ [EB/OL].（2017–12–5）. http://zgjjjc.ccdi.gov.cn/bqml/bqxx/201712/t20171205_113211.html.
[25] 吴晞 . 城市需要图书馆的 N 个理由——在纪念温州市图书馆建馆九十周年举办的“图书馆与城市文化高层论坛”上的发言 [J]. 图书馆论坛，2009(6) :235–236.
[26] 钟德文 . 德国公共图书馆为何深受读者喜爱 [EB/OL].（2017–1–17）.http://www.ce.cn/culture/gd/201701/16/t20170116_19619764.shtml.
[27] 张晶 . 德国：一个阅读的民族 [EB/OL].（2008–1–23）. http://www.eeo.com.cn/2008/0123/91591.shtml.
[28] 杜玉霞 . 文化精准扶贫视角下农家书屋建设与运行策略 [J]. 图书馆学刊，2019(4) :35–41.
[29] 刘江，黄旭东，黄全权 . 十九大报告的新思想、新论断、新提法、新举措 [EB/OL].（2017–10–19）.http://news.youth.cn/sz/201710/t20171019_10893749.htm.
[30] 陆立军，王祖强 . 新时代中国发展的历史方位与主要特征 [J]. 当代经济研究，2018(5) :47–53.
[31] 章瀚丹 . 新时代中国特色社会主义文化的发展逻辑——学习习近平关于文化建设的重要论述 [J]. 广西社会科学，2019(2) :19–23.
[32] 张占斌 . 新时代中国特色社会主义新特征 [EB/OL].（2017–10–27）.http://ex.cssn.cn/zx/201710/t20171027_

3683399.shtml.

[33] 潘寅生 . 概论图书馆的产生与发展 [EB/OL].（2013-10-9）.https://wenku.baidu.com/view/6031c11267ec102de2bd8990.html.

[34] 康丽旻 . 欠发达地区农民公共文化服务问题研究——以甘南藏族自治州夏河县农家书屋建设与实践为例 [J]. 东南传播，2010(10) :119-122.

[35] 周鑫 . 浅析图书馆由传统到现代演变过程 [J]. 四川民族学院学报，2012(4) :59-61.

[36] 浙江省档案局资源建设部 . 浙江方言典藏——《乡音的呼唤》在第二届世界浙商大会精彩亮相 [J]. 浙江档案，2013(10) :4.

[37] 时红明 . 简说中国图书馆发展史 [J]. 农业网络信息，2014(5) :54-56.

[38] 华薇娜 . 英国公共图书馆产生的背景及其历史意义 [J]. 图书馆杂志，2005(1) :3-19.

[39] 马静 . 论公共图书馆对地方特色文化的保存、传承与推广——以唐山市图书馆为例 [J]. 河北科技图苑，2013(2) :41-43.

[40] 张社强 . 论坚持社会主义先进文化前进方向 [J]. 长沙大学学报，2014(3) :41-44.

[41] 李永胜 . 四个方面读懂十九大报告中的“人民美好生活”[EB/OL].（2017-11-2）.http://opinion.people.com.cn/GB/n1/2017/1101/c1003-29621289.html.

[42] 冯晓靖 . 走进新时代的文化强国 [J]. 劳动保障世界，2018(23) :71.

[43] 唐雷 . 通天塔图书馆是现实图书馆的镜子 [J]. 图书馆建

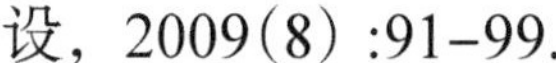

设，2009(8) :91–99.

[44] 张竞 . 馆店合作精准服务——哈尔滨市图书馆创新服务模式探索 [J]. 内蒙古科技与经济，2019 (18) :103–104.

[45] 梁作明 . “文献检索课” 教学方法的创新思考 [J]. 人才培育，2019(11) :93–96.

[46] 范武山 .IFLA 与 ALA 用户隐私保护政策对比分析及启示 [J]. 图书馆工作与研究，2019(3) :41–47.

[47] 常唯 .LibQUAL+——图书馆服务质量评价方法新进展 [J]. 大学图书馆学报，2003(4) :23–26.

[48] 赵荣荣 .MOOC 背景下公共图书馆资源建设研究——以国家图书馆为例 [J]. 河北科技图苑，2018(9) :36–39.

[49] 李倩，毛婕 .O2O 模式下宁波市图书馆流动服务新探索——以“天一约书”服务项目为例 [J]. 图书馆研究与工作，2019(1) :93–96.

[50] 全国信息安全标准化技术委员会 . 个人信息安全规范 [EB/OL].（2018–3–16）.[2020–3–1].http://openstd.samr.gov.cn/bzgk/gb/newGbInfo?hcno=4568F276E0F8346EB0FBA097AA0CE05E.

[51] 李兵，张华敏，李莎莎，董燕，侯酉娟，刘思鸿，李斌，张伟娜，吴蕾 . 中医古籍知识深度利用方法与知识库构建 [J]. 中国数字医学，2018(8) :33–35.

[52] 王玉红 . 中华古籍保护与传承 [J]. 甘肃科技，2019 (6) :68–69.

[53] 龚蛟腾，方雯灿，易凌 . 中国古代图书馆学的重新审视 [J]. 图书馆学研究，2018(15) :2–8.

[54] 王国强 . 中国古籍保护方法南北差异的原因、意义与

启示 [J]. 大学图书馆学报，2020(1) :93–98.

[55] 徐小滨 . 中国古籍出版的探究——基于 CNKI 的考察 [J]. 出版广角，2016(10) :47–49.

[56] 毛建军 . 中国古籍网络出版概述 [J]. 河北科技图苑，2007(1) :36–38.

[57] 柯平，刘旭青 . 中国目录学七十年 : 发展回溯与评析 [J]. 中国图书馆学报，2019(5) :101–111.

[58] 吴川灵 . 中国近代科技期刊的种类数量与创刊时间统计分析——以上海图书馆馆藏文献为例 [J]. 中国科技期刊研究，2016(9) :1002–1007.

[59] 赵洪波 . 中美图书馆馆藏目录检索系统的比较——以美国国会图书馆为例 [J]. 河南科技，2016(8) :34–35.

[60] 周玲元，付莲莲，刘丽 . 中部地区高校图书馆残障人士服务调查——以南昌市高校为例 [J]. 图书馆学研究，2019(21) :86–93.

[61] 潘旭辉，张婷 . 书画古籍的再生性保护研究 [J]. 文物鉴定与鉴赏，2018(6) :22–24.

[62] 郎筠，韩亮 . 云时代的古籍出版创新 [J]. 黑河学院学报，2015(5) :125–128.

[63] 鲍远芳，王涛 . 互联网环境下“区块链技术”在高校图书馆中的应用 [J]. 大学图书情报学刊，2019(2):111–113.

[64] 胜茂，成周 . 什么是古籍“善本”[J]. 黑龙江图书馆，1978(3) :35–36.

[65] 马光华，李阳阳，韩宁，戴笑诺 . 从“呈缴本制度”到“呈缴本法律”——写在《中华人民共和国公共图书馆法》颁布实施之时 [J]. 高校图书馆工作，2019(6):33–37.

[66] 冯亚惠 . 从“资源空间”的满足到“影响空间”的发展

[J]. 图书馆研究与工作，2016(3) :23–26.
[67] 罗娜 . 从南京图书馆的服务创新谈《公共图书馆法》的价值、意义 [J]. 河南图书馆学刊，2019(3) :59–64.
[68] 陈家欣 . 从实践谈古籍修复的基本原则 [J]. 文物鉴定与鉴赏，2019(12) :76–77.
[69] 李国新 . 以传统典籍承载的思想理念丰富现代公共文化服务内容体系 [J]. 图书馆理论与实践，2014(12):1–2.
[70] 培生，秉良 . 优势和“包袱”——谈馆藏文献资料的整理利用问题 [J]. 图书馆工作与研究，1985(2) :19–20.
[71] 陈晓华 . 传统目录学连接历史与当下 [J]. 中国纪检监察报，2016(8) :8.
[72] 陈敏 . 免费开放后图书馆的服务与管理 [J]. 图书馆研究与工作，2011(3) :45–46.
[73] 许建业 . 全媒体时代图书馆多元阅读的实践与思考——以江苏少儿数字图书馆项目实施为例 [J]. 新世纪图书馆，2019(2) :61–63.
[74] 赵荣荣 . 全媒体环境下公共图书馆视频资源建设与服务研究——以国家图书馆讲坛精品化改造项目为例 [J]. 科技经济导刊，2019(27) :6–7.
[75] 陈欣 . 全民创客视角下的公共图书馆创客空间研究 [J]. 大学图书情报学刊，2019(3) :23–29.
[76] 武洪兴 . 全民阅读背景下公共图书馆残疾人精准服务探析 [J]. 图书馆工作与研究，2018(10) :113–117.
[77] 肖静，沈玲 . 全民阅读背景下老年人阅读现状及服务保障研究 [J]. 中外企业家，2018(36) :115.
[78] 武霞 . 全民阅读视角下少年儿童阅读的现状与对策 [J]. 图书馆学刊，2020(3) :97–101.

[79] 金武刚 . 全面构建现代公共图书馆制度——关于《中华人民共和国公共图书馆法》的学习与研究 [J]. 图书与情报，2018(1) :49–62.

[80] 杨彬权 . 公共图书馆“停止提供服务”行为的法律属性及适用规则 [J]. 图书馆论坛，2019(10) :126–133.

[81] 袁洋 . 公共图书馆“沉浸式”少儿阅读推广研究——以南京图书馆为例 [J]. 图书馆学刊，2019(11) :119–122.

[82] 王向峰 . 公共图书馆“老照片”文献价值及整理开发 [J]. 图书馆工作与研究，2006(5) :72–74.

[83] 彭康通 . 公共图书馆亲子阅读空间融合再造探索与实践——以东莞图书馆为例 [J]. 图书馆界，2019(1):36–43.

[84] 王滢 . 公共图书馆公共空间生态防灾策略探究 [J]. 图书馆工作与研究，2009(3) :56–61.

[85] 许健 . 公共图书馆共享型阅读空间的构建与完善 [J]. 图书馆学刊，2019(3) :19–22.

[86] 李剑强 . 公共图书馆古籍文献效用最大化探析——以肇庆地区为例 [J]. 管理观察，2019(17) :52–53.

[87] 乔金 . 公共图书馆国有资产管理现状分析及对策研究 [J]. 河北科技图苑，2019(1) :93–96.

[88] 侯庆 . 公共图书馆地方文献服务模式构建研究 [J]. 智库时代，2019(43) :95–97.

[89] 毕荣 . 公共图书馆如何开展节假日营销的分析 [J]. 河南图书馆学刊，2014(9) :30–32.

[90] 董洁 . 公共图书馆对家谱文献的收集整理与开发利用 [J]. 图书馆研究与工作，2013(3) :57–59.

[91] 王岚 . 公共图书馆建立健全图书捐赠机制的若干思考 [J]. 图书馆建设，2011(2) :30–32.

[92] 祝慧 . 公共图书馆建立读者活动品牌初探——以深圳南山图书馆为例 [J]. 公共图书馆，2017(4) :37–39.

[93] 张文勇 . 公共图书馆建筑消防设计研究 [J]. 内蒙古科技与经济，2018(20) :153–156.

[94] 王婧，张娟，张勃 . 公共图书馆建筑空间使用率研究与评价 [J]. 中华建筑，2016(4) :128–131.

[95] 陆金燕 . 公共图书馆开放时间 : 走向规范化、法制化 [J]. 图书馆，2018(1) :6–8.

[96] 赵媛媛 . 公共图书馆微信公众号建设与发展策略 ——以国家图书馆为例 [J]. 河南图书馆学刊，2019(7) :21–23.

[97] 戴建陆，金涛，冯晓丽 . 公共图书馆数字资源开放服务及知识产权保护策略——以国家图书馆为例 [J]. 图书馆学刊，2017(7) :61–67.

[98] 吕明 . 公共图书馆无障碍服务与无障碍环境设施设计 [J]. 图书馆与档案工作管理，2018(5) :467–468.

[99] 刘婧，常李艳，潘雪莲 . 公共图书馆智慧化资源建设与服务模式研究——基于青少年用户视角 [J]. 图书馆，2019(11) :46–51.

[100] 肖雪，王子舟 . 公共图书馆服务与老年人阅读现状及调查 [J]. 图书 · 情报 · 知识，2009(3) :35–57.

[101] 王俪凝 . 公共图书馆未成年人安全服务的缺失及对策 [J]. 图书馆工作与研究，2017(3) :119–121.

[102] 戚敏仪 . 公共图书馆未成年人数字资源建设与服务研究——以粤港澳大湾区公共图书馆为例 [J]. 图书馆工作与研究，2019(12) :123–128.

[103] 刘艳 . 公共图书馆构建城市公共阅读空间的策略研

究——基于深圳“In Library”与北京特色阅读空间的比较分析 [J]. 图书馆研究与工作，2018(1) :55–59.

[104] 傅云霞 . 公共图书馆残疾人服务面临的问题及对策研究——以辽宁省图书馆为例 [J]. 图书馆学刊，2019(4) :103–105.

[105] 李燕娜 . 公共图书馆残疾读者服务现状及发展策略 [J]. 图书馆工作与研究，2018(12) :122–128.

[106] 王莞菁 . 公共图书馆法中的古籍保护和利用 [J]. 图书馆，2018(2) :8–13.

[107] 郝庆，陈雪 . 公共图书馆流动服务实践研究——以辽宁省图书馆为例 [J]. 图书馆学刊，2019(11) :111–114.

[108] 葛智星 . 公共图书馆管理社会赠书工作的实践思考 ——以开封市图书馆为例 [J]. 河南图书馆学刊，2019(11) :16–17.

[109] 罗兆英 . 公共图书馆经费财政保障限度的法律分析 [J]. 图书馆建设，2018(11) :4–10.

[110] 杨媛媛 . 公共图书馆老年读者服务研究与对策 [J]. 现代交际，2018(14) :92.

[111] 吴仲平 . 公共图书馆自助服务模式下借阅服务质量提升探析 [J]. 图书馆研究与工作，2019(2) :93–96.

[112] 吴晋斐 . 公共图书馆视障群体阅读服务研究 [J]. 图书馆研究与工作，2019(12) :53–56.

[113] 魏海燕，肖雨兹 . 公共图书馆读者个人信息保护政策研究 [J]. 河南图书馆学刊，2019(10) :29–31.

[114] 周琼 . 公共图书馆读者意见处理工作分析——以无锡市图书馆为例 [J]. 图书馆界，2017(4) :81–84.

[115] 王义翠，杨萍 . 公共图书馆读者需求反馈机制研究

[J]. 图书情报论坛，2014(2) :7–10.
[116] 李健 . 公共图书馆面向残疾人服务规范研究 [J]. 山东图书馆学刊，2016(5) :29–35.
[117] 张琳，赵月平 . 公共图书馆馆藏典籍专题片建设研究——以国家图书馆“典籍鉴赏”为例 [J]. 图书情报导刊，2019(6) :1–4.
[118] 陈粟 . 公共图书馆馆藏资源结构变化及其优化配置 [J]. 企业技术开发，2017(8) :116–119.
[119] 焦霞，潘永兴 . 公共空间与自由教育——图书馆结构功能的再认识 [J]. 安顺学院学报，2015(6) :118–120.
[120]《中华人民共和国公共图书馆法学习问答》编写组 . 中华人民共和国公共图书馆法学习问答 [M]. 北京 : 中国法制出版社，2019.
[121] 黄薇 .《中华人民共和国公共图书馆法》释义 [M]. 北京 : 中国民主法制出版社，2018.
[122] 单骅 . 公益性读者培训——公共图书馆应坚守的服务阵地 [J]. 图书馆界，2009(3) :42–46.
[123] 马丽军 . 共享经济环境下公共图书馆资源建设与服务创新研究 [J]. 图书馆学刊，2019(1) :77–80.
[124] 于翠荣 . 关于温度、湿度和光对图书、档案文献损害及对策探讨 [J]. 枣庄学院学报，2014(4) :127–129.
[125] 荆力 . 关于高校图书馆馆藏结构及馆藏建设对策 [J]. 才智，2016(24) :10.
[126] 左慧杰 . 关于高职图书馆馆长的思考 [J]. 河南图书馆学刊，2017(7) :97–99.
[127] 赵兰英 . 再造中华善本 [J]. 瞭望，2003(34) :48–49.
[128] 师青 . 创建为公众服务的图书馆数字化目录体系 [J].

甘肃科技纵横，2017(1) :10–13.

[129] 张建辉，万妮娜 . 创新处理读者意见，提高读者满意率——基于西安图书馆近四年读者意见档案分析 [J]. 当代图书馆，2018(2) :37–39.

[130] 朱玲，龚蛟腾 . 剖析国图业务流程，推动管理机制创新——《国家图书馆业务管理机制研究》评析 [J]. 图书馆研究与工作，2019(8) :91–96.

[131] 潘小艳，蒋莉辉 . 加强联合编目数据质量控制，提升服务能力 [C]// 广西图书馆学会，广西图书馆学会 2011 年年会暨第 29 次科学讨论会论文集，2011:152–162.

[132] 袁碧荣，郑春蕾 . 北京地区碑拓资料整理研究——首都图书馆北京地方文献中心馆藏拓片综述 [J]. 贵图学苑，2018(4) :1–5.

[133] 高芙莉 . 区域性协作下基层图书馆古籍保护利用工作研究 [J]. 图书馆学刊，2018(12) :59–61.

[134] 刘尚恒 . 古籍丛书的概念、特征和类别 [J]. 图书馆工作与研究，2014(6) :75–78.

[135] 王国强，褚嘉欣 . 古籍修复“整旧如旧”原则研究 [J]. 图书馆论坛，2017(6) :122–127.

[136] 杜羽 . 古籍出版：不喧哗，自有声 [N]. 光明日报，2016–11–8(2) .

[137] 杨健，吴英梅 . 古籍出版发行信息的 CNMARC 格式著录 [J]. 图书馆工作与研究，2004(4) :42–44.

[138] 娄育 . 古籍出版现状与对策研究 [J]. 出版广角，2015(11) :16–17.

[139] 贠晓娜 . 古籍分类整理出版的重要意义 [J]. 名作欣赏，

2019(29):119-120.
[140]任晓亮.古籍影印出版浅谈[J].传播力研究，2018(30):135.
[141]贾贵荣.古籍影印百年回眸[J].博览群书，2015(10):17-20.
[142]徐诚.古籍数字化出版的现状及意义[J].青年记者，2018(8):123-124.
[143]毛建军.古籍数字化的概念与内涵[J].图书馆理论与实践，2007(4):82-84.
[144]刘宇，周雅琴.古籍整理出版中善本字库建设的重要性研究[J].编辑之友，2017(3):25-28.
[145]郑惠珍.古籍文献的积聚与整理述略[J].四川师范学院学报，1998(6):106-108.
[146]康琳.古籍文献资源的整理利用及其保护[J].科技资讯，2008(12):181,183.
[147]朱树谦.古籍滥印呈三弊：误注，乱点，臆译[J].扬州教育学院学报，2009(2):23-25.
[148]徐力.古籍网络化整理与出版初探[J].淮北师范大学学报，2011(4):22-27.
[149]陈欢.古籍装帧改革探究[J].中国出版，2017(4):51-54.
[150]郑春汛，赵伯兴.合作储存：关于珍贵文献保护的思考[J].图书馆学研究，2009(6):36-40.
[151]张贺.品种增多销售火爆质量下降，古籍如何“热”下去[J].决策探索，2019(4):26-27.
[152]陈丹婷.国内外公共图书馆讲座服务实践探析[J].图书馆研究与工作，2019(5):83-87.

[153] 王峥 . 国外图书馆展览服务研究与实践及借鉴 [J]. 图书情报工作，2020(2) :139–148.

[154] 高红，梁爱民，李丹 . 国家图书馆东京审判文献史料征集与整理 [J]. 国家图书馆学刊，2014(92) :32–37.

[155] 于浩 . 国家图书馆出版社民国时期文献整理出版的实践与探索 [J]. 上海高校图书情报工作研究，2018(3) :31–32.

[156] 王明，闫慧 . 国家图书馆开展公共图书馆唯一标识符体系建设 [J]. 农村居民跨越偶现式数字鸿沟过程中社会资本的价值——天津静海田野调查报告，2013(5) :49.

[157] 毛雅君 . 国家图书馆文献信息资源建设的回顾与思考 [J]. 国家图书馆学刊，2019(5) :13–19.

[158] 牛春兰 . 国家图书馆读者意见的管理与作用 [J]. 国家图书馆学刊，2000(4) :39–41.

[159] 翟蓉 . 国家图书馆读者辅导服务成效评估指标体系的构建和实证研究 [J]. 新世纪图书馆，2019(7) :11–16.

[160] 苗大雷，曹志刚 . 国家治理现代化视野下的事业单位改革研究 [J]. 武汉科技大学学报，2017(1) :43–48.

[161] 杨乃一 . 国际图联未成年人服务行业协调机制研究 [J]. 图书馆建设，2020(2) :89–97.

[162] 李晓宁 . 图书馆“内部失窃现象”引发的馆藏文献安全问题探讨 [J]. 山东图书馆学刊，2017(4) :55–58.

[163] 戴旭峰 . 图书馆、文化馆、博物馆三馆公共文化服务融合发展前瞻——以浙江省嘉善县为例 [J]. 图书馆研究与工作，2020(5) :10.

[164] 郭晓红 . 图书馆口述历史文献搜集整理工作的探索

[J]. 龙岩学院学报，2018(1) :96-99.
[165] 李莺莺 . 图书馆古籍专题文献整理工作探讨 [J]. 图书馆界，2013(5) :4-6.
[166] 徐旭斌 . 图书馆员专业素质能力的提升策略 [J]. 图书管理，2017(5) :142.
[167] 万珊珊，赵扬 . 图书馆图书防霉防蛀方法初探 [J]. 河南科技，2013(13) :218.
[168] 王兴华 . 图书馆地方文化文献的搜集、整理与出版——以桂林三花酒文化为例 [J]. 图书馆界，2015(4) :70-72.
[169] 廖彬成 . 图书馆地方文化文献的收集、整理与出版——以广西油茶文化地方文献建设为例 [J]. 图书情报导刊，2016(3) :26-29.
[170] 黄建琴 . 图书馆地方文献资源的整理策略研究 [J]. 河南图书馆学刊，2019(9) :100-101.
[171] 王世伟 . 图书馆展览服务初探 [J]. 图书馆杂志，2006(10) :22-26.
[172] 冯长龙 . 图书馆常用现代化设备的使用、维护、维修 [J]. 大学图书情报学刊，2001(4) :40-41.
[173] 蒋韧 . 图书馆报告厅扩声设备的使用与维护 [J]. 高校图书馆工作，2005(5) :93-95.
[174] 肖东海 . 图书馆文献信息资源安全对策 [J]. 农业图书情报学刊，2005(12) :131-132.
[175] 文航 . 图书馆文献收集工作的新领域——关于海南省音视频地方文献收集整理的思考 [J]. 科技情报开发与经济，2007(28) :95-96.
[176] 朱明慧 . 图书馆服务质量提升对策研究——以桂林旅

游学院图书馆为例 [J]. 现代商业，2018(24)：167–169.
[177] 谭晓君 . 图书馆流动服务车的实践应用探究 [J]. 河南图书馆学刊，2018(6)：107–108.
[178] 张薪琪 . 图书馆流通服务中的读者隐私权保护研究 [J]. 佳木斯职业学院学报，2017(3)：476–477.
[179] 夏翠娟 . 图书馆目录平台化的技术实现方案研究 [J]. 图书馆杂志，2015(9)：19–22.
[180] 丁振伟，宫平 . 图书馆社会捐赠现状实证研究——以辽宁地区图书馆社会捐赠为例 [J]. 图书馆学研究，2014(2)：42–47.
[181] 刘偲偲 . 图书馆社会捐赠的缺陷及其开拓性理论探讨 [J]. 科技情报开发与经济，2015(18)：22–24.
[182] 赵月平，李丹 . 图书馆网络空间的标识导引现状研究——以 10 家公共图书馆网站为例 [J]. 图书情报导刊，2019(5)：20–24.
[183] 郭丽杰 . 图书馆自动化系统运维外包管见 [J]. 图书馆学刊，2017(1)：130–132.
[184] 李靖，施晓华，白永革，杜煜，汤萌，易庆 . 图书馆自助文印服务的数据分析与优化研究——以上海交通大学图书馆为例 [J]. 大学图书情报学刊，2016(2)：45–59.
[185] 孙峰 . 图书馆自助索书系统的应用探究 [J]. 四川图书馆学报，2019(5)：21–25.
[186] 王秀云，曹霞 . 图书馆自助还书机的 RFID 技术应用 [J]. 科技文献信息管理，2019(1)：35–37.
[187] 文勤民 . 图书馆计算机与缩微设备的日常维护与保养 [J]. 贵图学刊，1996(2)：51–52.

[188] 马书广 . 图书馆计算机的网络系统维护方法探析 [J]. 科技资讯，2018(11) :215.
[189] 潘旭莉 . 图书馆计算机设备以及计算机系统维护注意事项 [J]. 计算机技术，2018(7) :17.
[190] 林平 . 图书馆运维管理系统的设计与实现 [J]. 图书馆界，2014(2) :79–82.
[191] 刘颖，李斌 . 图书馆馆藏文献的安全防范 [J]. 宜春学院学报，2011(5) :189–190.
[192] 王军中 . 图书馆馆际间合作与交流的思考 [J]. 新东方，2017(3) :77–79.
[193] 肖玲 . 地方历史文献影印出版 : 价值、原则、难点与对策 [J]. 图书馆论坛，2017(8) :110–118.
[194] 韩亮，郎筠 . 地方院校图书馆特色资源建设 : 现状、问题与展望——以西华师范大学图书馆为研究对象的反思 [J]. 信息资源建设，2019(5) :62–69.
[195] 刘辉 . 基于 LibQUAL+ 方法的公共图书馆空间再造实证研究——以徐汇区图书馆“书香部落”为例 [J]. 上海高校情报工作研究，2019(29) :63–69.
[196] 李俞颉，刘焕成 . 基于 SNA 的“985”高校图书馆微博知识推荐研究 [J]. 图书馆学研究，2019(19) :21–29.
[197] 范佛全 . 基于 SQL Server 的图书馆文献管理系统安全构建 [J]. 农业图书情报学刊，2009(12) :66–68.
[198] 裴玉香 . 基于 VRT 的高校图书馆文献安全问题探讨与展望 [J]. 科技情报开发与经济，2012(2) :24–26.
[199] 闫莉 . 基于不同载体的公共图书馆信息资源建设研究 [J]. 河南图书馆学刊，2019(3) :17–18.
[200] 李堰 . 基于借阅数据的馆藏结构分析 [J]. 才智，2018

（20）:237.
[201] 邹良琰，薛光梁 . 基于共建共享理念的公共图书馆与中小学图书馆合作问题研究 [J]. 智库时代，2019（10）:1–2.
[202] 周晨 . 基于关联数据的数字图书馆联合目录知识库构建研究 [J]. 新世纪图书馆，2018（7）:61–64.
[203] 林天扬，王佳，邓亚，周小平 . 基于可视化技术的消防管理平台研究 [J]. 智能建筑电气技术，2015（1）:31–35.
[204] 王微 . 基于图书盘点的图书馆馆藏数据维护工作探析 [J]. 吉林广播电视大学学报，2017（7）:145–146.
[205] 刘玉玲 . 基于时代需求的公共图书馆多元化服务内容及策略 [J]. 图书情报论坛，2012（5）:66–70.
[206] 黄辉 . 基于智能传感器的智慧图书馆感知层研究 [J]. 图书馆工作与研究，2018（4）:46–51.
[207] 黄兴燕 . 基于智能手机的图书自助借还系统 [J]. 电脑知识与技术，2019（17）:67–69.
[208] 梁艺琼 . 基于智能手机的图书自助借还系统的设计与实现 [J]. 电脑知识与技术，2019（27）:53–54.
[209] 马蕾 . 基于流通数据分析的高校图书馆馆藏资源建设研究——以长江大学武汉校区图书馆中文图书为例 [J]. 农业图书情报学刊，2016（11）:37–41.
[210] 肖秉杰 . 基于空间服务的公共图书馆声环境用户满意度调查——以广州图书馆为例 [J]. 图书馆研究与工作，2019（11）:46–49.
[211] 谭博，王锦 . 基于老年人和青少年的代际阅读推广研究——以长安区图书馆为例 [J]. 当代图书馆，2017

（3）:28–32.
[212] 罗慈玲 . 基于读者信用积分制的公共图书馆信用服务体系构建研究 [J]. 图书馆学刊，2019（11）:61–64.
[213] 曲艳艳 . 基于读者意见的公共图书馆读者需求趋势分析——以浦东图书馆为例 [J]. 河南图书馆学刊，2015（2）:8–9.
[214] 潘莉 . 基层图书馆业务培训中存在的问题及对策分析 [J]. 河南图书馆学刊，2020（3）:108–110.
[215] 国图 . 备群书 供众览——中国国家图书馆推动全民阅读的探索与实践 [J]. 新阅读，2018（6）:10–13.
[216] 唐胜云，童学兰，李钢 . 外借文献缺损防范与图书馆诚信服务——文献缺损智能鉴别技术在西南大学图书馆三馆的应用 [J]. 用户研究与服务，2008（3）:46–49.
[217] 董绍杰，卢刚，毕国菊 . 外文古籍的概念与界定初探 [J]. 图书馆学研究，2014（10）:96–98.
[218] 蓝开强 . 多元化阅读背景下的图书馆文献信息资源建设 [J]. 福建图书馆学刊，2018（1）:52–54.
[219] 喻小燕 . 大数据战略背景下我国公共图书馆开放数据服务工作浅谈 [J]. 图书馆研究，2017（6）:107–110.
[220] 姜盼盼 . 大数据时代读者个人信息保护路径探讨 [J]. 图书馆工作与研究，2019（6）:11–15.
[221] 杨凡 . 大数据框架下古籍数字化发展趋势研究 [J]. 图书馆学刊，2017（9）:74–77.
[222] 高大勇，朱慧明 . 大数据环境下图书馆实行运维服务托管的策略——以鞍山市图书馆为例 [J]. 河南图书馆学刊，2018（1）:107–108.
[223] 熊翔宇，郑建明 . 大数据管理中的目录学思想 [J]. 图

书馆学研究，2019(12) :2-8.
[224] 刘明春 . 大数据背景下图书馆信息服务发展趋势研究 [J]. 吕梁教育学院学报，2019(2) :44-45.
[225] 卢英，丁菱 . 大气污染与纸质文献的保护——试析有害气体对纸张耐久性的影响及保护对策 [J]. 档案学通讯，1998(3) :67-71.
[226] 陈新鑫 . 学龄前儿童阅读推广实践探讨——以厦门市少年儿童图书馆为例 [J]. 福建图书馆学刊，2018 (2) :49-50.
[227] 周济 . 安徽教育学院文献资源建设之我见 [J]. 安徽教育学院学报，1996(3) :92-94.
[228] 汪东波 . 实施“服务立馆”战略 改善国家图书馆服务 [J]. 国家图书馆学刊，2004(4) :17-23.
[229] 石启飞 . 对不健康文献对未成年人犯罪诱导情况的调查 [J]. 辽宁警专学报，2003(4) :46-48.
[230] 王世伟 . 对公共图书馆“传承文明、服务社会”三大功能的再认识 [J]. 图书馆杂志，2019(10) :24-28.
[231] 石启飞 . 对诱导未成年人犯罪的不健康文献的研究 [J]. 辽宁警专学报，2003(2) :41-44.
[232] 王谢文 . 小议新法规下的国家图书馆读者服务 [J]. 文化创新比较研究，2019(6) :152-153.
[233] 石先昆 . 少儿图书馆开展阅读胎教服务探索 [J]. 福建图书馆学刊，2018(1) :32-35.
[234] 王祎 . 少儿图书馆设立儿童玩具图书馆发展路径探索 [J]. 河南图书馆学刊，2019(3) :138-140.
[235] 王亦越，黄琳，李桂华 . 少年儿童图书馆阅读推广活动的多元参与研究 [J]. 图家图书馆学刊，2019

(6) :31–41.

[236] 阎欣怡，尚子易 . 差异文化观念下的图书馆环境设计探究 [J]. 城市规划研究，2017(12) :67–68.

[237] 金晓明 . 市级图书馆文献信息资源共享研究 [J]. 图书馆学刊，2015(5) :32–35.

[238] 江海潮 . 广州图书馆媒体关系管理和自媒体运维 [J]. 图书馆学研究，2017(11) :37–40.

[239] 周崇润，李景仁 . 应用充氮封存技术保护珍贵文献可行性研究 [J]. 图书馆现代技术，2003(4) :66–69.

[240] 滕州市编办 . 建立事业单位统一登记管理制度的思考 [J]. 机构与行政，2017(1) :23–26.

[241] 贾睿 . 建立健全图书馆设备管理的约束机制 [J]. 图书馆工作与研究，2017(1) :82–83.

[242] 潘郁蕾，廖金芝 . 建立健全高校图书馆国有资产管理的长效机制 [J]. 会计审计，2016(30) :47–48.

[243] 李隆隆 . 建立公共图书馆年报制度的必要性分析 [J]. 贵图学苑，2020(1) :54–55.

[244] 冉一村 . 建立古籍出版准入制度好 [J]. 中国新闻出版报，2015(3) :3.

[245] 李静荣 . 建立美术博物馆馆藏目录体系的意义 [J]. 艺术教育，2019(12) :123–124.

[246] 万颖萍，张建媛，邓玲 . 开发地方文献 弘扬乡土文化——以海南大学图书馆对海南省拓片的收集整理与研究为例 [J]. 科技情报开发与经济，2009(9) :3–5.

[247] 吴建中 . 开放 交流 合作——国际图书馆发展大趋势 [J]. 中国图书馆学报，2013(3) :4–8.

[248] 赵紫筠 . 开放出版环境下图书馆文献订购模式的创新

与发展 [J]. 河南图书馆学刊，2019(10) :110–111.

[249] 丁洪玲 . 引领文化 拓展服务——公共图书馆展览服务的实践与研究 [J]. 公共图书馆，2020(3) :39–42.

[250] 宫丽颖，祁迪 . 德国公共图书馆的青少年儿童阅读推广 [J]. 国外出版瞭望，2014(7) :20–21.

[251] 樊晔 . 德国图书馆的发展趋势及特点研究 [J]. 文化创新比较研究，2020(4) :191–192.

[252] 李振杰 . 感谢！感想！感悟！在“苏陕对口协作——公共图书馆服务创新研修班”结业仪式上的讲话 [J]. 当代图书馆，2018(4) :76–77.

[253] 黄如花，赵洋，申晓娟，等 . 我国公共图书馆文献信息处置制度的需求分析与框架构建 [J]. 中国图书馆学报，2019(3) :43–56.

[254] 董敏红 . 我国公共图书馆服务标准内容比较 [J]. 图书馆论坛，2012(4) :6–9.

[255] 何智云 . 我国公共图书馆老年人数字阅读服务实践探究——以佛山市图书馆为例 [J]. 公共图书馆，2017(11) :48-52.

[256] 李燕娜 . 我国港台地区公共图书馆残疾人服务及启示 [J]. 图书馆研究与工作，2019(3) :45–50.

[257] 周耀林 . 我国珍贵档案文献遗产保护工作的推进 [J]. 档案管理，2006(2) :54–55.

[258] 冯敏莹 . 我国联合编目的现状及思考 [J]. 晋图学刊，2006(1) :7–10.

[259] 鲁荣华 . 打开知识宝库的金钥匙 : 图书馆目录 [J]. 西南民族学院学报，1998(7) :81–82.

[260] 宋萌 . 打造公共图书馆讲座活动的“新时代版”——

以苏州市九所公共图书馆公益讲座为中心 [J]. 山东图书馆学刊，2018(3) :105–108.

[261] 智慧百川 . 打造领导力 6 能力、8 原则、12 件事，好的激励可以让企业自主运转 [J]. 企业观察家，2019(11) :104–105.

[262] 王记录，丁文 . 改革开放 40 年来中国古籍整理的特征、趋势及问题 [J]. 河北学刊，2018(5) :1–9.

[263] 温庆新 . 政统与道统之间 : 传统目录学体系建构的政治基础与道德基础 [J]. 图书馆，2018(4) :106–111.

[264] 白玉静 . 数字化 让古籍里的文字活起来 [N]. 新华书目报，2015-8-21(A05) .

[265] 黄春燕 . 数字时代少数民族地区高校图书馆员专业能力提升路径探索 [J]. 广西师范学院学报，2015(3) :153–156.

[266] 黄安妮，陈雅 . 文旅融合下的公共图书馆服务创新路径 [J]. 图书馆，2020(2) :35–40.

[267] 王丽，熊伯坚 . 文旅融合背景下公共图书馆微展览精准服务模式构想 [J]. 图书馆研究，2020(1) :58–63.

[268] 李明杰，樊星 . 文献整理学术传统对现代图书馆学的参照价值 [J]. 图书馆论坛，2019(3) :104–111.

[269] 杨牧之 . 新中国古籍整理出版工作回顾与展望 [J]. 中国出版史研究，2018(1) :7–19.

[270] 柯平，胡娟，袁珍珍 . 新中国成立 70 年我国图书馆事业变革 : 路径、经验与问题 [J]. 国家图书馆学刊，2019(5) :41–51.

[271] 于竹军 . 新形势下公共图书馆展览工作的发展与变革探讨 [J]. 图书馆与档案工作管理，2018(9) :463–464.

[272] 肖秉杰 . 新形势下公共图书馆展览服务探讨——以广州图书馆为例 [J]. 河北科技图苑，2019(3) :42-45.
[273] 原彦平 . 新时代中华优秀传统文化出版的新任务——以古籍整理出版为中心 [J]. 出版广角，2018(10) :10-13.
[274] 江苏省图书馆学会秘书处 . 新时代公共图书馆服务与建设创新研讨会综述 [J]. 新世纪图书馆，2019(3) :21-24.
[275] 焦扬 . 新时代公共图书馆服务模式创新探索 [J]. 图书情报导刊，2020(2) :1-4.
[276] 刘静静 . 新时代公共图书馆能动型学习空间构建研究 [J]. 河南图书馆学刊，2019(10) :18-19.
[277] 方家忠 . 新时期中国公共图书馆事业发展的战略任务、路径与全行业参与 [J]. 国家图书馆学刊，2019(5) :71-79.
[278] 夏力苗 . 新时期图书馆助力“文化养老”的优势、基本逻辑与创新实践思考 [J]. 赤峰学院学报，2019(3) :92-95.
[279] 包鸿梅 . 方志馆与图书馆、档案馆馆际交流合作探索 [J]. 才智，2017(22) :256.
[280] 吴德志 . 期刊善本的收藏整理与利用 [J]. 农业图书情报学刊，2011(5) :52-54.
[281] 段宇峰，郭玥，王灿昊，等 . 未成年人阅读服务的引航员——苏州图书馆流动图书大篷车十年践行 [J]. 图书馆服务创新与研究，2018(7) :33-40.
[282] 陈琦 . 构建图书馆未成年人设施安全标准框架 [J]. 新世纪图书馆，2016(5) :13-17.

[283] 李玉虎 . 档案与古文献修复过程中易损原貌预加固技术 [J]. 中国档案，2015(8) :56–57.

[284] 项文新 . 档案馆网站应建立特色馆藏目录数据库 [J]. 浙江档案，2001(4) :28–29.

[285] 吴洪珺 . 欧美图书馆系统设立儿童文学奖项的情况及启示 [J]. 山东图书馆学刊，2017(3) :64–67.

[286] 乔红军 . 武汉大学图书馆积极整理珍本文献 [J]. 图书情报知识，1998(3) :73.

[287] 杨柳 . 民国广东农业文献的种类及其价值——以华南农业大学馆藏为例 [J]. 安徽农业科学，2019(20) :238–240.

[288] 李建勋 . 江门市五邑图书馆馆藏清代古籍和民国文献整理开发 [J]. 长春大学学报，2019(7) :84–87.

[289] 陈浩 . 法人治理结构改革背景下公共图书馆章程建设探析——以安徽省图书馆为例 [J]. 大学图书情报学刊，2019(6) :101–104.

[290] 孙成珂 . 流动图书馆是公共文化均等服务的有效形式 ——以辽宁省图书馆为例 [J]. 图书馆学刊，2014(11) :76–77.

[291] 寇德芹 . 流动服务应成为图书馆延伸服务的常态模式 [J]. 图书馆学刊，2015(12) :92–94.

[292] 付朝柯 . 浅析公共图书馆流动服务车的实践应用 [J]. 戏剧之家，2019(28) :232–233.

[293] 陈建华 . 浅析建筑消防设施问题及对策 [J]. 建筑技术研究，2013(1) :50–51.

[294] 张桂元 . 浅议准新善本的整理与保护 [J]. 图书馆学研究，2015(13) :65–67.

[295] 薛凌波 . 浅论公共图书馆对未成年人法制教育的作用 [J]. 黑龙江史志，2014(15) :290-291.

[296] 张学梅 . 浅论国家图书馆新的历史担当 [J]. 图书馆理论与实践，2015(4) :71-74.

[297] 晏红英 . 浅论高校图书馆古籍文献的整理与利用 [J]. 内蒙古科技与经济，2011(13) :121-122.

[298] 郑建明 . 浅谈公共图书馆书库管理与空间利用 [J]. 赤子，2014(17) :200.

[299] 边荣 . 浅谈公共图书馆少儿区域空间布局——以香港中央图书馆为例 [J]. 图书馆理论与实践，2019(9) :68-71.

[300] 田苗 . 浅谈公共图书馆的自助服务 [J]. 邯郸职业技术学院学报，2015(3) :93-96.

[301] 王蕾，郭芳茸，王五选 . 浅谈大数据环境下图书馆文献资源建设模式的变革 [J]. 才智，2019(18) :244.

[302] 宋弋 . 浅谈档案馆与博物馆、图书馆的交流合作 [J]. 四川档案，2014(4) :53-54.

[303] 丁红 . 浅谈馆藏历史文献的整理、开发和利用 [J]. 贵图学刊，2002(4) :35-37.

[304] 毛艳丽 . 浅谈高校馆藏图书文献的整理与建设 [J]. 长春师范学院学报，2007(5) :156-157.

[305] 赵俊颜 . 海峡两岸高校图书馆读者培训讲座调查研究 [J]. 图书馆研究与工作，2020(5) :58-63.

[306] 蒋耘中 . 清华大学图书馆藏民国文献的整理与开发 [J]. 上海高校图书情报工作研究，2017(1) :33.

[307] 胡海荣 . 点一盏灯 暖一座城——温州城市书房创新公共图书馆服务模式的探索实践 [J]. 图书馆研究与工作，

2018(12):5-8.
[308] 黄燕，殷娟．物流的视角 共赢的思维——重庆图书馆流通办法新探 [J]. 四川图书馆学报，2018(1):78-80.
[309] 徐丽萍．珍贵档案文献保护工作的调研分析 [J]. 浙江档案，2013(12):52-53.
[310] 王慕东．略论清刻善本 [J]. 图书与情报，2000(1):77-79.
[311] 监督者更需接受社会监督——开展舆论环境集中整治专项行动系列评论之一 [N]. 宝鸡日报，2018-9-12(1).
[312] 马楠．目录学再出发 [J]. 文献，2019(3):175-176.
[313] 宋辰．省级公共图书馆残疾人服务现状调查与分析 [J]. 国家图书馆学刊，2017(1):64-70.
[314] 王云萍，梁向波．社会力量参与公共图书馆建设——对《中华人民共和国公共图书馆法》部分条款的解读 [J]. 图书馆工作与研究，2018(3):5-9.
[315] 段宇锋，郭彦丽，王灿昊．积分的魅力——温州少儿图书馆及温州市图书馆少儿读者服务创新实践 [J]. 图书馆服务创新探索与研究，2019(2):25-29.
[316] 白玉静．立足特色馆藏 推动学术研究——上海师范大学图书馆民国文献整理与研究访谈录 [J]. 上海高校图书情报工作研究，2018(2):100-103.
[317] 刘芳．简谈古籍善本及其保护措施 [J]. 新西部，2012(12):115.
[318] 祝帅．繁简体转换当代艺术古籍整理之痛 [J]. 美术观察，2013(3):23-24.
[319] 王彦力，杨新涯，罗丽．纸电合一的图书馆目录创新应用与发展 [J]. 图书情报工作，2019(1):105-110.

[320] 司杨 . 纽约公共图书馆少儿阅读活动及启示 [J]. 图书馆研究，2019(2) :60–65.

[321] 蔡玉卿 . 网格化管理视角下社会监督的逻辑、困境与超越 [J]. 行政论坛，2018(4) :43–48.

[322] 赵蓉英，余波 . 网络信息安全研究进展与问题探析 [J]. 现代情报，2018(11) :116–122.

[323] 张涛 . 网络时代图书馆全面质量管理与服务创新分析——评《现代图书馆全面质量管理与创新服务研究》[J]. 领导科学，2020(7) :127.

[324] 王菲 . 网络时代高校图书馆服务与管理的创新探究 [J]. 赤峰学院学报，2019(7) :120–122.

[325] 尤晶晶 . 网络环境下高校图书馆读者意见分析与服务工作改进的思考 [J]. 图书情报导刊，2016(6) :1–4.

[326] 羌栋强 . 网络环境下高校图书馆读者意见处理与反馈机制的构建 [J]. 电子世界，2014(7) :198.

[327] 黄长伟 . 网络环境下高校图书馆读者意见处理与反馈机制的构建 [J]. 商业经济，2011(14) :77–78.

[328] 王肃之，翟军平 . 美、英国家图书馆读者个人信息保护政策的启示 [J]. 图书馆，2019(2) :13–18.

[329] 龙向洋 . 美国东亚图书馆民国文献收藏与整理概况 [J]. 上海高校图书情报工作研究，2018(3) :27–28.

[330] 龚军 . 美国公共图书馆普遍均等化服务研究及启示 [J]. 图书情报导刊，2018(8) :1–7.

[331] 肖雪，苗美娟 . 美国公共图书馆老年服务：历史与启示 [J]. 中国图书馆学报，2019(1) :95–109.

[332] 黄萍莉，何红一，陈朋 . 美国国会图书馆馆藏瑶族手抄文献的资源特征与组织整理 [J]. 图书馆学研究，

2013(24) :82–86.

[333] 何红一，陈朋 . 美国国会图书馆馆藏瑶族文献的抢救性整理研究 [J]. 文化遗产，2018(5) :118–125.

[334] 张维宁 . 美国图书馆隐私权保护运动的特征及其经验借鉴 [J]. 图书馆工作与研究，2014(6) :31–34.

[335] 邓李君，何燕，杨文建 . 美学与体验营销视域下的图书馆空间再造 [J]. 图书情报工作，2018(9) :81–88.

[336] 郭园 . 老年读者阅读状况与图书馆关怀对策 [J]. 图书馆界，2019(6) :73–77.

[337] 甘毅 . 联合编目的必要性 [J]. 新视角，2015(10) :153–154.

[338] 廖璠，居晓轩 . 英国大学图书馆残疾读者服务调查与启示 [J]. 图书情报与工作，2017(11) :80–87.

[339] 王茹 . 行政事业单位国有资产管理探析 [J]. 中外企业家，2020(2) :55.

[340] 周利红 . 衢州流动图书馆服务标准化的实践与研究 [J]. 图书馆研究与工作，2016(2) :36–39.

[341] 张丽芬 . 西南大学图书馆古籍文献整理与开发探研 [J]. 绵阳师范学院学报，2010(12) :140–143.

[342] 邱玥 . 西部高校图书馆馆藏结构分析及资源建设对策——以安顺学院图书馆为例 [J]. 安顺学院学报，2016(5) :115–117.

[343] 刘丽君，陈宇，宋雅婧，等 . 论《公共图书馆法》实施效果的立法后评估 [J]. 图书馆杂志，2019(6) :4–13.

[344] 徐基田 . 论业务竞赛在图书馆员专业素养提升中的作用——以江苏省公共图书馆为例 [J]. 河北科技图苑，2019(4) :13–16.

[345] 王世伟 . 论中国特色公共图书馆发展道路的六大特点 [J]. 图书馆，2019(9) :1-9.

[346] 徐恩元，徐建华 . 论信息资源保存与保护的影响因素 [J]. 四川图书馆学报，2007(6) :30-34.

[347] 罗京萍 . 论公共图书馆国有资产的管理 [J]. 河南图书馆学刊，2008(2) :37-38.

[348] 王世伟 . 论公共图书馆服务品牌 [J]. 中国图书馆学报，2018(11) :4-24.

[349] 李霜，刘旭灿，金武刚 . 论公共图书馆的多元合作发展——《公共图书馆法》中“交流与合作”条款研究 [J]. 图书馆，2018(5) :1-5.

[350] 马晓钰 . 论古籍修复中二次伤害的状况及补救方法 [J]. 人文天下，2018(22) :32-38.

[351] 王艳玲 . 论图书馆地方文献照片资料的收集、整理与利用 [J]. 长春教育学院学报，2012(5) :99-100.

[352] 李雪 . 论图书馆文献编目的现状与发展前景 [J]. 图书管理，2017(8) :162-163.

[353] 沈梅 . 论微信服务在高校图书馆读者服务中的应用 [J]. 内蒙古科技与经济，2019(13) :70-71.

[354] 刘建忠 . 论馆藏珍贵文献资源的开发与利用 [J]. 新世纪图书馆，2011(4) :21-23.

[355] 邱心凯，赵提财，东波 . 论高校图书馆成为老年人文化福利提供者的路径探析 [J]. 赤峰学院学报，2015(7) :152-154.

[356] 桑丽影 . 试论古籍整理与开发成果的利用 [J]. 文化创新比较研究，2019(12) :34-35.

[357] 樊海平 . 试论图书馆的安全管理——关于我区图书馆

文献管理方面安全问题的几点思考 [J]. 西藏大学学报，2001(4) :87–90.

[358] 张小宇 . 试论读者意见反馈机制的有效运行 [J]. 内蒙古科技与经济，2010(3) :117–118.

[359] 刘华 . “读者决策采购”在美国大学图书馆的实践及其对我国的启示 [J]. 大学图书馆学报，2012(1):45–50.

[360] 段峰，袁飞，杨锦先 . 读者意见与需求实证分析及应对措施 [J]. 图书馆研究，2019(5) :104–108.

[361] 张玉枝 . 谈我国古籍的概念及其界定时限 [J]. 周口师专学报，1994(24) :103–105.

[362] 徐金法 . 谈我国古籍的概念及其界定时限 [J]. 河南图书馆学刊，1993(2) :56–57.

[363] 陈艳春，于强 . 谈谈图书馆现代化设备的管理 [J]. 河北科技图苑，2003(2) :53–54.

[364] 姚俊岭，杨小军 . 谈高校图书馆自助服务系统存在的问题与对策 [J]. 大众科技，2018(1) :125–126.

[365] 肖红凌 . 贫困地区流动图书馆建设 [J]. 图书馆论坛，2019(12) :136–143.

[366] 王斯文 . 辽宁省社区图书馆老年人阅读服务进展及对策研究 [J]. 改革与开放，2018(22) :143–145.

[367] 宋爱林 . 运维视角下的图书馆微信公众号管理状况分析及启示——基于江苏省 25 所高校图书馆的调查 [J]. 新世纪图书馆，2017(11) :33–36.

[368] 顾青 . 近十年古籍出版工作述评 [J]. 中国出版史研究，2018(1) :20–28.

[369] 胡一樱 . 近十年来未成年人阅读推广研究领域特征分布及发展趋势——基于 CNKI 文献计量及可视化分析

[J]. 图书馆研究与工作，2018(5) :53-57.
[370] 魏蕊，孙一钢 . 面向文化产业创新发展的国家图书馆服务模式与策略研究 [J]. 国家图书馆论坛，2019(2) :3-13.
[371] 文瑛 . 面向老年人的公共图书馆读者服务工作优化策略探索 [J]. 产业与科技论坛，2019(2) :283-284.
[372] 李农 . 韩国国立残疾人图书馆与图书馆的残疾人服务状况 [J]. 山东图书馆学刊，2017(2) :79-82.
[373] 缪建梅 . 馆藏兵团文献资源整理与建设思考——以塔里木大学图书馆为例 [J]. 塔里木大学学报，2014(2) :54-57.
[374] 陈立 . 馆藏民国文献的整理开发——以南京图书馆为例 [J]. 图书馆学刊，2014(7) :40-42.
[375] 沈东婧，李莎，姚远 . 馆藏特色古籍整理与研究实践 [J]. 图书馆学刊，2016(12) :107-111.
[376] 何尔纯 . 馆藏目录与馆藏文献的开发利用 [J]. 医学图书馆通讯，1998(2) :38.
[377] 尹耀全 . 香港地方文献的概念、采集和整理——以香港大学孔安道纪念图书馆为例 [J]. 国家图书馆学刊，2008(1) :50-54.
[378] 王美芳，王丹 . 高校图书馆 RFID 自助借还图书条件下的服务失误与补救策略 [J]. 内蒙古科技与经济，2017(21) :127-128.
[379] 李芸 . 高校图书馆协助城市自助图书馆发展探究 [J]. 绥化学院学报，2018(11) :135-139.
[380] 钱思晨，岑炅莲，张宇 . 高校图书馆和公共图书馆开放数据服务比较研究 ——以北京大学图书馆和上海

图书馆为例 [J]. 图书馆研究与工作，2019(5) :5–10.

[381] 覃继举 . 高校图书馆围绕办学定位建设文献资源探析——以广西外国语学院为例 [J]. 教育现代化，2019(82) :304–305.

[382] 洪丽 . 高校图书馆开放服务现状与思考 [J]. 盐城师范学院学报，2019(5) :85–88.

[383] 吴玉玲 . 高校图书馆残障读者阅读推广服务探析 [J]. 图书馆工作与研究，2018(9) :90–94.

[384] 安园园 . 高校图书馆虚拟馆藏资源的目录整合方法 [J]. 图书馆学刊，2015(5) :36–38.

[385] 王立荣，范永梅 . 高校图书馆设备的综合管理 [J]. 唐山学院学报，2006(1) :71–73.

[386] 孟祥敏，丁春燕 . 高校图书馆设备管理的盲点 [J]. 山西教育学院学报，1999(3) :51–52.

[387] 贾国洁 . 高校图书馆设立生命成长室的研究 [J]. 内蒙古科技与经济，2017(4) :138–140.

[388] 张静博 . 高校图书馆质量管理体系研究 [J]. 科技风，2019(5) :254–255.

[389] 吴绮云 . 高校图书馆馆藏地方文献的开发与利用——以泉州师范学院图书馆为例 [J]. 泉州师范学院学报，2017(4) :96-100.

[390] 陈卓 . 高校图书馆馆藏文献结构研究与建议 [J]. 陕西教育 (高教)，2016(3) :61.

[391] 王宁邦 . 高校智慧图书馆信息安全体系构建 [J]. 西华大学学报，2019(6) :57–66.

[392] 邱静琀 . 高校转型发展与图书馆文献信息资源建设——以贵州工程应用技术学院为例 [J]. 贵州工程应

用技术学院学报，2019(1) :156-160.

[393] 陈虹 . 高校馆藏特色文献资源建设研究——以福建工程学院图书馆林纾特藏为例 [J]. 河南图书馆学刊，2019(10) :43-45.

[394] 上海阿法迪智能标签系统技术有限公司 . 高颜值智能化的创新型图书馆 [J]. 图书馆杂志，2019(9) :123.

附录

一、公共图书馆建设标准

1.《公共图书馆建设用地指标》建标〔2008〕74号
2.《公共图书馆建设标准》建标 108—2008
3.《图书馆建筑设计规范》JGJ 38—2015
4.《无障碍设计规范》GB 50763
5.《公共建筑节能设计标准》GB 50189
6.《建筑设计防火规范》GB 50016
7.《手动密集架技术条件》GB/T 13667.3—2003
8.《档案缩微品保管规范》DA / T 21
9.《图书馆古籍特藏书库基本要求》
10.《建筑结构荷载规范》GB 50009—2012
11.《公共服务领域英文译写规范》
12.《国家标准图书馆、博物馆、美术馆、展览馆卫生标准》GB 9669—1996
13.《家具　柜类主要尺寸》GB/T 3327—2016
14.《家具桌、椅、凳类主要尺寸》GB/T 3326—2016
15.《木家具通用技术条件》GB/T 3324—2017
16.《建筑采光设计标准》GB 50033
17. 国家标准《民用建筑隔声设计规范》GB 50118
18.《电子信息系统机房设计规范》GB 50174

19.《建筑物防雷设计规范》GB 50057
20.《建筑物电子信息系统防雷技术规范》GB 50343
21.《民用建筑电气设计规范》JGJ 16
22.《民用建筑工程室内环境污染控制规范》GB 50325
23.《网页内容可访问性指南》GB/T 29799—2013
24.《语音上网技术要求》YD/T 2098－2010
25.《公众场所内听力障碍人群辅助系统技术要求》YD/T 2099—2010
26.《视障者互联网信息服务辅助系统技术要求》YD/T 3076—2016
27.《网站设计无障碍技术要求》YD/T 1761—2012
28.《特殊教育学校建筑设计规范》
29.《无障碍设计规范》
30.《无障碍设施施工验收及维护规范》
31.《网站无障碍设计规范》
32.《城市道路和建筑物无障碍设计规范》JGJ 50—2001
33.《图书馆视障人士服务规范》GB/T 36719—2018
34.《个人信息安全规范》GB/T 35273—2017
35.《电子信息系统机房设计规范》GB 50174
36.《建筑内部装修设计防火规范》GB 50222
37.《建筑灭火器配置设计规范》GB 50140
38.《公共图书馆建筑防火安全技术标准》WH 0502—96
39.《建筑设计防火规范》GBJ 16—87
40.《人民防空工程设计防火规范》GBJ 98—87
41.《高层民用建筑设计防火规范》GB 50045—95
42.《建筑内部装修设计防火规范》GB 500222—95
43.《图书馆建筑设计规范》JGJ 38—87

44.《信息与文献　图书馆和档案馆的文献保存要》GB/T 27703—2011
45.《信息与文献　图书馆绩效指标》GB/T 29182—2012
46.《信息与文献　图书馆统计》GB/T 13191—2009
47.《信息与文献　图书馆及相关组织的注册服务》GB/T 35433—2017
48.《社区图书馆（室）服务规范》DB34/T 2605—2016
49.《信息与文献　图书馆和档案馆的图书、期刊、连续出版物及其他纸质文献的装订要求　方法与材料》GB/T 30108—2013
50.《图书馆数字资源长期保存元数据规范》WH/Z 1—2012
51.《图书馆古籍虫霉防治指南》WH/T 88—2020
52.《汉文古籍特藏藏品定级　第1部分：古籍》GB/T 31076.1—2014
53.《中国少数民族文字古籍定级》GB/T 36748—2018
54.《古籍著录规则》GB/T 3792.7—2008
55.《古籍修复技术规范与质量要求》GB/T 21712—2008
56.《图书馆古籍书库基本要求》GB/T 30227—2013
57.《古籍函套技术要求》GB/T 35662—2017
58.《缩微摄影技术 在16mm 卷片上拍摄古籍的规定》GB/T 7517—2004
59.《古籍元数据标准》WH/T 66—2014

二、某市图书馆新馆建设概念性规划方案

×××× 市图书馆
新馆概念性设计建议方案

2019.8

公共图书馆是社会主义公共文化服务体系的重要组成部分，是传播先进文化的重要阵地，是全民阅读中心和文化传播中心，是加强社会主义意识形态建设的重要场所。

为做好 ×××× 图书馆新馆的概念性设计，综合各方面因素，特提出如下建议方案：

1.×××× 概况

×××× 位于川西南、滇西北结合部，是全国唯一以花命名的城市，享有“花是一座城，城是一朵花”的美誉，辖区面积7440平方公里，辖东区、西区、仁和区和米易县、盐边县3区2县，辖区内有42个民族。2018年，全市地区生产总值1173.52亿元，全社会固定资产投资632.1亿元，社会消费品零售总额361.26亿元，城乡居民人均可支配收入分别为38510元、16708元，常住人口123.6万人。

×××× 是英雄之城，是一座因三线建设而生的城市。开发建设前这里是不毛之地，只有“七户人家一棵树”。20世纪60年代，党中央、国务院实施了轰轰烈烈的大三线建设，并将 ×××× 作为三线建设的重中之重。1965年2月，×××× 特区作为新中国首个资源开发特区正式成立；毛泽东主席亲自以树定名 ×××× 并指示“建不建 ××××，不是钢铁厂问题，是战略问题”；邓小平同志多次亲临视察并盛赞“这里得天独厚”。因战备需要，曾改名“渡口市”。1987年1月，渡口市正式更名为 ××××。建市初期，在“备战备荒为人民，好人好马上三线”的号召下，湖北、辽宁、上海、天津、重庆、四川等全国各地数十万大军奔赴 ×××× 建设大三线，建成了中国西部首个大型钢铁企业攀钢，创造了在2.5平方公里的土地上建设成套钢铁厂的世界奇迹，攻克了普通高炉冶炼钒钛磁铁矿的世界难题，深刻影响和改变了我国工业和经济格局，也孕育出了“艰苦创业、无私奉献、团结协作、勇于创新”的“三线精神”。××××是三线建设的成功典范和光辉缩影，是大西南一座英雄的城市。

××××是钒钛之都，百米钢轨助高速。“工业不强不叫××××”。××××也是一座因矿而建、因钢而兴的新兴工业城市，矿产资源十分丰富，已发现矿产76种，其中钒钛磁铁矿尤为富集，钛、钒储量分别居世界第一和世界第三位，钒产品、钛精矿等产能产量居全国第一，××××是康养胜地，阳光康养宜人居。××××属南亚热带干热河谷气候，拥有特别适宜人类休养生息的海拔高度、温度和湿度，森林覆盖率达61.79%，是冬避寒、夏避暑的理想胜地。在全国率先发布康养产业地方标准，创办国内首家康养学院，成功进入全国呼吸环境十佳城市、中国康养城市排行榜50强，首批国家医养结合试点城市、国家智慧健康养老示范基地、中国阳光康养示范城市。

××××是文化之城，多元文化聚集。在7440多平方公里的土地上，交融着深厚的历史文化、多元的移民文化、灿烂的民族文化、厚重的大工业文化和火热的三线建设文化，是中国傈僳族文化的发祥地。经过五十多年的发展，××××已成为川西南、滇西北一颗灿烂的文化明珠。当前，××××这座曾经创造过奇迹的英雄城市，正紧紧围绕省委对××××“3+2”的新定位、新要求，深入落实“一二三五”总体工作思路，做实钒钛、阳光“两篇文章”，充分发挥比较优势，全面推×动高质量发展，着力打造四川经济新的增长点，加快建设川西南、滇西北区域中心城市和四川南向开放门户，奋力打造“英雄××××·阳光康养地”。

2. 建设依据

(1) 现实依据。

①现馆不能满足新时代图书馆事业的快速发展和人民群众美好生活的需要。现馆建成于1982年5月，面积6865平方米，藏书40万册，是国家一级图书馆，曾连续四年获中图学会表彰，2010年荣获全国第十五届群星奖。

在20世纪八九十年代，曾是全市非常靓丽的风景线，是全市人民非常羡慕、经常光顾的地方之一，但时至今日，已严重存在阅读空间小、阅览座席不多、设施落后、功能不全、房屋陈旧、漏雨严重、安全隐患严重等问题，已经不能满足人民群众的美好生活需要和新时代图书馆事业的发展需要，已成为全省比较落后的公共文化设施。

②与城市定位、城市形象不相匹配。现在的图书馆区位优势好、位于市中心的中心地段，紧靠市委、市政府、市人大、市政协等机关和部门，人口集中、交通方便，是建设图书馆的首选之地，但是现在的图书馆建筑矮小、布局不合理，已经从昔日的风景线变成了建筑洼地，起不到文化引领和文化标志的作用，与我市建设区域性中心城市、南向开放门户的城市定位不符合，与 ×××× 市经济政治文化中心的形象不相匹配。

③四川省内的公共文化设施建设正面临一个大建设、大发展周期。省内遂宁、南充、达州、巴中、宜宾、乐山等地都已经修了新馆或进行了旧馆改扩建。例如，四川省图书馆新馆5万多平方米，遂宁市图书馆新馆2万平方米，简阳市图书馆新馆2万平方米，绵阳市游仙区图书馆新馆1.5万平方米，达州市图书馆新馆1.7万平方米等。

(2) 法律依据。

①《中华人民共和国公共文化服务保障法》已由第十二届

全国人大常委会第二十五次会议于2016年12月25日通过，并自2017年3月1日起施行。

该法第十五条规定，县级以上地方人民政府应当将公共文化设施建设纳入本级城乡规划，根据国家基本公共文化服务指导标准、省级基本公共文化服务实施标准，结合当地经济社会发展水平、人口状况、环境条件、文化特色，合理确定公共文化设施的种类、数量、规模以及布局，形成场馆服务、流动服务和数字服务相结合的公共文化设施网络。第四条规定，县级以上人民政府应当将公共文化服务纳入本级国民经济和社会发展规划，按照公益性、基本性、均等性、便利性的要求，加强公共文化设施建设，完善公共文化服务体系，提高公共文化服务效能。

第十四条规定，本法所称公共文化设施是指用于提供公共文化服务的建筑物、场地和设备，主要包括图书馆、博物馆、文化馆（站）、美术馆、科技馆等。第十六条规定，公共文化设施的建设用地，应当符合土地利用总体规划和城乡规划，并依照法定程序审批。第十七条规定，公共文化设施的设计和建设，应当符合实用、安全、科学、美观、环保、节约的要求和国家规定的标准，并配置无障碍设施设备。

公共文化设施的选址，应当征求公众意见，符合公共文化设施的功能和特点，有利于发挥其作用。

②《中华人民共和国公共图书馆法》(以下简称《公共图书馆法》）于2017年11月4日第十二届全国人大常委会第三十次会议通过，并于2018年1月1日正式实施。这是党的十九大之后出台的第一部文化方面的法律，也是公共文化领域继公共文化服务保障法之后的又一部重要法律。该法第十四条规定，县级以上人民政府应当设立公共图书馆。第四条县级以上人民政府应当将公共图书馆事业纳入本级国民经济和社会发展规划，

将公共图书馆建设纳入城乡规划和土地利用总体规划，加大对政府设立的公共图书馆的投入，将所需经费列入本级政府预算，并及时、足额拨付。第十三条要求，县级以上地方人民政府应当根据本行政区域内人口数量、人口分布、环境和交通条件等因素，因地制宜确定公共图书馆的数量、规模、结构和分布，加强固定馆舍和流动服务设施、自助服务设施建设。第三条规定，公共图书馆是社会主义公共文化服务体系的重要组成部分，应当将推动、引导、服务全民阅读作为重要任务。

同时，《公共图书馆法》对公共图书馆的设立、运行、服务和法律责任作了相关规定。

(3) 标准依据。

①《公共图书馆建设标准》(JB 108—2008)。本标准由中华人民共和国文化部、城市住房和建设部、发展和改革委员会发布，是公共图书馆建设项目科学决策和合理确定项目建设、投资水平的全国性统一标准；是编制、评估和审批公共图书馆建设项目建议书及可行性研究报告的依据；是有关部门审查公共图书馆建设项目初步设计和检查工程建设全过程的尺度。其适用于县级以上行政区域内新建、改建和扩建的公共图书馆。

本标准规定，市域人口150万及以上的，应建大型馆1~2处。

②《公共图书馆建设用地指标》(JB〔2008〕74号)。该标准是由住房城乡建设部、自然资源部、文化部发布的全国统一的建设用地指标。

该标准规定：服务人口150万及其以上的，面积应≥20 000平方米，容积率应≥21.2，建筑密度30%~40%，用地面积11 000~17 000平方米。

③公共图书馆服务规范(GB/T 28220—2011)。该规范是文化部颁布的全国公共图书馆统一服务标准。该规范第五章规定，

公共图书馆建筑功能总体布局应遵循以读者服务为中心，与图书馆的管理方式和服务手段相适应，做到分区明确、布局合理、流线通畅、安全节能、朝向和通风良好。

少年儿童阅览区应与成人阅览区分开，宜设置单独的出入口，有条件的可设室外少年儿童活动场地。新馆青少年阅览区面积以 4000 平方米左右为宜。

视障阅览室应设在图书馆本体建筑与社会公共通道之间的平行层。

第 5.1.1 条规定，公共图书馆设置布局应遵循普遍均等原则，选址要考虑服务半径、服务人口等因素，并应按建标〔2008〕74 号——公共图书馆建设用地指标执行。

应通过流动站、流动车等形式，将文献外借服务和其他图书馆服务向社区、村镇等延伸，定期开展巡回流动服务。

同时规定，地级市图书馆计算机总数量 60 台以上，读者使用计算机数量 40 台以上，OPAC 计算机数量 8 台以上，互联网接口≥ 10 兆，局域网主干≥ 1000 兆，局域网分支≥ 100 兆，阅览室的信息点设置应不少于阅览座位的 30%，电子阅览室的信息点设置应多于阅览座位数。有条件的可提供互联网无线网络接入服务。

专业技术人员应占在编人员的 75% 以上，每服务人口 10 000 ~ 25 000 人应配备 1 名工作人员。

同时还规定，公共图书馆应当有方位区域标识、文献排架标识和无障碍标识。导引标识系统应使用标准化的文字和图形，公共信息标识应采用 GB/T 10001.1 标识用公共信息图形符号第一部分：通用符号，根据需求可采用双语或多语言对照。公共图书馆应在主体建筑外竖立明显的导向标识；公共图书馆入口处应标明区域划分，如阅览区域、活动区域、办公区域等，以方便读者到达目标区域；公共图书馆应在每一楼层设立醒目的布局功能标识；在阅览区和书库设置文献排架标识；设置无障碍设施的专用标识。

(4) 政策依据。

①《全国文明城市（地级市以上）测评体系操作手册（2018年版）》。在本手册中，多处提及公共图书馆、公共文化设施、全民阅读等，明确提出检查组要实地检查公共图书馆，并要求公共图书馆要达到国家二级图书馆以上。

②《××××2018年国民经济和社会发展统计公报》。××××2018年国民经济和社会发展统计公报表明，2018年××××年末常住人口为123.6万人。

③《××××城市总体规划（2011—2030年）》。《××××市城市总体规划（2011—2030年）》已于2018年4月17日经省人民政府批准实施。该规划预测：到2020年市域人口达143万人，城镇人口105万人，城镇化水平达到73.43%；2030年市域人口155万人，城镇人口127万人，城镇化水平达到81.94%。

3. 建设目标

××××图书馆新馆是市委、市政府立足于新时代满足人民群众的美好生活需求，坚定社会主义文化自信，推动社会主义文化高质量发展，着眼于未来三十年全国、四川省、攀西地区、川滇黔交界地区经济、社会、文化、科技发展趋势，为××××人民、××××文化建设、××××城市建设而谋划的一项综合性、标志性、智能化、节能型文化工程；是全国著名、西部一流的图书文献中心、全民阅读中心、钒钛科技体验中心、三线建设文献中心、本土文化传承研究中心；是川滇黔三省两小时交通圈（动车）青少年阅读的向往之城、书香之城；是5G时代全国第一个实现图书馆传统业务无人化管理的智能型图书馆；是全市各学术团体学术交流、学术研究的聚合之地。

4. 建设原则

（1）美好生活原则。立足于满足新时代人民群众的美好生活需求，为市域内所有成员提供一个温馨舒适、高雅便利、书香气息浓郁、图书种类齐备、读者活动丰富的、智能化的、标志性的、面向未来的高端图书馆。要真正为满足人民群众的美好生活服务。

（2）适度超前原则。要与四川省委对 ×××× 的3+2发展定位和建设川西南、滇西部区域性中心城市的城市定位相匹配，要立足10年领先、20年不落后的建设定位。要随着成昆高速铁路、丽攀高速公路、六攀铁路、沿江高铁的通车实际，要把新馆建设成为2小时交通圈的文化标志性建筑、区域性文化中心和书香城市的主要载体。

（3）以人为本的原则。新馆不仅是学习、读书、获取知识的好地方，更是休闲、娱乐、培训的好场所，要为 ×××× 人民以及来 ×××× 的外地朋友提供一个舒适的阅读环境、舒心的休闲场所、刺激的动感地带、有深度的学术交流中心、智慧碰撞的集中地。

（4）生态环保原则。要充分考虑新馆建设、使用及活动对周边环境及读者自身产生的影响，要在规模体量、建材选择、绿化设计、功能设置等方面充分考虑环保因素。

（5）开放性原则。现代图书馆是集学习、研究、娱乐、休闲、交流于一体的文化中心，是一个重要的开放的公众场所。开放性有两层含义。一是外部环境的开放化。现代图书馆的建筑通常楼层不高，为4～5层，一般不超过6层。新馆的大门一般设有景观式休闲广场，如广东省中山图书馆、四川省图书馆、深圳图书馆、上海浦东图书馆等都设计了包括立体绿化和雕塑等自然景观与人文景观有机结合的休闲广场，成为市民的共享空间。二是内部空间的开放化。建筑内部要大开间、大通透、流畅型，具有较大的空间且可以根据需要调整不同功能空间，坚决避免办公室型的空间规划；要为实现藏、借、阅、咨、网一体化服务和人（读者与服务者）、书（文献资料）、机（设备设施）、具（家具）一室化布局提供完备空间。

（6）智能化原则。要综合采用电子信息技术、计算机技术和现代通信技术对图书馆建筑内的设备进行自动监控，信息资源实施科学管理以及提供优质高效信息服务，要实现楼宇自动化、通信自动化、办公自动化、布线综合化，要通过自动化系统对图书馆内的所有机电装置和能源设备实现集中管理，形成馆内数字通信网络，完成馆藏文献的管理与服务等办公目标，并采用图书馆建筑设计中最先进、最有发展前途和最具适应性的结构化综合布线系统。目前我国智能化程度最高的图书馆是中国科学院图书馆新馆，其智能化系统十分发达，拥有楼宇自动化系统、火灾报警和消防联动系统、安保监控系统、综合布线系统、公共广播系统、卫星电视接收和有线电视系统、数字程控交换机系统、一卡通系统、电子会议系统、车库管理系统、集成系统、办公自动化系统等多个智能管理系统，有效地提高了图书馆运行、管理、安全防护及信息服务等方面的自动化程度。

5. 建设规模

根据《××××市城市总体规划（2011—2030年）》，到2030年，市域人口将达到155万人，根据新时代满足人民群众美好生活原则、适度超前原则、建设区域性中心城市的原则，建议修建：大型图书馆1处，面积2万平方米。

6. 建设内容

新馆建设要充分考虑生态化、人性化、开放化、智能化。

建设内容包括房屋建筑、场地、建筑设备和图书馆技术设备。

（1）房屋建筑：包括藏书、借阅、咨询服务、公共活动与辅助服务、业务、行政办公、技术设备、后勤保障八类用房。各类用房项目设置见附表 1。

附表 1 公共图书馆用房项目设置表

<table>
<tr><th colspan="2">项目构成</th><th>大型</th><th>中型</th><th>小型</th><th>内容</th><th>备注</th></tr>
<tr><td rowspan="3">藏书区</td><td>基本书库</td><td>●</td><td>◎</td><td>○</td><td>保存本库、辅助书库等</td><td rowspan="2">包括工作人员工作、休息使用面积。开架书库还包括出纳台和读者活动区
使用面积：闭架书库 280 ~ 350 册 /m²；开架书库 250 ~ 280 册 /m²；阅览室藏书区 250 册 /m²</td></tr>
<tr><td>阅览室藏书区</td><td>●</td><td>●</td><td>●</td><td>—</td></tr>
<tr><td>特藏书库</td><td>●</td><td>●</td><td>◎</td><td>古籍善本库、地方文献库、视听资料库、微缩文献库、外文书库以及保存书画、唱片、木版、地图等文献的库等</td><td>—</td></tr>
<tr><td rowspan="2">借阅室</td><td>一般阅览室</td><td>●</td><td>●</td><td>●</td><td>报刊阅览室、图书借阅室等</td><td rowspan="2">包括工作人员工作、休息使用面积，出纳台和读者活动区
阅览座席使用面积：1.8 ~ 2.3m²/ 座</td></tr>
<tr><td>老龄阅览室</td><td>◎</td><td>◎</td><td>◎</td><td>—</td></tr>
</table>

续表

项目构成		大型	中型	小型	内容	备注
借阅室	少年儿童阅览室	●	●	●	少年儿童的期刊阅览室、图书借阅室、玩具阅览室等	—
	多媒体阅览室	●	●	●	电子阅览室、视听文献阅览室等	阅览座席使用面积：4m²/座。总面积要满足"全国文化信息资源共享工程"终端设置和开展服务的需要
咨询服务区	办证、检索	●	●	●	—	小型馆不少于 18 m²
	总出纳台	●	●	○	—	
	咨询	●	●	◎	专门设置的咨询服务台、咨询服务机构、咨询服务专用的计算机位等	
公共活动与辅助服务区	寄存、饮水处	●	●	●	—	—
	读者休息处	●	●	◎	—	—
	陈列展览	●	●	○	—	大型馆 400 ~ 800 m²；中型馆 150 ~ 400 m²

续表

项目构成		大型	中型	小型	内容	备注
公共活动与辅助服务区	报告厅	●	●	○	—	大型馆300～500席位；应与阅览区隔离、单独设置。中型馆：100～300席位，每座使用面积不少于0.8 m^2/座
	综合活动室	◎	◎	●	—	小型馆不设单独报告厅、陈列展览室、培训室，只设50～300m^2的综合活动室，用于陈列展览、讲座、读者活动、培训等。大、中型馆可另设综合活动室
	培训室	●	●	○	用于读者培训的教室或场地	大型馆3～5个；中型馆1～3个
	交流接待	●	●	○	—	—
	读者服务（复印等）	●	●	●	—	—
业务区	采编、加工	●	●	●	—	—
	配送中心	◎	◎	●	为街道、乡镇图书馆统一采编、配送图书用房	—
	辅导、协调	●	●	●	用于指导、协调下级馆业务	—
	典藏、研究、美工	●	●	○	—	—
	信息处理（含数字资源）	●	●	○	—	—

续表

项目构成		大型	中型	小型	内容	备注
行政办公区	行政办公室	●	●	●		参照《党政机关办公用房建设标准》(国家发展计划委员会 计投资〔1999〕2250号)执行
	会议室	●	●	●	—	
技术设备区	中心机房(主机房、服务器)	●	●	●	—	包括"全国文化信息资源共享工程"设备使用面积，以及工作人员工作、休息使用面积
	计算机网络管理和维护用房	●	●	◎	—	
	文献消毒	●	●	●	—	
	卫星接收	●	●	◎	—	
	音像控制	●	◎	○	—	
	微缩、装裱整修	◎	◎	○	—	
后勤保障区	变配电室	●	●	◎	—	包括操作人员工作、休息使用面积
	电话机房	●	●	◎	—	
	水池/水箱/水泵房	●	●	◎	—	
	通风/空调机房	●	●	◎	—	
	锅炉房/换热站	●	●	◎	—	
	维修、各种库房	●	●	◎	—	
	监控室	●	●	○	—	
	餐厅	◎	◎	○	—	

注：1. 以上用房有关设计要求，按《图书馆建筑设计规范》(JGJ 38—1999) 的要求执行。

2. 小型图书馆的可设项目原则适用于2300 m^2以上的小型图书馆。

3. ● 应设；◎ 可设；○ 不设。

①新馆选址：以节约读者时间，便于读者通达为目的，同时要考虑人与自然、环境、城市功能区划等要素，一般应选在

人口集中、交通便利、环境相对安静、符合安全和卫生及环保标准的区域；符合当地建设的总体规划及公共文化事业专项规划，布局合理；具备良好的工程地质及水文地质条件；市政配套设施条件良好。

②新馆用地：用地面积在 11 000 ~ 17 000 平方米；绿地率为 30% ~ 35%。

③新馆为大型图书馆，应当独立建设，不宜与其他建筑物合建。

从进出口设计来看，以易于进出、安全高效为目的，高台基多台阶的入口设计不宜提倡，代之以平易近人、省时省力、安全方便的低入口设计。

从门厅设计来看，以空间开阔、便于人员分流为目的，设计中不仅应考虑门厅的多功能特性，还应考虑水平方向的人流畅通，以及从水平到垂直人流转换的方便快捷程度，同时要考虑卫生间、复印、咨询等非弹性空间的设计。

现代图书馆建筑都要进行无障碍设计，在门厅设计无障碍通道，有条件时在阅览场所修建残疾读者专用厕所。

要充分考虑人的需要，遵循方便、舒适、实用的原则，在选址、功能划分、文献布局、家具摆放等方面给予高度重视，体现以人为本的精髓，为读者营造自由舒适的文化环境。

整体大楼一般不超过 6 层，内部层高不超过 3.5 ~ 3.8 米，内部区域分隔合理，工作区与阅览区闹静分离，设备、多功能厅、卫生间等非弹性空间相对集中，通道设置科学实用，书刊流、读者流与工作人员流互不交叉，提高内部空间的抗干扰能力。

要充分考虑读者和工作人员的身体健康，以保证人的健康为前提。图书馆作为读者与工作人员长时间滞留的场所，在设计时要充分考虑对人的影响，要选择安全无毒的绿色建筑与装修材料以降低室内有害气体的排放量，组织顺畅的自然通风以减少对电器的依赖，采用自然光的设计以减少光污染，赋予图书馆生态化的特征。

要尽量采用规则平面的形式达到保温节能的目的；也可采用平面绿化与立体绿化相结合、室内绿化与室外绿化相结合、墙面绿化与屋顶绿化相结合的方式，达到有效调节室内温湿度、节约电能的目的，其中外墙绿化保温效果十分显著，冬季热损失可减少30%，夏季建筑外表面温度比邻近街道环境温度低5℃。例如，上海图书馆绿化面积达到1.1万平方米；法国国家图书馆四座塔楼中间设置了1万余平方米的内部花园；荷兰代尔夫特工业大学新图书馆以草坪覆盖屋顶，通过屋顶设置太阳能热水器、太阳能电池板获得热水和电能；广东省中山图书馆配置了雨水采集系统，收集雨水供洗手间和园林绿化灌溉等使用。

④新馆总建筑面积以及相应的总藏书量、阅览座席量参照附表2设计，这是国家标准。阅览座席量建议在1400个左右。

附表2　建筑面积与藏书量和阅览座席的关系

规模	服务人口（万人）	建筑面积		藏书量		阅览座席	
		千人面积指标（m^2/千人）	建筑面积控制指标（m^2）	人均藏书（册、件/人）	总藏量（万册、件）	千人阅览座席（座/千人）	总阅览座席（座）
大型	400~1000	9.5~6	38 000~60 000	0.8~0.6	320~600	0.6~0.3	2400~3000
	150~400	13.3~9.5	20 000 ~ 38 000	0.9~0.8	135~320	0.8~0.6	1200~2400
中型	100~150	13.5~13.3	13 500~20 000	0.9	90~135	0.9~0.8	900~1200
	50~100	15~13.5	7 500~13 500	0.9	45~90	0.9	450~900
	20~50	22. 5~15	4500~7500	1.2~0.9	24~45	1.2~0.9	240~450

续表

规模	服务人口（万人）	建筑面积		藏书量		阅览座席	
		千人面积指标（m^2/千人）	建筑面积控制指标（m^2）	人均藏书（册、件/人）	总藏量（万册、件）	千人阅览座席（座/千人）	总阅览座席（座）
小型	10~20	23~22.5	2300~4500	1.2	12~24	1.3~1.2	130~240
	3~10	27~23	800~2300	1.5~1.2	4.5~1.2	2.0~1.3	60~130

注意：

· 服务人口1000万以上的，参照1000万服务人口的人均藏书量、千人阅览座席数指标执行。服务人口3万以下的，不建设独立的公共图书馆，应与文化馆等文化设施合并建设，其用于图书馆部分的面积，参照3万服务人口的人均藏书量、千人阅览座席指标执行。

· 附表2中服务人口处于两个数值区间的，采用直线内插法确定其建筑面积、藏书量和阅览座席指标。

· 建筑面积指标所包含的项目见附表1。

· 在确定公共图书馆建筑面积时，可根据服务功能调整满足功能需要的用房面积。主要包括增加配送中心、辅导、协调和信息处理、中心机房（主机房、服务器）、计算机网络管理与维护等用房的面积。

· 根据当地经济发展水平调整总建筑面积，主要采取调整人均藏书量指标以及相应的千人阅览座席指标的方法。调整后的人均藏书量不应低于0.6册（5万人口以下的，人均藏书量不应少于1册）。

· 总建筑面积调整幅度应控制在 ±20% 以内。

⑤公共图书馆各类用房使用面积比例参照附表3确定，其

总使用面积系数宜控制在 0.7。

附表 3　公共图书馆各类用房使用面积比例表

<table>
<tr><th rowspan="2">序号</th><th rowspan="2">用房类别</th><th colspan="3">比例 (%)</th></tr>
<tr><th>大型</th><th>中型</th><th>小型</th></tr>
<tr><td>1</td><td>藏书区</td><td>30~35</td><td rowspan="2">55~60</td><td rowspan="2">55</td></tr>
<tr><td>2</td><td>借阅区</td><td>30</td></tr>
<tr><td>3</td><td>咨询服务区</td><td>3~2</td><td>5~3</td><td>5</td></tr>
<tr><td>4</td><td>公共活动与辅助服务区</td><td>13~10</td><td>15~13</td><td>15</td></tr>
<tr><td>5</td><td>业务区</td><td>9</td><td>10~9</td><td>10</td></tr>
<tr><td>6</td><td>行政办公区</td><td>5</td><td>5</td><td>5</td></tr>
<tr><td>7</td><td>技术设备区</td><td>4~3</td><td>4</td><td>4</td></tr>
<tr><td>8</td><td>后勤保障区</td><td>6</td><td>6</td><td>6</td></tr>
</table>

(2) 场地：包括人员集散场地、道路、停车场、绿化用地等。

(3) 建筑设备：包括给水排水、通风空调、强弱电及网络布线等。新馆应设室内外给水、排水系统和消防给水系统，以及相应的设施和设备。给排水管道不得穿过书库及藏阅合一的阅览室。

新馆的电气系统，应按其规模确定用电负荷等级。计算机中心、消防系统以及防盗监控系统应按规定设置可靠的备用电源。

新馆应按需要设电话系统、电视接收与卫星接收系统，在适当位置设公用电话。大中型公共图书馆应设与消防安保合用的广播系统。

(4) 公共图书馆的技术设备包括电子计算机、网络设备和相关外围设备，视听及音像控制设备，文献数字化加工与复制设备，图书防盗设备，文献消毒设备，流动图书车，缩微制品摄制、冲洗及阅读设备，视障和老龄阅读设备，装裱及文献修复设备，自助借还设备，书架、阅览桌椅、目录柜、出纳柜台等家具设备，其他设备12类。

要实现5G时代全国第一个传统业务无人管理图书馆，在技术设备方面还要强化。

新馆应按网络化的要求，建设由主干网、局域网、信息点组成的网络系统。信息点的布局根据阅览座席、业务工作的需要确定。要设置局域无线网络系统，要与办公自动化、楼宇自动化一并考虑、一并设计，根据实际需要选择适当型级的综合布线系统。

新馆应设置安全防盗装置。在主要出入口处、储藏珍贵文献资料的书库和阅览室、重要设备室、网络管理中心等均设置门禁及电视监控系统。

7. 设计要求和设计标准

(1) 新馆设计应适应现代图书馆服务方式的变化，满足图书馆开架与闭架管理相结合、纸质图书与数字资源利用相结合、提供文献资源与提供文化活动相结合的服务模式需求，根据其规模和功能合理设计。在外观造型、室内装修和环境设计上，注意体现文化建筑的氛围特点，讲究实用效果。

(2) 新馆平面布置必须分区明确，布局合理，流线通畅，朝向和通风良好。少儿阅览区应与成人阅览区分开，并设置单独的出入口，争取设室外少年儿童活动场地。老龄阅览室和视障阅览室应设在一层。后勤保障用房应尽量集中布置。

馆区范围内的室外道路、围栏、照明、绿化、消防设施、管线沟井等室外工程应统一规划建设。

(3) 新馆的交通流线组织应畅通便捷，主要出入口人、书、车要分流，标识清晰，科学组织读者、图书和工作人员交通流线。藏书库、采编用房及书刊出入口的书流通道宜与读者人流通道分开布置。

要设计应对突发事件的安全疏散路线。

（4）新馆应配建公共停车场所，并充分利用社会停车设施和地下空间。可根据实际需要按《公共图书馆建设用地指标》或当地规划部门的规定确定机动车及自行车车位数量。

地下车库面积不在图书馆总建筑面积之内。

（5）新馆的藏书、借阅、咨询服务、公共活动与辅助服务等基本用房，应具有空间使用的灵活性和可调整性，采用框架结构体系或其他大空间结构形式。

（6）新馆建筑结构抗震要求按乙类建筑设防。

（7）新馆的主要阅览室特别是少儿和老龄阅览室应有良好的日照，并充分利用自然通风和天然采光。

（8）新馆的文献资料防护包括围护结构保温、隔热、温度和湿度要求、防潮、防尘、防有害气体、防阳光直射和紫外线照射、防磁、防静电、防虫、防鼠、消毒和安全防范等。

（9）新馆应设有为读者服务的电梯，同时设置为书库服务的专用货梯。

（10）新馆少年儿童分馆，包括在新馆总建筑面积之内，面积4000平方米左右。

（11）新馆应按《城市道路和建筑物无障碍设计规范》（JGJ 50—2001）进行无障碍设计。

（12）新馆的室内环境设计、建筑热工设计和暖通空调设计，按《公共建筑节能设计标准》（GB 50189—2005）的规定，改善室内环境，提高能源利用效率。建筑构配件、装修材料和建筑设备必须选择安全、节能、环保、不损害健康的产品。

（13）新馆各部分的允许噪声级按《图书馆建筑设计规范》（JGJ 38—1999）的分区规定执行。阅览室、研究室等“静区”，应有较安静的环境，避免噪声特别是交通噪声的干扰。确实无法避免时，应从平面布置和隔声两方面采取措施。电梯井道及产生噪声的设备机房应采取吸声、隔声及减振措施，阅览区宜采用软质材料地面、吸声顶棚、吸声墙面等有助于减低噪声的措施。

（14）新馆要有严格可靠的防水、防潮措施，书库、特藏书库和非书资料库、阅览室要根据《图书馆建筑设计规范》（JGJ 38—1999）的不同要求进行防护设计，设置必要的通风、空调、除湿设备，有条件的宜设空气调节和净化设施。

（15）新馆的建筑防火应遵守国家现行的建筑设计防火规范和有关技术标准。根据《图书馆建筑设计规范》（JGJ 38—1999）的要求确定耐火等级、防火防烟分区，针对新馆的特点设计建筑构造、配置消防设施，设置安全疏散出口。

（16）新馆室内温度、湿度设计参数、通风换气次数、送风气流速度等要符合《图书馆建筑设计规范》（JGJ 38—1999）的要求。

（17）公共图书馆人工照明标准，应符合《建筑照明设计标准》（GB 50034—2004）的要求。除正常的人工照明外还应设应急照明和值班照明。阅览区照明宜分区控制。

8. 附件

（1）《中华人民共和国公共文化服务保障法》。

（2）《中华人民共和国公共图书馆法》。

（3）《公共图书馆建设标准》（JB108—2008）。

（4）《公共图书馆建设用地指标》（JB〔2008〕74号）。

（5）《图书馆建筑设计规范》（JGJ 38—2015）。

（6）《公共图书馆服务规范》（GB/T 28220—2011）。

（7）《全国文明城市（地级市以上）测评体系操作手册（2018年版）》。

（8）《××××2018年国民经济和社会发展统计公报》。

（9）《×××× 城市总体规划（2011—2030年）》。

9. 近年来比较著名的图书馆设计

(1) 中国国家图书馆(附图1)。

附图1　中国国家图书馆

(2) 四川省图书馆（附图 2）。

附图 2　四川省图书馆

（3）广州图书馆（附图3）。

附图3　广州图书馆

（4）厦门市图书馆集美分馆（附图4）。

附图4　厦门市图书馆集美分馆

(5) 福州图书馆 (德旺图书馆)(附图 5)。

附图 5　福州图书馆

（6）天津滨海新区图书馆（附图6）。

附图6　天津滨海新区图书馆

（7）上海图书馆（附图7）。

附图7　上海图书馆

(8) 荷兰—海牙：海牙议会图书馆 (附图 8)。

附图 8　海牙议会图书馆

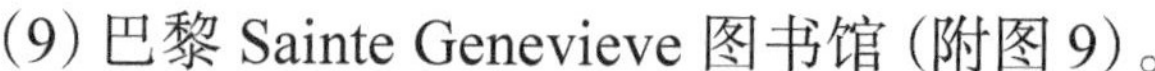
(9) 巴黎 Sainte Genevieve 图书馆 (附图 9)。

附图 9　Sainte Geneviene 图书馆

(10) 法国巴黎黎塞留图书馆 (附图 10)。

附图 10　黎塞留图书馆

(11) 荷兰的鹿特丹“书山”(附图 11)。

附图 11　鹿特丹“书山”

注释:(1) 省委对 ×××× “3+2” 的新定位、新要求:中国共产党四川省第十一届委员会第三次全体会议决定,攀西经济区集中在 ×××× 和安宁河谷地区,重点推动产业转型升级,建设国家战略资源创新开发试验区、现代农业示范基地和国际阳光康养旅游目的地;省委支持 ×××× 建设川西南、滇西北区域中心城市和南向开放门户。

(2) 一二三五即“一个目标”:奋力推进高质量发展,建设美丽繁荣和谐 ××××;“两篇文章”:做好“钒钛、阳光”两篇文章;“三区联动”:推动攀西经济区、国家战略资源创新开发试验区、×××× 钒钛高新技术产业开发区产业融合、政策互惠、联动发展;“五个加快建设”:加快建设国家战略资源创新开发试验区、现代农业示范基地、国际阳光康养旅游目的地以及川西南、滇西北区域中心城市和四川南向开放门户,也可简称为加快建设钒钛之都、康养胜地、农业示范基地、区域中心城市和南向开放门户。

后记

从产生“为图书馆行业、为图书馆同仁做点小事”的想法开始，到书稿基本成型，不知不觉三年有余。

三年多来，受恩于伟大祖国的迅速崛起，受惠于公共文化事业的空前发展，受益于各位领导、各位嘉宾、各位同仁、各位朋友的深情厚爱，虽然本人几乎所有的业余生活，都进入了“学习—思考—写作—肩酸背痛—按摩恢复”，到“再学习—再思考—再写作—再肩酸背痛—再按摩恢复”的循环模式之中，但看着一行行日渐成熟的文字和一篇篇渐成体系的章节，令人欣喜、令人欣慰的心情油然而生，而这些多样的复杂的情绪、情感、情愫在心底里汇集凝聚，再次升腾升华为最想表达的两个字——“感谢”。

首先要感谢我们所处的伟大时代！感谢这个时代所给予我们的各种有利条件，稳定的工作环境、坚实的物质基础、便捷的知识获取渠道、海量的各种信息资源，都给我学习、思考、写作提供了非常多的便利。

感谢图书馆同仁们的辛勤劳动！特别感谢为公共图书馆建设、管理、服务制定各种标准、规范、细则的同事们，您们的艰辛付出为公共图书馆事业的发展打下了坚实基础，也成为本书讲解公共图书馆履行建设责任、管理责任、服务责任时所借鉴的数据对象。

感谢各位朋友的大力支持！除在前言中表示感谢的各位专家、各位朋友以外，还要感谢复旦大学博士谭力、遂宁市图书馆长杨文辉、巴中市图书馆长梁群、邓小平图书馆文献信息资源部主任张钧、泸州市图书馆馆长助理文庆勇、达州市达川区图书馆长王盛红、巴中市通江县图书馆长刘弘在写作策划、数据来源、图表制作、书稿统筹、文字校对等方面的辛勤付出！最后衷心感谢出版社编辑部的各位老师为本书出版发行所付出的心血和精力！再次向以上各位表示诚挚的谢意！

谭发祥

2020年6月　于成都